本书为国家社会科学基金"精准脱贫目标下贫困户的经济决策质量提升策略研究"（课题号：2016BJY101）的结项成果；国家社科基金"基于村阻贫功能的巩固拓展脱贫攻坚成果长效机制研究"（课题号：21BJY142）的阶段性成果。

国家社科基金丛书
GUOJIA SHEKE JIJIN CONGSHU

中国脱贫之路：
基于贫困户的经济决策质量的分析

Pathways Out of Poverty in China：

A Study Based on Economic Decision Quality of the Poor Households

李志平　著

人民出版社

目　　录

图 表 目 录

导　论

一、背景与意义

（一）背景

世界扶贫看中国。在 2018 年的改革开放与中国扶贫国际论坛上,国务院扶贫办主任刘永富介绍,改革开放 40 年来,中国七亿多农村贫困人口成功脱贫,占同期全球减贫人口总数的 70% 以上①。在中国提前 10 年完成《联合国 2030 年可持续发展议程》减贫目标后,中国的扶贫思想和学术成就引起全球关注。在新冠肺炎疫情爆发后,中国成功抵御因疫致贫、因疫返贫问题,更是得到众多发展中国家的推崇。

中国扶贫脱贫的成功是在解决一个又一个难题的基础上实现的。这些难题至少包括:一是返贫难题。根据国务院扶贫办②的贫困信息系统所显示的返贫率数据,在 2017 年经过第三方评估验收的脱贫人口中,于 2018 年返贫的就有 20 余万人。2017 年以前验收脱贫并在 2018 年返贫的人数有 7 万人左

---

① 从 2018 年开始是脱贫攻坚三年计划,实行"五级书记一起抓",大幅度降低了我国贫困发生率,到 2019 年年底已经降低到 1% 以下。

② 国务院扶贫办即"国务院扶贫开发领导小组办公室",2021 年 2 月 25 日正式更名为"国家乡村振兴局",为表述方便起见,本书继续沿用"国务院扶贫办"。

右。部分学者观察到的返贫率可能会更高,比如,在只有 300 万人口的甘肃省定西市,2017 年 8 月返贫人数达 5.6 万人,返贫率达到 11.41%(李月玲等,2018)。二是多维贫困。收入贫困与医疗、教育等多个维度相互累积。从 2012 年到 2014 年,收入维度上的返贫率从 16.7% 下降到 13.9%,多维贫困方法计算的返贫率从 13.46% 下降到 10.56%(蒋南平等,2019)。三是认知贫困。贫困户良种煮饭、种羊成汤等"不配合"和"难理解"的行为加速了脱贫效果的递减趋势。四是脱贫质量的差异性。面对重大自然灾害和疫情(比如暴发于武汉的新冠肺炎疫情),不同地区的脱贫质量显示出完全不同的弹性或韧性。

诚然,能够在较短时间内解决一个难题,可能存在幸运的成分,但是要一次性解决返贫、多维贫困等一系列难题,则必须有成套的理论支撑。要讲清楚中国在扶贫过程中所克服的一个又一个困难所采取的策略和理论,需要从经济决策质量这个角度切入。

一般来说,在市场经济中,市场较量实际上是决策的较量;决策水平的高低在很大程度上决定着各市场主体较量后的成败和收益。贫困户的决策水平一般低于市场平均水平①。在市场经济中,贫困户能否在市场较量和博弈后仍然生存以及发展,关键是他们的决策水平是否能够尽可能接近市场平均水平,决策的结果能否为他们带来在市场上生存竞争能力的提高以及机会的增加。由此可知,在扶贫实践上,如果贫困户的决策水平无限趋近于市场平均水平(即决策水平在逐步提高),那么决策所带来的收益就会不断增加。更进一步讲,如果中国亿万贫困户的决策水平得到普遍提高,比如投资决策水平、要素配置水平、生产决策水平、生产和生活联合决策水平等等,那么,积小成大、

---

① 用反证法可以证明,贫困户的决策水平高于市场平均水平将带来更好的收益,比如他的投资水平高于市场平均水平,那么市场资本就会接踵而来,从而贫困户的资本规模就得以提高,由此带来更多的收入,因而他也不可能总是处于贫困状态。由此,可以说贫困户的决策水平一般低于市场平均水平。

集腋成裘,均有助于形成宏观上的脱贫奇迹。

　　贫困户决策质量如何提高? 贫困户决策水平如何持续向市场平均水平趋近? 这是由一系列因素决定的。这些因素既包括贫困户自身条件的变化(比如认知思维、能力、教育、健康等),也涵盖了外部条件的变化,以及内外部条件的共同作用。为了详细说明贫困户的决策水平、决策质量的基本内涵,需要借助公式和图形,其中,决策水平可以用(1)式进行说明,决策质量可以用(2)式进行说明:

$$决策水平 = F(自身条件,外部条件,其他条件) \tag{1}$$

$$决策质量 = \underset{\text{贫困户决策水平}\to\text{市场平均决策水平}}{Max} \Psi(自身条件,外部条件,其他条件)$$

$$\tag{2}$$

　　需要说明的是,在(2)式中,贫困户的决策质量是贫困户通过自身条件和外部条件的优化组合后能够实施且实施后能够持续向市场平均水平趋近的框架或者模式。

　　从完备性的角度讲,贫困户的决策水平向市场平均水平靠近的过程,可以分为三种情况:现期、转型(或过渡期)以及稳态。现期是当前状态,在这种状态下,贫困户的决策水平远低于市场平均决策水平。现期状态下的扶贫工作就是开始调整和组合 Ψ 以使其决策水平向市场平均决策水平靠近。在转型或者过渡期的扶贫工作就是寻找该靠近的路径和空间。稳态是转型或者过渡期的终点状态,在这种状态下,外部帮扶条件(比如扶贫财政投入)会逐步消除,贫困户开始像其他市场主体一样,可以在市场较量中得到生存和发展。在每一种状态下,贫困户具有不同的决策要素的种类和权重,从而形成一连串前后相继的模式。围绕决策质量这个概念,可以从宏观上把握贫困发生的规律和趋势,还可以从贫困户决策的微观层面讲清楚中国的脱贫故事。中国的脱贫成就,既缘于宏观体制等因素,也缘于亿万贫困户决策质量的提高。

　　要清晰阐述中国贫困户是如何提高决策质量以适应市场竞争并成功脱贫

的,有必要还原贫困户进行决策的场景,直观感受贫困户决策的过程和约束条件。

在当前的社会经济环境中,对于一个落入贫困陷阱的贫困户来说,其贫困致因绝不是一个、两个。这些贫困致因有可能来自自身(比如疾病),也可能来自外部(比如自然灾害)。这些贫困致因经常会结伴而来、相互作用,形成恶性循环。在这种情况下,贫困户凭靠自己的力量很难摆脱具有明显累积性质的贫困陷阱。要想跳出贫困陷阱,至少需要三个条件:

一是外部条件(以下称之为脱贫条件,用 ER 表示),比如扶贫政策、乡村互助、基础设施等等。提高扶贫条件,类似于给贫困陷阱中的贫困户垂下一个结实的木梯子。显然,"巧妇难为无米之炊",没有这些外部条件,没有可以凭借的木梯子,贫困户就不可能成功脱贫(逃离贫困陷阱)。但是,外部条件只是必要条件而非充分条件,因为即便存在丰富的外部条件,贫困户不会使用或者不愿意使用,也不一定能够实现脱贫。在国际扶贫的外部援助中,经常可以发现越扶越贫的现象,即外部条件提供得越充分、越慷慨,贫困程度反而越高。

二是贫困户决策的外部要素和外生变量。所谓外部要素就是贫困户能够拥有和使用的各类资本(包括残缺不全的物质资本、人力资本、社会资本等生计资本)。这些外部要素可能是从扶贫的外部条件转变来的生产资源,也可能是与外部条件进行匹配后才激活的个人生产资源。贫困户在决策中灵活调配这些外部要素,能够形成生产能力,提高市场竞争力。对中国的贫困群体来说,即便是改革开放之初,贫困户也并非一无所有,他们总是拥有一些外部要素,比如社会资本(亲朋好友、帮扶干部)、物质资本(一些种类多样的家具农具)(见图0-1)等,但是这些资本或者是由于没有达到资本的最小门槛,又或者是腐朽到没有市场价值的程度,呈现出一定的破碎状态,各种外部要素之间并没有自然而然产生出应有的市场效力。比如,提供给贫困户良种、猪崽等外部要素,不一定产生应有的市场利益。虽然贫困户接受到外部赠予的猪崽(猪崽有市场价值,长成之后价值更大),但可能面临缺乏猪圈(自身的物质资本)、饲养技术和知识(人力资本)以及必要的饲料供给能力(金融资本)等等困境。在缺乏必要外部要素配合的情况下,贫困户认识到继续饲养猪崽就意味着需要继续增加投入,而这些投入可能会在猪崽养"死"、养"亏"的情况下变得血本无归,因而他们不会动员其全部要素去使用良种、猪崽等外部要素。这样一来,就容易出现与一般人思维方式不同的结果,比如直接将很有市场潜力的猪崽杀掉,以降低可能产生的成本。在这种情况下,按照一般方法进行市场效力的计算①,经常会偏离贫困户生产的实际情况。

图 0-1　贫困户的外部要素

需要特别说明的是,如果贫困户遇到的外部要素质量高且数量多,外部要素对决策形成的约束就会显著下降,那么决策中使用的外部要素的规模也会随之提高、类型也会随之增加。另外,由于外部要素总是出现部分短缺且缺乏协调配合的情况,导致部分外部要素处于低效的状态,无法产生应有的效率。如果贫困户在决策中仅将部分外部要素都投入使用,就意味着贫困户拥有的外部要素的规模和决策中使用的外部要素的规模之间存在一定差异(后者称之为决策的外生变量)。从理论上看,贫困户的外部要素的范围比决策外生

---

①　比如,按照一般市场水平,一头猪崽 1000 元,投入 2000 元成本饲养 1 年可以形成 220 公斤的肥猪,销售 1 万元,那么就可以推算,饲养这一头猪可以得到 7000 元的毛利。

变量大,因为决策中不一定能足量地使用全部的外部要素①。

三是内部要素和内生变量。当贫困户充分考虑了外部条件和外部要素之后,要完成其决策,还需要调动起他们的认知行为因素,去思考、去创新,将外部要素与内生变量相互协调、将外生变量与创新相互结合,才能达到决策的目标。在参加农村调研的过程中,容易发现贫困户拥有非常多好的想法、创新思路,但是这些好想法和好思路也存在变化快、过度发散的特点。

根据主流的决策理论,决策的内部要素主要包括思维认知因素(MC)、决策内容因素(CS)、信息获取和处理因素(IF)以及决策技巧和程序因素(CT)等四类要素。贫困户决策的"一天三变"现象和决策不聚焦、过度发散现象可以从决策的内部要素方面找原因②。与决策的外部因素和外生变量的差异类似,贫困户决策的内部要素比较丰富,但有效的内部要素却非常有限。在很多场合,他们难以将其内部要素集中在所分析的问题之上,甚至经常"拐弯",使得前面的内部要素投入失当或失效,后悔和沮丧伴随决策全过程。贫困户决策的内部因素与内生变量的差异也较大③。有资料显示,相比决策中使用的外生变量,决策中使用的内生变量的作用与外生变量同等作用,甚至更加重要,内生变量引致的贫困更难以消除。事实上,如果贫困户固守贫困思维方式,缺乏必要的脱贫技能和主动性,不愿意主动接受应有的教育、培训和专业引导,害怕触及变化多端的市场风险,就会降低就业市场上的竞争力,难以达到足够的收入,进而难以形成较高的社会地位,而较低的社会地位和收入水平又会加重贫困状态。如果贫困户在贫困恶性循环中陷入的时间过长,会进一

---

① 由此可知,扶贫政策能够立竿见影地提高贫困户的外部要素,却不一定能够显著增加贫困户的决策外生变量。

② 如果贫困户的四类内部要素都有 2 种变化,总变化就会达到 16 种,如果有 5 种变化,总变化就可能达到 625 种。下文中的文献综述部分,对四类内部要素有进一步的说明。

③ 本研究的重点内容不是研究内生变量和内部要素的关系,而是研究内生变量如何起作用,因此在后文的论述中不详细区分这两个方面。有兴趣的读者可以参阅[美]雅各布·阿佩尔、迪恩·卡尔兰:《不流于美好愿望》,商务印书馆 2014 年版;[印度]阿比吉特·班纳吉、[法]埃斯特·迪弗洛:《贫穷的本质:我们为什么摆脱不了贫穷》,中信出版社 2013 年版。

步固化贫困思维模式,单一化自己的信息渠道,产生强烈的宿命感、无助感和自卑感,并以较大概率传递给后代。七八岁的孩子已经接受了 80% 以上贫困价值观念和行为方式(奥斯卡·刘易斯,1954)①。相比其他贫困致因,如气候、种族、资源禀赋等,"贫困接纳"(接纳贫困思维和行为方式)是贫困发生最主要的原因(加尔布雷斯,2014)。

根据以上分析,可以将贫困户的决策质量提升逻辑用图 0-2 进行描述。从直观上看,贫困户决策的内生变量、外生变量和外部条件之间存在紧密的联系。提高决策质量,既需要提高贫困户可触及的必要外部条件,还需要增加他们能够使用的、相互匹配的外生变量,更需要动用其思维认知方面的内生变量。比如,随着思维认知因素(MC)、决策内容(CS)等内生变量的提高,贫困户可以有效地使用外部因素和外生变量,进而抓住外部条件赋予的机会(抓住垂下的绳子和梯子),活用外部条件,展开行动(顺着绳子或者梯子手脚并用)并达到脱贫目标(攀登而逃出贫困陷阱)。长时间以来,从事扶贫和脱贫的理论和实践者,主要强调的是如何提供必要的外部条件,打造出可以走出贫困陷阱的"绳子"和"梯子"(就是转动图 0-2 中的 ER)。因而,在他们看来,提高贫困户的脱贫质量一是提供更坚固、质量高的"绳子"和"梯子",比如加大扶贫资源整合力度,增加贴息贷款的范围,提高扶贫资源的传输效率等等;二是建造更好操作、更适合贫困户使用的"绳子"和"梯子"(提高 ER 与外生变量的联系),比如将泥泞小路转化成柏油马路,将传统品种转换为良种优苗,需要繁育技术的"养猪脱贫"转换为不需要相关技术的"送猪崽脱贫",将有可能超过贫困户资金承载能力的产业扶贫转换为零成本投入的公益岗位扶贫,将贴息贷款转换为小额信贷等。

根据图 0-2 可知,过度强调外部条件的扶贫脱贫工作,对决策的外生变量的带动作用有限,也难以触及贫困户的内生变量以及决策内生变量和外生

① 转引自余德华:《欠发达地区的精神贫困与精神脱贫思路探析》,《社会科学》2001 年第 2 期;方清云:《贫困文化理论对文化扶贫的启示及对策建议》,《广西民族研究》2012 年第 4 期。

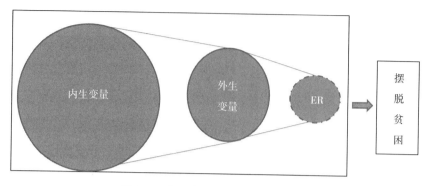

图 0-2　贫困户决策的三层分析框架

变量之间的关系,从而容易对贫困户决策产生片面的认识,而片面的认识只能带来有限的扶贫效果。用图 0-2 的关系表示就是,ER 轮子转了许多圈,外生变量和内生变量的轮子可能还没有转到一圈。也即将"绳子"和"梯子"放在贫困户触手可及的地方,但相当多的贫困户未能伸手去抓或者伸手了却没有抓住,等到"绳子"和"梯子"已经腐烂变质失去作用,成功脱贫的概率就会变得很小。

　　进入 21 世纪之后,国内外的扶贫理论研究开始逐步从强调外部条件向强调外生变量转变①,从强调外生变量向强调内生变量转变开始深入到贫困户决策内部去分析内生变量和外生变量的关系,从宏观逐渐走入微观甚至是超微观层面,为贫困户决策分析开启了一个良好的开端。世界银行(2000)组织的参与式调研,使得主流的扶贫理论和实践者开始重点关注贫困户的外部要素和内部要素的差异性问题(即所谓的决策贫困问题)。首先,世界银行对 50个国家的 4 万多个贫困户进行参与式(open-ended participatory methods)访谈。访谈采用贫困户说、专家们听,并由专家们进行归纳总结的方法进行。调查的结果令访谈专家大吃一惊。贫困户所思所想的贫困、生活急迫性以及权衡取

---

　　① 比如,不再一味强调捐赠的数量对脱贫的重要性,而是强调接受捐赠所带来的行为上的改变对脱贫的重要性。

舍,与传统扶贫理论和实践所坚持的观念(设身处地的推理,贫困户应该怎么样)之间确实存在一厢情愿式的系统性偏差。随后,他们又选择23个国家的2万多个贫困户使用同样的方法进行跟踪调研,从贫困者自述的困苦中,归纳出了落入贫困陷阱后主要的贫困致因及相应的贫困循环。结果显示,缺乏信息和知识、筋疲力尽、割裂的社会关系等十个有关"人的决策"的因素对贫困户的影响,要比外部条件大得多、重要得多[①]。传统扶贫方式的低效,从某种意义来讲,是由于忽视了贫困户决策的内生变量和外生变量而过度关注外部条件造成的。因而,寻找有效的扶贫方式就需要倾听贫困户的声音、尊重他们的基本权利、匹配外部条件和外部要素、改善他们的决策方式。随后的扶贫理论和实践工作发生了明显的转向,扶贫理论的预设和扶贫实践工作部门都希望能够增加贫困户的外部要素和内部要素,提高贫困户的决策质量,推动外部条件改善和决策质量提高双管齐下、相互协调,以达到更好的脱贫效果。

就我们掌握的资料来看,世界银行的这两次调研结果对中国的扶贫实践也产生了重要的影响,但是真正使社会广泛关注贫困户的决策特征和行为方式,是在精准扶贫和精准脱贫政策实施之后[②]。原因主要有:(1)党中央、国务院对"扶志"工作的强调。比如,习近平总书记多次强调:"如果扶贫不扶志,

---

①　(1) Livelihoods and assets are precarious, seasonal and inadequate; (2) Places of the poor are isolated, risky, unserviced and stigmatized; (3) The body is hungry, exhausted, sick and poor in appearance; (4) Gender relations are troubled and unequal; (5) Social relations are discriminating and isolating; (6) Security is lacking in the sense of both protection and peace of mind; (7) Behaviors of those more powerful are marked by disregard and abuse; (8) Institutions are disempowering and excluding; (9) Organizations of the poor are weak and disconnected; (10) Capabilities are weak because of the lack of information, education, skills and confidence. 详见: D Narayan, R Chambers, MK Shah, P Petesch. Voices of the Poor: Crying Out for Change, The World Bank and Oxford University Press, 2000, p.2.

②　在精准扶贫和精准脱贫提出之前,大部分学者坚持认为,贫困户是"穷且理性",当他们面临贫困陷阱时,都有与常人无异的求生意志和逃脱贫困陷阱的强大本能,对外界的价格刺激与一般人相差无几,决策质量并不存在系统性的显著差异。因此,增加扶贫投入规模、改善农村生产和生活条件、提高农村技术综合服务体系的完善、提高贫困户资产收益等就是扶贫工作的主体甚至是全部。由此他们推论,贫困户决策质量之高低对扶贫绩效的影响并不十分显著,即便显著,研究结果也不一定重要、贫困贡献度也不会太高(与其他因素相比),科学价值也有限。

扶贫的目的就难以达到,即使一度脱贫,也可能会再度返贫。"《"十三五"脱贫攻坚规划》中明确提出,要大力弘扬自力更生、艰苦奋斗精神,激发贫困人口脱贫奔小康的积极性、主动性、创造性,引导其光辉脱贫。(2)来自评估脱贫满意度的压力。2013 年,习近平总书记提出精准扶贫思想,随后党中央、国务院及各级政府相继出台多项精准扶贫、精准脱贫政策,通过行政部门层层签订脱贫攻坚责任状的形式,将脱贫任务上升到政治任务和第一民生工程,要求到2020 年 7017 万贫困人口全部脱贫①。为了检验脱贫政策落实情况以及把握贫困户生活改善情况,从 2015 年开始,逐步引入第三方评估方式,用第三方的声音对脱贫进程进行考核,对考核结果中排名靠后的地区要进行问责。第三方评估以"两率一度"②为主要标准进行评估工作。其中,对脱贫满意度的重视,相当于将扶贫工作的部分反馈监督权利赋予了贫困户③。于是,扶贫工作人员开始走家串户、与贫困户交朋友,认真了解贫困户所思所想,并记录成册,形成详实的台账。(3)需要贫困户脱贫签字的压力。根据精准扶贫精准脱贫的文件精神,贫困县摘掉贫困帽、贫困村出列都需要贫困户签字确认才能退出,扶贫工作才能称得上脱贫有成效。从理论上,贫困户可以根据自己的生产经营情况决定是否在《建档立卡贫困户精准脱贫评估验收表》(俗称脱贫确认书)上签字。贫困户的签字确认直接关系到数以百万计的扶贫工作队、扶贫

---

① 7017 万贫困户人口是 2014 年年底按照 2300 元贫困线标准确定的脱贫人口,这些人口均设立贫困档案和贫困卡,因而称之为"建档立卡贫困户"。

② 错评率、漏评率和脱贫满意度。错评率和漏评率是针对贫困识别中的不应该评为贫困户的家庭被评上贫困户,应该评上贫困户的家庭却没有评上这两种情况,这两项指标属于甄别贫困户识别问题(在扶贫工作中,贫困识别问题称为"扣好第一粒纽扣"问题,意思是第一粒纽扣歪了,后面所有的纽扣都可能歪了),脱贫满意度需要贫困户签字确认。

③ 在商业世界里,做对了的决策,就得到奖励;做错了的决策,就自然引来惩罚。这种负反馈机制非常灵敏,以致人们会迅速地往符合目标和减少浪费的方向靠拢,结果就是效率的提高。传统的扶贫方式中,主要是以脱贫率为标准进行反馈,本质上还是从脱贫条件到脱贫条件,往往只注重付出,不在乎反馈,甚至往往没办法得到反馈,扶贫就达不到期望的目标。这次由贫困户进行监督反馈,就从脱贫条件到贫困户的决策上,从扶贫的客体到主体上进行转化,因此,扶贫效率会因为扶贫资源针对性的提高而提高。

干部以及第一书记的工作成效,相当一部分扶贫工作人员开始去"倾听贫困户的声音",重点了解贫困户特殊的决策因素和行为特征。(4)来自扶贫组织的困惑。根据我们的调研资料显示,社会扶贫、企业扶贫等实践产生了巨大的脱贫绩效,一部分企业和单位,使用较少的资金,从贫困户的需求和决策方式出发来实施贫困帮扶,达到了较高的脱贫绩效。但是更多的企业,却仍然套用企业市场竞争的方法进行扶贫活动①。以上四个方面的合力,加上其他没有讨论的因素,使得扶贫工作中重视人的因素(贫困户的决策)的趋势增强。一个共识是:贫困户的决策行为方式与传统扶贫政策指向(假设贫困户都是理性的,他们都精明能干)之间存在相当的距离。该距离之大,可以用"决策鸿沟"来描述。

　　为了克服这个"决策鸿沟",习近平总书记多次强调"扶贫先扶志,扶贫必扶智",党的十九大报告也提出,注重"扶贫同扶志、扶智相结合"。这些将内部变量和外部变量之间相互关系的实践以"双扶""三扶"的形式②迅速出现在中国的大江南北,但是细分贫困户决策的内部因素和内生变量、外部因素与外生变量的规范性文献还非常罕见,进而深入分析贫困户决策的内生变量和外生变量及其相互关系的研究成果就更少。

　　研究成果较少的原因可能是:(1)不容易建模。如果对贫困户的决策质量进行分析,意味着扶贫政策的重心从政府视角转换为贫困户视角,这就需要从超微观的层面上对贫困户的想法进行分析。这个微观分析过程会变得复杂且不容易进行科学梳理;而且一旦认可对贫困户的扶贫与扶志、扶智相结合就意味着贫困群众的效用函数是可变的(扶志一定会改变效用函数,因为扶志意味着在一定外部条件下,最优决策点可以改变),经典的理性分析工具也难

---

① 比如,有些企业在雇佣贫困户时使用奖励和罚款进行劳动控制,忽视贫困户具有的决策特征、习惯思维方式以及决策能力;有些企业甚至还强调大市场、大计划,脱离了贫困现实,结果是扶贫企业投入了巨资,贫困户却并不领情。根据我们调研的资料显示,有91%的扶贫企业认为贫困户"好吃懒做"和"保守胆小",还有12%的人认为"贫困户太怪难沟通"。

② 志智双扶("双扶"),扶贫、扶志与扶智相结合("三扶")。

以应用。（2）不容易对标。从政策层面上看，目前全国的贫困户脱贫摘帽的标准，还主要围绕"两不愁，三保障"等脱贫条件展开，关于贫困户如何思、如何想，如何提高脱贫积极性和满意度等决策方面内容的评估指标还非常罕见。如果深入到贫困户决策层面，开展对贫困户能否适应市场竞争等问题的研究，可能与政策要求不匹配。

鉴于此，本书重点围绕如何提高贫困户的经济决策质量（简称决策质量，EDE）这一主题，使用管理学、经济学等理论，构造贫困户的 EDE 决定函数，分析其演变机理，由此分析可能的金融工具创新以及贫困户决策质量提升的路径，以揭示中国的脱贫经验、主要做法和措施，为国内外扶贫脱贫理论提供新的参考。

（二）意义

第一，学术价值。一是总结中国的扶贫实践，丰富中国的扶贫理论，用理论说明哪些政策经验有效，哪些手段方法更为可取。二是超越"穷且理性"的新古典假设，构建基于贫困户经济决策质量（而不是政府等其他行为主体的决策）的脱贫理论框架，使脱贫理论更具有实践指导性（既包括脱贫条件又包括决策质量）、更贴近现实（考虑贫困户的决策偏差），并类推到农村金融、农村发展、乡村振兴等相关领域，有助于解释诸如金融需求抑制、投资不理性、"最后一公里"等"老大难"问题。三是将我国贫困户特有的思维方式、信息处理、决策技巧等镶嵌到中国特色的脱贫奇迹理论中，提升中国扶贫经验的国际影响力。

第二，应用价值。一是能够阐明贫困户喜欢什么样的决策（内部因素）、有什么样的决策依靠（外生变量）以及两者之间具有怎样的相互关系，这对于如何引导脱贫后的贫困户独立生存于市场环境之中，实现巩固脱贫成果和提高脱贫质量的政策目标，具有一定的价值。二是能够阐明精准扶贫政策和乡村振兴战略对贫困户的影响机制和中介环节，对于扶贫政策与乡村振兴政策之间的相互衔接也有一定的借鉴价值。三是根据研究结论对金融工具进行了创新和拓展,还分析了贫困户退出之后,继续提高决策效用的策略和方法,为2020年后中国乡村振兴工作提供了一个可供思考的路径。

二、文献综述

贫困和反贫困一直是学术成果频出的领域,也是社会影响力较大的领域。从我国古代的孔子到西方的亚里士多德,从亚当·斯密到肯尼迪,从国家领袖到平头百姓,都有关于贫困的论述或者独特观点。在2016年3月份,谷歌有1.56亿个Poverty网页,同时含poverty和economic的网页有1.1亿个。到2020年1月14日,百度有1亿个以上关于贫困的搜寻结果,同时包含"贫困"和"经济"的有3790万个相关结果。

关于贫困的学术成果也是极为丰富的。在2018年10月10日,中国知网中有关扶贫的文章有19373篇,同时包含"贫困"和"经济"的有3439篇,同时包含"贫困"和"精神"的有1231篇,同时包含"贫困"和"产业"的有3281篇。到2020年1月14日,有关贫困的文章有167340篇(比2018年增长了763.78%),同时包含"贫困"和"经济"的有71617篇(比2018年增长了1982.50%),同时包含"贫困"和"精神"的有8816篇(比2018年增长了616.17%),同时包含"贫困"和"产业"的有16769篇(比2018年增长了411.09%)。

在这些浩如烟海并呈现增长态势的研究成果中,不乏有关贫困户决策方面的文献。但是这些文献一般散落在众多学科之中,社会学、哲学等人文学科甚至是自然学科的学者使用不同的学科语言对其进行阐述,学术口径之间存在较大的偏差。就经济管理领域的学者而言,也会因为考虑问题的角度、扶贫实践中的困难以及选择扶贫工具的便利等原因,将研究深入到其他学科之中,比如阿马蒂亚·森(2001)就将贫困研究延伸到伦理学,迪弗洛(2016)将贫困研究延伸到认知行为学科等。而且,这些跨学科的研究成果似乎还是新增的贫困研究成果的主要领域,这更增加了社会大众识别贫困本质的难度。另外,使用规范经济学方法对现有文献进行述评，难度非常大，而且还容易挂一漏万，以偏概全。本书根据定义——识别——策略——不足的分析框架，即从决策与贫困的定义——决策与贫困的性质的判断——决策与反贫困策略——决策与反贫困研究的不足进行展开，以便为随后的研究奠定学术基础。

（一）几个重要的定义

（1）决策的定义与结构。决策，通俗地讲，就是拿主意、做决定的过程，是连接目标和结果之间的重要桥梁。各个学科都对此进行了研究和定义（见表0-1），结合本研究的主题，分析如下：

表 0-1　决策的定义

作者	决策的组成因素	决策的过程	所属学科
张所地等[1]	决策主体、初始状态空间、预期状态空间、损益函数空间和决策意境	①情报信息收集过程；②设计选择项；③选择；④反馈控制	管理学
庄锦英[2]	环境、认知、信息结构、思维、偏差及其调整	①确定环境条件；②知识提取和表达；③联想/启发；④过程跟踪与调整	心理学
波普诺[3]	社会环境、社会互动/社会网络、社会地位/社会分层、共同知识/习俗和道德	①确定社会事实；②分析个人与社会互动关系；③地位和角色扮演；④认同	社会学
倪晓建等[4]	数据、模型（问题与结果之间的关系）、数学算法（比如回归、博弈分析）	①信息的接收（筛选和识别）；②存储（分类、排序）；③符号化/编码并进行操作和处理；④新信息的形成	计算机科学
西蒙[5]	信息、决策主体、决策的相关群体（比如管理层的下属）、环境结构、有限理性、满意准则	①探查环境/收集情报；②设计活动/找到可能的行动方案；③在诸行动方案中进行抉择；④对已选择的方案及其实施进行评价	经济学

资料来源：根据所列参考文献进行总结所得。主要参考资料为：①张所地等《管理决策理论、技术与方法》，清华大学出版社2013年版，第2—3页；②庄锦英《决策心理学》，上海教育出版社2006年版，第4页；③[美]戴维·波普诺《社会学》，中国人民大学出版社2000年版；④倪晓建《信息加工》，武汉大学出版社2001年版；⑤[美]赫伯特·A.西蒙《管理决策新科学》，中国社会科学出版社1982年版。

从表 0-1 可以看出,每一个学科对决策的组成要素和决策过程的分析存在较大的差距,相比而言,决策的组成要素方面的分歧较大,关于决策过程方面的分歧较小。在充分考虑决策过程的情况下,根据前面分析贫困户决策的三层框架,这里重点考虑决策组成要素方面,以及组成要素中的内生变量和外生变量。

在表 0-1 的文献中,决策的内生变量,主要是指决策行为主体获取信息、思维方式和评估等方面的内容。这方面的内容在管理学、经济学等学科中都得到重点强调。根据西蒙(1982)的观点,在不确定性较强的外部环境中,为了实现事先预定好的目标,人类大脑一般都会接受到超过大脑的存储加工能力的信息。面对过多的信息,人们只能根据以往的经验和一定的思维方式选择性注意一部分信息,使用一定的技巧和方法,进行筛选分类、计算和判断,进而选择最优的结果,并及时进行反馈,以强化"好的方法"、淘汰"坏的方法"。显然,每次选择和简化都会引起一定程度上的决策偏差。根据这个定义,贫困户为了逃离贫困陷阱所进行的长短期脱贫决策,就是在给定大致相同的脱贫条件下(在改革开放之初,农村内部的脱贫条件可近似看作是相同的),凭靠以往的经验,设法获取必要的信息,按照一定的技巧和程序,通过自身的思维认知过程对环境禀赋信息进行筛选、分类、分析和判断,并及时调整的过程。根据这个定义,贫困户决策的内部要素至少包括:信息获取和处理因素(IF)、思维认知因素(MC)、决策技巧和程序因素(CT)和决策内容因素(CS)四个方面。

同样,根据表 0-1 中的文献可知,决策的外生变量,就是决策行为主体根据自身拥有的资源禀赋,通过与周围环境的互动、博弈和合作进行角色扮演中所依据、所控制的资本条件。一般来说,在市场机制中,一般的市场主体,其外部要素总是丰富的(只要价格足够高,总能吸收到足够的资源),外部要素和外生变量之间的距离也不会太大,他们的决策对外部条件的依赖度较低。但是对处于弱势的贫困户来说,没有多少可以控制的物质资本、人力资本、社会资本等外生变量,因而希望从外部条件中取得外生变量的动机就比较强,他们的外部因素和外生变量之间的距离可能会比较大。为了提高决策质量,贫困户就必须将尽可能多的外部因素转变为外生变量以纳入其决策范围,但是受到贫困户的角色预期或者功能定位(AT)、社会网络设定(SC)和合作方式(GM)等外部因素的影响,越是贫困的家庭,外部因素和外生变量之间的距离可能会越大。

(2)激发内生动力、脱贫质量、巩固脱贫成果和决策质量。当前社会媒体经常讨论的激发内生动力问题,主要针对贫困户"不愿脱贫""不想脱贫""等靠要""不知感恩"或碌碌无为、消极怠工的思想和行为。所谓激发内生动力主要是扶贫过程中要求贫困户能够发挥主体性作用,能够使他们自主想办法,将"不想脱贫"转换为"我要脱贫"、将"等靠要"转变为积极脱贫等等。这个概念与决策的内部要素或者内生变量有较大的相似性,但是两者并不等同,内部要素强调的是贫困户的认知模式、决策信息等多个方面的内容,而激发内生动力的扶贫工作,主要强调的是改变认知模式、愿意为了脱贫去想办法,很少涉及决策程序和决策内容等方面。因而有如下判断:激发内生动力的范围小于决策的内生要素的范围。

脱贫质量和巩固脱贫成果两个概念也有较强的关联,两者经常并列使用。这两个概念也有所区别,特别是到了2020年这个关键时期,各省份都已经完成脱贫任务,这两个概念在各地区的扶贫工作中出现的频率较高,就需要进一步分析脱贫质量和巩固脱贫成果这两个概念之间的差别。提高脱贫质量主要强调的是"查漏补缺",要求对标完成"两不愁三保障"指标下的任务。显然脱贫质量这个概念仍然是针对贫困户的脱贫条件,而不是针对决策质量的内生变量和外生变量。巩固脱贫成果则主要针对返贫和新增贫困的问题,返贫和新增贫困的原因并非都是由决策质量有关的内部因素和外部因素发生作用,还有一些是天灾人祸等原因导致,而决策的内部因素和外部因素、内生变量和外生变量,也不全体现在返贫因素中。比如,有的脱贫户虽然由于政府的高额补贴而实现了脱贫,却可能根本没有提高决策质量。

(3)决策水平和决策质量。决策水平是与决策偏差相对应的一个概念,是由于人们的信息处理能力等方面的有限性,导致决策的结果与理想的结果之间存在一定的偏差。偏差越大,意味着决策水平越低,反之亦然(张所地等,2013)。

决策质量是与决策结构或决策模式相对应的一个概念。决策的信息、思维方式、决策过程、社会角色的调整、决策结果是否理想、决策的外生变量是否完善等都与决策质量相关。从这个角度上来看,决策质量的评价标准,并不仅限于决策结果是否达到理想结果,还需要考虑决策的过程、决策的环境改善等多个指标。

经济决策质量,则是将决策质量的分析限定在经济领域,而不是政治领域、社会领域等,主要分析的是贫困户在生产生活方面的决策信息、思维方式以及角色定位等方面的结构性变化。经济决策质量是决策质量的一个方面。

(4)决策系统和决策支持系统。决策系统是从系统论的角度来分析决策,决策可以视为多个决策子系统组成的综合系统,比如信息子系统、分析子系统等,各个决策子系统按照功能进行分工、组合,实现总体功能。这是分析决策的一个视角,很有价值,本研究采纳决策系统这个概念。决策支持系统(Decision-making Support System, DSS)是人工智能和信息管理领域使用的一个概念。决策支持系统可以看作是一个"外脑",重点处理不能被程序化、结构化的一些决策问题。一般分为数据库(DB)、模型库(MBMS)、方法库和会话部件等几个部分。数据库是"外脑"接收并储存决策主体自身信息和环境信息的地方,模型库将这些信息结构化处理为可操作的信息(编码),方法库提供处理这些信息的方法,会话部件则是"内脑"和"外脑"的连接和互动。显然,为贫困户的决策系统提供决策支持系统的设计、分析以及软件处理,是一个美好的愿景,本书不在此展开分析,而将其作为下一步的研究重点。

（二）传统的贫困识别

根据贫困的内涵和性质,可以决定谁是贫困户以及从哪些方面对贫困群体进行动态监控以及时采取措施确保脱贫质量。贫困识别这项工作被扶贫工作者称为"扣好第一粒纽扣",意思是在扶贫工作中一旦扣歪这粒纽扣,就会影响整个扶贫格局。贫困内涵的确立和贫困户的识别是所有贫困研究的起点和基础。这方面研究呈现逐步深入、日渐复杂之势,但绝大多数的文献成果集中在脱贫条件上,还没有直接切入决策的内生变量和外生变量上,因此需要进一步丰富其内涵。

(1)收入或者消费贫困。绝对收入和消费(Rowntree,1910;Jalan 和 Ravallion,1998;萨克斯,2007)低于某一个正常值就是贫困。

(2)自然和宏观条件的恶化所导致的贫困。自然、宏观、制度、金融因素(Fafchamps,2000;符大海,2014;张薇,2008;文雁兵,2014;杨立雄,2015;黄季焜,2005;Agenor,2002;张瑞才,2015;谭燕芝等,2019)恶化,导致贫困户的生活质量降低到应有的水平之下。

(3)贫困者的教育、健康、能力等缺乏(Becker,1954;Sen,1985;宋宪萍和张剑军,2010)形成的教育贫困等。

(4)风险、脆弱、被排斥(许源源,2012;世界银行,2014)形成权利贫困等。

(5)越来越多的贫困致因以及它们之间的相互累积关系被纳入贫困的性质和特征之中(缪尔达尔,1951;Kuhl,2003;韩锦绵,2011;周小娟,2015)。穷穷相生,成为贫困研究的典型理论(Salman,1995;习明明和郭熙保,2012;李雪萍等,2015;Dutta,2015)。

（三）决策贫困

最近一二十年内,在贫困领域重视贫困户决策的异质性研究渐增,决策质量(EDE)差异导致的贫困的研究得到更多的重视和发展,但分歧较大:

（1）古典经济学派认为决策质量（EDE）过低是贫困主因。贫困就是目光短浅、生活不节制等个人决策质量低下所导致的。古典经济学是认可决策贫困的。

（2）新古典学派认为决策质量（EDE）不重要。他们坚持"穷且理性"的假定，认为穷人在个人决策质量上与一般人没有明显差异。新古典学派并不认可决策贫困这个概念。

（3）实践的观点。决策质量（EDE）过低是贫困恶性循环产生的根本原因之一。班纳吉等（2013）连续15年追踪18个国家和地区数十亿贫困人口后发现，贫困者缺乏决策信息和长远的打算，从而使得贫困持续加深。另外，决策质量（EDE）低下还表现为乐贫失能、安于现状、抱残守缺（王永平等，2008）、过度风险规避、感性决策居多[1]（多用第一套认知系统，Kahneman，2003）等。最后，贫困还会降低决策能力（吕小康等，2014）。

（4）中国的扶贫政策。习近平主席在2015减贫与发展高层论坛上将中国的扶贫经验总结为"既扶贫又扶志，调动扶贫对象的积极性，提高其发展能力，发挥其主体作用"。在党的十九大报告中也提到"坚持大扶贫格局，注重扶贫同扶志、扶智相结合"。政策上认可决策质量（EDE）的重要性[2]。

（5）行为经济学论述。在风险和不确定性的情况下，普通人的决策尚且不是完全理性，而是"有限理性"，不是偶然决策失误，而是系统性认知偏差（黄祖辉，2003；周业安，2004；龚六堂，2004；巴德汉等，2005；贺京同等，2007；Charlan，2012），缺乏资源、工具和必要决策技能的贫困人群，面对贫困恶性循环这种超复杂信息系统，难免会出现系统性决策偏差。

（6）管理学的研究。决策质量（EDE）涉及决策信息的获取与处理、决策

---

[1]　谭燕芝等：《金融能力、金融决策与贫困》，《经济理论与经济管理》2019年第2期；吕小康等：《为什么贫困会削弱决策能力？ 三种心理学解释》，《心理科学进展》2014年第11期。

[2]　刘欣：《致贫原因、贫困表征与干预后果——西方贫困研究脉络中的"精神贫困"问题》，《中国农业大学学报（社会科学版）》2019年第6期。

技巧与程序、决策内容以及决策者的认知行为方式等,但这些研究大多是针对董事长、政府高层等资源资本富裕者的决策行为和质量的分析,罕有针对贫困户的分析。

(7)其他学科研究。比如,贫困是社会心理素质不够(刘长茂等,1998)、精神贫困(冯宏,2015;刘欣,2019)、文化贫困(戴庆中,2001;曹锦清,2001;万翀昊等,2015)①、贫困户的非经济因素和个人能力有限(韩建民,2005;陈慧女,2014)等。这类研究均抓住了决策质量的异质性,但远未形成一致性观点。

显然,这些关于决策质量的研究成果,都丰富和推动了本书的研究,但是从本书的三层分析框架中去看,每一种理论都只是涉及其中的一个部分或者几个部分,而且没有中国实践数据的支撑,因而无法对中国的扶贫经验进行有效分析。

(四) 反贫困策略

贫困性质或者定义,一般蕴含着相应的反贫困策略,比如针对收入和消费贫困,就需要提高收入和消费水平,并调整收入分配。考虑到穷穷相生的贫困特征与识别理论,脱贫理论就是能够破解这个"相生"关系的理论。脱贫理论大致分为两类:

一是主张单兵突进,针对某一个或一类贫困性质进行论证。早期学者认为贫困就是某类主要资本缺乏导致的,只有积累该资本才能脱贫。比如,积累物质和产业资本(纳克斯,1954;Ray,2001;Hightower,2014)、人力资本(Lucas,1976;朱乾宇,2005;李石新等,2013;黄潇,2014)、生态和地理资本(石友金,2003;赵曦等,2014;余青,2015;麻学锋和王兆峰,2007;罗盛锋等,2015),提高科技和信息化水平(孙世芳等,1999)等。但麦金农和肖(1973)、索托(2012)

---

① 李忠斌等:《文化社会资本与民族地区反贫困:表现形式、机制分析及价值实现》,《广西民族研究》2019 年第 5 期。

等学者强调,贫困者资本资源的使用遇到障碍而被迫处于抑制和沉睡状态才是贫困发生的主因(而不是积累不够),脱贫关键是金融深化(麦金农和肖,1973)、建立"合法的系统化所有权制度"(索托,2012)、增加金融工具和促进资源市场化配置(杨伟坤和王立杰,2012;王韧,2011;Singh 等,2016)等。但也不乏反对意见,比如,普遍使用小额贷款的孟加拉仍然是世界上最贫困的国家之一。

二是主张全面推进,在相互影响的多个维度上同时进行投资(师荣蓉,2013;王定祥等,2011;杨伟坤,2013),调整政府与市场关系(姜锡明,2004;刘解龙,2015;汪燕敏,2013;陈银娥等,2012),提高扶贫资金运作与监管(曾金星和金茂霞,1998;王善平,2012;郑瑞强,2014;吴雄周和丁建军,2015),编制无缝之网(世界银行,2000),促进参与式发展(Robb,1998;李小云等,2005),实行"整村推进"和移民脱贫(张志良等,2005;曲玮,2009;王耀麟等,2014),促进包容性和亲贫式发展(张立冬,2009;阮敬和纪宏,2009;卢现祥,2009;郭君平等,2014)等,达到根除贫困的目的。从"无缝""整村"等字面上看,这类研究及相关政策措施似乎是集大成,但实际上仍集中在脱贫条件上讨论,对决策质量重视不够。

总体看来,现有研究中,关于如何提供脱贫条件以及如何使用脱贫条件的研究成果极为丰富,关于经济决策质量(EDE)与贫困之间的本质性联系逐步得到确认(伊斯特利,2008;加尔布雷斯,2015),世界银行(2015)还倡议将经济决策质量中的思维方式(mind)作为反贫困的新手段,但关于决策质量(EDE)的影响因素及其作用机理、提升策略方面的研究较少,还没有深入到贫困户的决策内部去分析决策内生变量、外生变量及其相互影响,因此无法得到有效提高贫困户决策质量的扶贫政策。在乡村振兴已经逐步展开、扶贫政策未来逐步退出之际,返贫与脱贫还存在较大规模反复的可能性,贫困户行为差异和精神动力制约脱贫效率的情况还在持续,这项研究更具有现实和理论价值。本研究在充分吸收现有理论的基础上,使用行为经济、决策科学的成果,从贫困户的层面,以贫困户的经济决策质量为视角展开研究,通过揭示贫困户决策质量的演变机理,分析其提升路径,提出更为科学、合理的解释,试图完善主(决策质量)—客(脱贫条件)双轮驱动的精准脱贫机制,服务于中央精准脱贫决策和乡村振兴,向国内外讲好中国的扶贫故事。

三、研究思路与技术路线

(一) 研究思路

在界定贫困户的经济决策质量(EDE)内涵和特征的基础上,确定决策质量(EDE)决定函数的内生、外生变量及其相互作用机理,进而分析扶贫政策和乡村因素对贫困户决策质量的影响方式和途径,并创新保险、信贷、人情等金融工具,间接提升贫困户的决策质量,依此阐述中国贫困户的脱贫经验。最后,构建在扶贫政策逐步消减下仍然能够提高贫困户脱贫质量的乡村——金融工具——贫困户决策的创新工具,将当地企业大户获得新增收益、贫困户获得决策质量的提高、乡村资源的保值增值构造激励兼容的巩固机制,持续增加精准脱贫政策实施效果,进一步丰富中国扶贫经验的作用空间(技术路径见图0-3)。

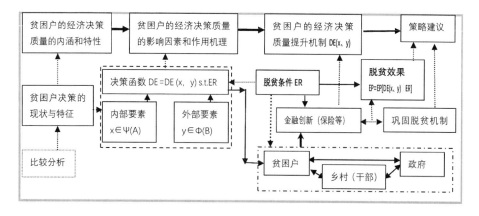

图 0-3　技术路线图

在图 0-3 中,左边部分基本属于贫困户决策质量的特征和决策要素分析,右边部分是贫困户决策质量的提升策略设计与运行方式的分析。

(二)　研究内容与主要贡献

1. 研究内容

在充分掌握文献和梳理前期成果的基础上,围绕如何提升贫困户的经济决策质量这个主题,从如下四组问题九个章节展开研究:(1)贫困户的经济决策质量是否与普通人有显著差异? 内涵和特征是什么? 是否具有稳定性、可重复性? (2)贫困户的经济决策质量受到哪些因素的影响? 哪些是内生变量,哪些是外生变量? 它们之间的作用机理是什么? (3)在当前农村社会经济环境下,构造什么样的途径来实现经济决策质量的提升? (4)还需要哪些针对性的策略和建议? 实施过程需要注意哪些事项? 各章的主要研究内容、研究贡献简述如下,以便读者选择性阅读或比较性阅读。

导论　从落入贫困陷阱之后,贫困户所面临的决策环节和过程出发,梳理了当前主流学术研究中从外部帮扶(提供脱贫条件)到内部激励(提高决策质量)转变的事件、趋势以及对我国扶贫脱贫工作的影响,并从贫困性质、反贫困战略、决策贫困的争论等方面梳理提高贫困户决策质量进而促进精准扶贫和精准脱贫工作的理论,强调重视贫困户决策差异的重要性以及相关研究的迫切性。最后对我国当前精准扶贫和精准脱贫的政策体系进行了分类和总结,为随后的研究提供背景条件。

第一章　贫困户决策的特征分析。这部分主要分为三个方面:一是分析其消费决策。结论是贫困户的消费总是表现出一定的"非理性"成分,比如人情消费和攀比消费。二是分析其生产决策。结论是贫困户的生产行为也表现出一定的特殊性,可以用儿女在外打工要不要回家农忙、农业生产的风险偏好、资本和信贷投资等指标来体现。三是分析生活习惯和幸福方面的特征。

结论是贫困户生活多散漫、无序,但是幸福感普遍高于非贫困户等。这一章的数据分析,主要使用的是 2019 年 9—11 月份在湖北调研的数据。

第二章　贫困户决策质量的内生变量分析。这一章主要分析决策质量的内生变量的作用方式及其相互关系。这部分的内容在哲学上属于自省的范畴,与管理学和心理学上的决策系统具有较大的相似性,是传统决策理论的主要内容。根据归纳法,得到贫困户决策的内部要素和内生变量,重点分析思维认知因素(MC)、决策内容(CS)、信息获取和处理因素(IF)以及决策技巧和程序(CT)四类内生变量及其相互关系。在此基础上,使用调研数据对研究内容进行计量分析,进一步确定四类内生变量的作用力度和作用方向。研究结果显示,贫困户四类决策内部因素对贫困户决策质量的影响力度和方向存在明显差异。思维认知因素(MC)和决策内容(CS)要比信息获取和处理因素(IF)以及决策技巧和程序(CT)更为显著和重要。换句话说,贫困户"心穷"主要是体现在思维认知因素(MC)和决策内容(CS)上。如果按照他们的决策优先顺序,用他们现有的思维模式对参加的扶贫项目进行认知计算,经常会发现怎么算都不划算。

第三章　贫困户决策质量的外生变量分析。这章的侧重点是贫困户的外部要素的作用方式及其相互关系。扩展古典经济学的分析方法,将贫困户的决策分析范围从内生因素扩展到外生变量上,将外生变量用通用的生计资本概念进行表述,即物质资本、人力资本、社会资本、生态资本和金融资本。研究结论显示,贫困户五类决策外生变量对贫困户决策质量的影响力度和方向存在明显差异。以人际关系为基础的社会资本以及以土地为基础的生态资本对贫困户的决策产生更为显著的影响,另外,教育等人力资本也对决策有着重要影响。社会上广为宣传的产业扶贫、资本扶贫对贫困户的脆弱性影响较小。

第四章　贫困户决策的内生和外生变量组合的分析。在第二章和第三章分析的基础上,给定政府和乡村的脱贫条件,用理论和实证分析的方法来研究决策的内生变量和外生变量的相互关系,确定能形成什么样的匹配组合性,有

利于提高贫困户的决策质量。研究结论显示,贫困户决策的内生变量与外生
变量之间存在显著的相互关系。具体而言,社会资本和生态资本的改变,可以
通过影响认知因素和调整决策范围而对决策质量产生显著影响。教育、医疗
等人力资本的因素也起到重要作用,但作用力度明显小于社会资本和生态资
本。俗话说,"酒壮庄人胆",增加贫困户的外生变量,也会对内生变量产生影
响,反之亦然。

第五章　贫困户决策质量提升机制分析。当确定了贫困户的内部因素和
外部因素的相互作用机制之后,要提高决策质量,形成提升机制,还需要考虑
乡村和扶贫政策的因素。这一部分研究主要探讨脱贫条件和决策质量两者之
间的关系。从计量分析的角度来看,这一章分析的是第四章控制变量部分的内
容。研究结论显示,扶贫政策和乡村因素对决策质量也有重要影响。(1)以"两
不愁三保障"为基础的扶贫政策主要是通过扶贫投入力度、教育帮扶以及派
遣工作队等方式对贫困户的决策质量产生显著影响。(2)乡村产业基础、乡
村治理能力以及村干部的工作内容对贫困户决策质量产生显著影响。(3)扶
贫政策对乡村条件存在中介效应,扶贫政策倾斜影响乡村治理,工作队的派遣
增强了乡村村干部的工作能力。进而乡村因素通过提高贫困户的社会资本和
生态资本,来影响贫困户的外生变量,并通过贫困户的认知调整和决策内容的
扩展,来影响贫困户的内生变量。

第六章　贫困户决策质量提升的金融工具创新。增加传统的财政补贴、
提供社会保障等,固然可以通过扶贫政策和乡村因素的传导途径影响贫困户
的决策,但是这种方法所涉及的线路多且复杂,不容易与数量巨大的贫困户决
策因素相互匹配。在市场经济中,贫困户决策质量的提升,不能全靠外部的力
量,主要依靠的是内部的力量、市场的力量。因此,本章中假定贫困户、农村企
业和大户都是追求自己利益的市场主体,在市场条件下,设计适用于贫困户和
乡村组成的小集体的创新工具。这三类金融工具都有独特的运行机理且都可
以促进贫困户决策质量的提高。保险类扶贫工具受到内生变量中思维认知因

素(MC)以及信息获取和处理因素(IF)的强烈影响,信贷类扶贫工具与思维认知因素(MC)以及决策技巧和程序(CT)有着显著关系,人情类扶贫工具的着力点是思维认知因素(MC)和决策内容(CS)的调整。因此为了提高现有扶贫工具的效果,需要将内生变量考虑其中,对症下药。

第七章　贫困户决策质量提升的巩固机制。在我国贫困户决策质量提高还需要一定时日的情况下,继续探求扶贫政策消减的情况下促进贫困户决策质量提高的策略方法是有必要的。具体而言,根据理论分析的结论,在无/弱扶贫倾斜政策条件下,创新能长期促进贫困户决策质量提高的工具并揭示其运行机理。促使保险类、信贷类和人情类等金融工具能够正常运行,基层组织和驻村工作队能够延续,这个创新工具可以满足"特惠"扶贫政策向"普惠"社会保障政策转变的要求,同时不会显著影响贫困户的生活质量。

第八章　结论与对策。在归纳本研究结论的基础上,提出在后脱贫时代从决策质量提升视角下展开扶贫减贫工作的四条原则以及相应的政策建议。

2. 主要贡献

(1)构建了贫困户决策的三层分析框架,即将贫困户的决策分为外部条件(扶贫政策和帮扶条件)——决策的外生变量(决策者的各类资本)——决策的内生变量。根据这个分析框架,扶贫政策和帮扶只能提供外部条件,而外部条件转换为贫困户决策的外部因素和外生变量需要一定的技巧和方法,而后者是决策的内生变量或者内部因素重点考虑的内容。该分析框架可以对贫困户的不理性行为进行分析,并对剖析"最后一公里"等问题提供了更为清晰的理论支持,阐明了脱贫过程中的内因和外因的相互关系。

(2)区分了贫困户决策与非贫困户决策的特征差异,分析了贫困户决策的内生变量和外生变量的内部结构,还设计了相关调研指标,对内生变量和外部变量的相互关系进行了计量分析,初步揭示了贫困户决策背后的运行机制。阐明了中国特色的巩固脱贫成果和治理返贫的方式方法,阐述了中国的脱贫质量得以巩固的逻辑,为随后的研究奠定了基础。

(3)揭示了在"五级书记一起抓扶贫"的大环境下,"两不愁三保障"扶贫政策和乡村因素影响贫困户的机制,并进行了中介分析,得出扶贫政策、乡村因素与贫困户决策质量之间的相互影响关系。这方面的研究成果为精准扶贫政策与乡村治理政策的有效结合等方面的分析提供了贫困户层面的理论基础。

(4)设计了可以促进贫困户决策质量提高的金融创新工具,并分析了各种创新工具的使用条件、运行步骤以及注意事项。得出扶贫政策逐步消减甚至完全撤销情况下提高贫困户决策质量的机制和方法,为2020年后的扶贫工作提供了方向性启示。

(二)　技术路线和研究方法

本研究使用了多学科的研究技术,但主要还是经济学的研究工具。主要研究方法如下:

第一,使用多层对比的分析方法。在贫困户决策的现状和特征、决策函数内生变量和外生变量的确定、金融工具创新等多处使用对比方法,例如,贫困户与非贫困户的对比,传统效用和扩展效用的对比,增加变量前后的对比,等等。通过对比能够清楚表述变化情况,以避免过度使用数学推导,使研究的可读性降低。

第二,使用扩展效用代替传统效用,使用脆弱性理论和控制理论代替效用最大化分析方法。在这种分析框架下,效用函数是可变的,可收敛的。

第三,使用中介变量法,确定中介效应。报告中共使用了三次中介效应法,第一次是决策的内生变量和外生变量的关系,第二次是扶贫政策与乡村因素之间的关系,第三次是扶贫政策、乡村因素和贫困户决策质量之间的关系。

第四,使用博弈论中的联合生产理论分析工具创新。

第五,多元回归的计量分析法。

四、精准扶贫政策归纳与总结

当前中国的扶贫工作已经形成政府各部门联动、多级政府整合的工作体系。各部门和各地区从地方、行业、部门出发制定了详细的政策安排,如"五个一批""六个精准"等。为了便于分析,本研究将精准扶贫政策简化为五类:第一类是与"两不愁三保障"对应的扶贫措施,如通过保证粮食和食物的供给进行的扶贫,新增加的易地搬迁扶贫(住房扶贫)等。"两不愁三保障"是贫困户退出和贫困县退出的执行标准,因而也是对扶贫单位和地方政府扶贫绩效评估的主要判据。为了满足这些脱贫标准,地方政府不同程度地提高了"两不愁三保障"五个方面的政策干预力度。第二类是保障扶贫,如提高政府低保、五保、养老保险等社会保障措施进行的扶贫,提高商业保险进行的扶贫等。近年来,大部分贫困县的保障扶贫投入年增长率都超过 30%。第三类是传统扶贫方式的拓展,包括产业扶贫、金融贴息扶贫和就业扶贫(从以工代赈到村外就业)。第四类是基础设施类扶贫,如基础设施扶贫、资产扶贫(资源变资产类扶贫、光伏扶贫)、PPP 项目扶贫(公私合营项目)中给贫困户发股份也属于这一类。第五类是其他类扶贫,如乡愁扶贫,增加民间信贷以及人情互惠对贫困户的帮助等。

表 0-2　精准扶贫政策的分类与整合

扶贫政策	具体的扶贫措施或要点
两不愁 三保障	不愁吃
	不愁穿
	教育保障
	医疗保障
	住房保障

续表

扶贫政策	具体的扶贫措施或要点
产业扶贫	农林旅游产业扶贫 养殖业产业扶贫
就业扶贫	以工代赈、非农就业等
保障扶贫	普惠型保障
	特惠型保障
	商业化保障
金融扶贫	金融贴息贷款和信用贷款
	民间金融
	民间互助
基础设施	水利管线设施
	邮电通信设施
乡愁扶贫	血缘、地缘

　　一般来说,扶贫评估是扶贫工作的"指挥棒"。从贫困户决策的视角看,政府部门对贫困户决策的影响,可以简化为"两不愁三保障"评估目标下的扶贫政策对贫困户决策的影响。另外,在完成这些扶贫任务目标的过程中,政府部门派遣了200多万名专职扶贫干部、40多万名驻村第一书记,他们工作在扶贫第一线,上门沟通,献计献策,帮助贫困户进行决策。因此,本研究将"两不愁三保障"对应的政策视为扶贫政策的关键,将帮扶干部和驻村工作队的工作也纳入扶贫政策之中,以便简化分析,聚焦关键问题①。

---

① 在第五章的第二个部分,对这个方面也有一些论证。

第一章　贫困户决策的特征分析

　　在人类历史上,不乏贫困户凭靠高超的决策技巧实现逆势成长的经典案例。在这些案例中,人们经常惊叹于他们的决策是如何"出乎意料"和"别出心裁"。如果一个人长时间处于贫困和苦难中,他的决策方式会偏离主流范式而表现出明显的差异特征。他们决策上的"别出心裁"往往是他们克服成长中的苦难后的直接或者间接的反应。但是,大部分贫困户并没有实现"逆袭",偏离主流范式的行为经常被看作是不理性,不会合作,从而使得贫困认知成为最重要的贫困致因。由于贫困户是脱贫的主体,贫困户决策行为的特征也就成为扶贫工作展开的基础或者起点,同时也是当前巩固脱贫成果的关键。因此,有必要首先对贫困户决策的独特之处有直观的了解,如果读者能够感受到其背后的辛酸和无奈,可能会明白贫困户的决策为什么总是"出乎意料"的。

　　本章主要从三个方面进行分析:第一,贫困户消费决策的特征,贫困户的消费总是表现出一定的"非理性"成分,如人情消费和攀比消费。第二,贫困户生产决策的特征,贫困户的生产行为也表现出一定的特殊性,可以用儿女在外打工要不要回家农忙、农业生产的风险偏好、资本和信贷投资等指标来体现。第三,贫困户生活习惯和幸福感方面的特征①。这一章的分析主要基于

---

　　① 张彦驰:《贫困心态对经济决策的影响及其心理机制》,华中师范大学博士学位论文,2019 年。

2019 年 9—11 月份在湖北调研的数据①。

一、贫困户消费决策的特征

对穷人来说，他们经常遇到结伴而来的各类风险，总会遇到比一般人更多、更迫切的问题和事件。在美国的底特律，九成以上的中低收入家庭不同程度地受到意料之外的医疗支出、食物不足、破产申请等负面事件的冲击（Barr, 2008）。在发展中国家，贫困家庭的收入更不充足、不稳定，出现意外事件的情况更严重。为了成功消除负面冲击、熨平消费波动，消费什么、消费多少、如何跨期消费，就成了关乎贫困户生存的大问题。贫困户不仅需要应对更多的不确定性和风险，又会面临苛刻的外部约束条件，久而久之他们的消费就会出现一些与众不同的决策行为。

在我们的调研中也发现，如果用一般人的消费结构和消费习惯来计算贫困户的住房消费、食品消费、医疗消费的金额，会发现贫困户的收入远低于消费总量，而且连续几年都是如此。他们的消费量远超收入量，很容易就成为

---

① 第一次主要调研贫困户效用和幸福的决定因素。这是贫困户的决策依据和决策目标的确定。这一次分为两期。第一期的调研区域选择了东部地区的福建泉州和河北邯郸，中部地区选择了河南巩义、河南驻马店、湖北丹江口，西部的四川、内蒙古等；第二期是在第一期的基础上进行的，主要增加了柑橘主产区江西信丰，沿海地区的浙江临海，东北的黑龙江佳木斯，西部的新疆喀什和伊犁地区，中部地区的河南南阳、新县和固始县、湖北孝昌等。样本空间覆盖 14 个省/自治区。调研方法采用的是实地入户调查，获取入户问卷 816 份。通过这次调研活动，说明从行业、从地区文化来分析贫困户的效用和幸福的工作不容易进行。第二次主要调研贫困户决策的内部因素。具体方法是，请河南固始县、广东深圳等地区的学生，自行回家调研或者自己联系调研点，然后将调研问卷进行汇总的方法，得到 612 份问卷。由于问卷中的幸福感的度量包括 36 个指标，而且学生不好问，农民也不好回答，因此这部分问卷的价值极其有限，因此舍弃。第三次是 2019 年 9—11 月份在湖北 9 个县进行的调研。在借鉴前两次失败的基础上，采用多人多密度的面对面、入户方式进行调研，具体是每一个乡村安排学生 5—6 组，每一个乡村设两到三个带队老师，获得 739 份问卷。如不特别说明，本书的数据均使用第三次调研数据。湖北是全国脱贫攻坚工作的先进省份，2018 年获得国评三个综合优秀，2019 年获得国评四个综合优秀。湖北样本具有较好的代表性。

"万元债户"。当然,这些计算结果也有一定的不可靠性,一方面贫困户可能不愿意说出真实的收入,另一方面调研者计算贫困户消费结构的逻辑方式可能选取不当,就造成了结果偏差。本章主要关注的是后者,主要聚焦在消费特殊性比较明显的领域。在这些领域,贫困户的消费总量不能用常规思维方法或思路进行计算。

实际上,这些看似不合作、非理性的行为,正是贫困户消费决策的独特之处甚至是高明之处,因为他们不能承受哪怕很小的失败,他们总是能够竭尽所能地节省其稀缺资源,以便把资源用到最急迫的需求上面。贫困户的消费特征如下:

(一) 人情费比例偏高,还存在一定程度的人情攀比现象

1. 人情费比例较高

为了说明这个问题,设计如下问题:

您家一年的人情世故费用大约是多少?(单位:元,单选)

1. 500 以下;2. 500—1000;3. 1000—3000;4. 3000—6000;5. 6000—1 万;6. 1 万—2 万;7. 2 万—4 万;8. 4 万—10 万;9. 10 万以上

在数据处理上,取三类县市(深度贫困县、重点贫困县、非贫困县)、三类乡村(深度贫困村、重点贫困村、非贫困村)的指标均值数据进行计算,形成表1-1 和表 1-2、图 1-1 和图 1-2。

(1)三类乡村(重点贫困村指的是国家级贫困村;深度贫困村是 2018 年后国家在重点贫困村中设立的深度贫困村;非贫困村是没有被列入国家重点贫困村的乡村)的对比分析。在表 1-1 中,三类乡村的人情费的户均值都在 4500 元以上,说明人情费总额是比较高的。另外,深度贫困村的人情费是三类乡村中最高的,达到 5040.86 元,非贫困村的数据是最低的(只有 4525.71 元),后者不足前者的九成。在深度贫困村,人情费的最大值达到令人惊讶的

7万元以上,虽然该人情费7万元以上的是一个大家庭,但是也能说明,贫困户家庭人情费支出的规模确实较高。

表1-1　贫困村人情费 单位:元

		个案数	最小值	最大值	平均值	标准差
深度贫困村	人情费	257	250	70000	5040.86	7166.156
重点贫困村	人情费	307	250	30000	4685.67	4134.500
非贫困村	人情费	175	250	30000	4525.71	5184.600

资料来源:本书调查数据。

图1-1显示的是贫困村的贫困程度与人情费之间的对比关系。从中可以看出,深度贫困村的户均人情费比重点贫困村和非贫困村高出许多。而且,随着贫困村的贫困程度的逐步下降,人情费支出的规模也在逐步下降。

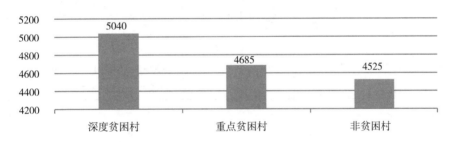

图1-1　贫困户人情费(单位:元)

资料来源:本书调查数据。

(2)三类县(重点贫困县指的是国家级贫困县;深度贫困县是2018年后国家在重点贫困县中设立的深度贫困县;非贫困县是没有被列入国家重点贫困县的县市)的人情费对比分析。表1-2中列出5个重点贫困县、2个深度贫困县和2个非贫困县的人情费支出情况。人情费户均值最高的两个县为重点贫困县和深度贫困县(数据为5886.36元和5755.75元),远远高于非贫困县(4144.02元、4925.29元)。而户均人情费在深度贫困县中也存在明显的差距(这两个县之间的距离是60公里,均属于山区县市),分别为3954.30元和

5755.75元,前者是后者的68.71%。图1-2更直观地显示了这9个县的差别。

表1-2显示,深度贫困县2有全部县市中第二高的户均人情费支出,而深度贫困县1的人情费支出在全部县市中排倒数第二,表现出较大的区域差异性。在重点贫困县中,户均人情费差距也是非常明显的,其中,有全部县市中户均人情费支出最高的县(第一个县)和户均人情费最低的县(第三个县)。

表1-2 贫困县人情费

单位:元

县编码		个案数	最小值	最大值	平均值	标准差
1(重点贫困县)	人情费	77	250	30000	5886.36	3876.495
2(重点贫困县)	人情费	69	250	70000	5706.52	8897.182
3(重点贫困县)	人情费	77	250	8000	3753.25	2552.570
4(非贫困县)	人情费	92	250	30000	4144.02	3821.791
5(非贫困县)	人情费	87	250	30000	4925.29	6953.867
6(深度贫困县)	人情费	93	250	30000	3954.30	3935.441
7(深度贫困县)	人情费	87	250	70000	5755.75	8047.910
8(重点贫困县)	人情费	76	250	30000	4161.18	4085.075
9(重点贫困县)	人情费	81	250	30000	4882.72	4849.788

资料来源:本书调查数据。

结合图1-1和图1-2可知,从区域上看,贫困程度与人情费支出之间存在一定的正向关系,但是波动较大(方差较大),说明贫困户的人情消费具有一定的特殊性。

2. 人情比较。除了人情费支出方面存在特殊性之外,贫困户的人情费支出还存在一定的比较现象。人情比较数据能够说明人情费比较趋势或变化趋势。设定如下问题:

一个关系好的亲表弟结婚,您觉得如何送礼有面子?(单选)

1. 尽量向有钱人看齐;2. 比一般人多一些;3. 与一般人相同;4. 比一般人低一些;5. 只要不是最少就行;6. 其他

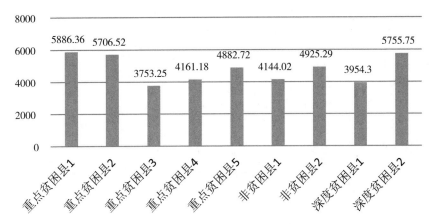

图 1-2 贫困县人情费（单位：元）

资料来源：本书调查数据。

根据贫困户对该问题的回答，形成表1-3，然后使用独立样本的 T 检验分析建档立卡贫困户与非贫困户之间的人情比较是否具有统计学意义上的显著性（见表1-4 和表1-5）。

（1）三类县人情比较的对比分析。在表1-3 中，人情比较的平均值都小于4，有三个县（都是重点贫困县）甚至小于3 靠近2（"2. 比一般人多一些"），说明贫困地区的比较现象比较普遍。虽然两个深度贫困县的数据接近4（"4. 比一般人低一些"），说明人情比较的情况比上面提到的三个县较好，但仍然能够看出他们的消费决策不是依据自己的经济实力选择5 或6（"5. 只要不是最少就行；6. 其他"），而是与一般人进行比较后决定。结合表1-2、表1-3 以及图1-2 可知，收入相对低的贫困人群，其人情费支出相对较高，人情比较现象相对比较明显。

表 1-3 人情比较

县编码		个案数	最小值	最大值	平均值	标准差
1（重点贫困县）	人情比较	77	1	1	2.97	1.112
2（重点贫困县）	人情比较	69	1	6	2.83	0.822
3（重点贫困县）	人情比较	77	1	1	2.79	0.848

县编码		个案数	最小值	最大值	平均值	标准差
4(非贫困县)	人情比较	92	1	6	3.84	1.112
5(非贫困县)	人情比较	87	1	1	3.15	1.343
6(深度贫困县)	人情比较	93	1	6	3.72	1.346
7(深度贫困县)	人情比较	87	1	1	3.67	1.335
8(重点贫困县)	人情比较	76	1	6	3.84	1.120
9(重点贫困县)	人情比较	81	1	1	3.43	0.907

资料来源:本书调查数据。

　　进一步分析人情消费与人情比较的关系,将人情比较情况形成图1-3。结合图1-2和图1-3,人情消费最高的三个县(5.71千元,5.76千元,5.89千元)中有两个是比较最严重的,人情比较的均值都低于3,分别为2.97和2.83,也是九个县中最低的。而人情消费最低的三个县中有两个县的人情比较的均值接近4(超过3.7),其中一个是九个县中最高的(均值为3.84),由此可知,在人情消费处于高位的情况下,人情比较之风会继续提高贫困户人情消费的数额,但由人情比较导致的人情消费的增量会减少(实际计算,人情消费和人情比较的相关系数是-0.33,说明两者存在负相关关系)。就目前来看,人情消费已经对贫困群体产生较大压力,加上人情比较导致的增量,对贫困户的生产生活产生了很不利的影响。

　　(2)人情比较差异的显著性分析。表1-4是建档立卡贫困户和非贫困户在人情比较数据上的对比。从表1-4中能够看出建档立卡贫困户的数据比非贫困户的数据低,也就是说建档立卡贫困户的人情比较不及非贫困户。再进行人情比较的平均值等同性t检验,形成表1-5。从该表可知,建档立卡贫困户与非贫困户的一致性系数超过了5%(0.059),说明建档立卡贫困户的人情比较没有与非贫困户形成统计学意义上的差异。考虑到非贫困户的收入高,人情费支出应该高于贫困户;另外,非贫困户人情支出的占比较小,人情比较对生产生活的影响较小。相比而言,贫困户的收入低,人情支出较高,如果

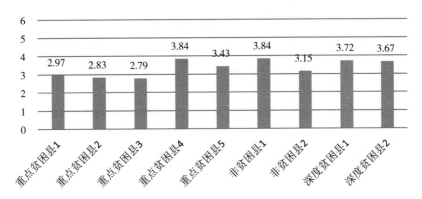

图 1-3　人情比较

资料来源：本书调查数据。

再增加人情比较,那么人情费支出对贫困户的影响就比较大。对一些贫困户来说,身体健康条件等相对较弱,经常受到"意外"的医疗费用和教育费用支出的困扰,人情费支出和人情比较的提升,会导致其生产和生活结构失衡。在一些地区,还出现了"因婚致贫"①"因丧致贫"现象,也为贫困户"畸形"的人情消费提供了一个注脚②。

表 1-4　人情比较的对比

	建档户	个案数	平均值	标准差	标准误差平均值
人情比较	非贫困户	116	2.94	1.144	0.106
	建档立卡贫困户	623	3.47	1.192	0.048

资料来源：本书调查数据。

---

①　刘成良：《因婚致贫：理解农村贫困的一个视角》,《南京农业大学学报（社会科学版）》2018 年第 3 期。

②　在新冠肺炎疫情爆发后的 2020 年的 5—6 月份,本书又通过网络问卷的形式调查了 23 个省 402 户农村家庭的人情消费。结果显示,年人情消费可达 0.2 万—0.5 万元的农村家庭将近 45%;超过 0.5 万元的家庭超过 40%;只有 12.16% 的家庭表示他们的年人情消费在 0.1 万元以下。当问及人情消费对家庭支出的压力有多大时,59% 的家庭表示压力大或者非常大,只有 8% 的家庭表示没有什么压力。当问及为什么要进行人情消费时,55.19% 的农户认为农村的人情消费并不合理但也难以改变,25.68% 的农户认为要随大流,跟着别人走,两者合计 80.87%。这说明,在疫情这种极端不确定性的情况下,人情消费仍然显示出一定的韧性或者惯性。

表 1-5　平均值等同性 t 检验

		F	显著性	t	自由度	显著性（双尾）	平均值差值	标准误差差值	95%置信区间	
									下限	上限
人情比较	假定等方差	3.573	0.059	-4.404	737	0	-0.527	0.12	-0.763	-0.292
	不假定等方差			-4.528	164.88	0	-0.527	0.116	-0.757	-0.297

资料来源:本书调查数据。

（二）节庆消费

与人情消费相比,看重节庆消费也是贫困户消费中一个比较典型的现象。一年之中省吃俭用,遇到"过年"等节日,却杀猪宰羊、宴请宾客、大放鞭炮,短时间内就消耗了大部分存款,部分丧失了应对外部风险的能力。在 2019 年,猪肉涨价,一头 300 斤重的生猪,能够卖到 1 万元左右。在这种情况下,如果两人户能够少吃一头年猪就可以保证其收入超过贫困线。实际上贫困户并没有这个方面的想法。他们过年杀猪的习惯不能改,他们表示"要在其他地方省"。年猪消费习惯使得他们全年猪肉的平均消费量达到较高水平。在调研中设立了如下两个问题:

猪肉消费:家里一个月平均要购买几斤猪肉?（单选）

1.1 斤以下;2.1—3 斤;3.3—5 斤;4.5—10 斤;5.10 斤及以上

最低消费:在您看来村里最穷的人,过年时最少也能吃到多少斤猪肉?（单选）

1.1 斤以下;2.1—10 斤;3.10—50 斤;4.50—100 斤;5.100 斤及以上

第一个问题是探究贫困户的节庆消费比例（人均月猪肉消费数量指标简写为"猪肉消费"）。因为 4 口之家消费一头 300 斤重的年猪,人均月消费猪肉是 6.25 斤,所以贫困户的节庆消费猪肉的选项应该在 4 附近。另外,如果选择第一个和第二个选项,说明消费的波动性特别大(平常生活中没有进行猪肉消费,只有年猪消费就基本上达到这个水平)。

第二个问题是社会认可最低的猪肉消费量(简称"最低消费"),反映的是农户节庆消费的最低预期。如果贫困户和非贫困户对贫困状态下的猪肉消费不存在显著差异,都较高,说明贫困户的节庆消费较为明显,反过来说明,贫困家庭的年消费波动特别大(极端情况是过年消费,其他时间不消费)。众所周知,消费波动大不仅不利于健康也不利于家庭资源的再配置。

1. 节庆消费。表1-6说明,在所有调研县市中,贫困户的猪肉消费量在2.33—3.75之间,说明存在年猪习惯支配下的这些家庭平常很少吃肉。从图1-4中可以看出,在个别县市的贫困村,贫困户的猪肉消费量超过非贫困村。

表1-6 节庆消费

县编码	建档户		个案数	最小值	最大值	平均值	标准差
1(重点贫困县)	非贫困户	猪肉消费	14	2	5	3.86	1.099
	贫困户	猪肉消费	63	1	5	2.83	1.144
2(重点贫困县)	非贫困户	猪肉消费	8	2	5	3.63	1.188
	贫困户	猪肉消费	61	1	5	3.44	1.218
3(重点贫困县)	非贫困户	猪肉消费	14	2	5	3.93	0.997
	贫困户	猪肉消费	63	1	5	2.54	0.947
4(非贫困县)	非贫困户	猪肉消费	14	1	5	3.43	1.555
	贫困户	猪肉消费	78	1	5	2.59	1.050
5(非贫困县)	非贫困户	猪肉消费	21	1	5	2.43	1.434
	贫困户	猪肉消费	66	1	5	2.33	1.305
6(深度贫困县)	非贫困户	猪肉消费	8	1	5	3.63	1.685
	贫困户	猪肉消费	85	1	5	3.75	1.212
7(深度贫困县)	非贫困户	猪肉消费	13	1	5	3.23	1.481
	贫困户	猪肉消费	74	1	5	2.88	1.423

续表

县编码	建档户		个案数	最小值	最大值	平均值	标准差
8（重点贫困县）	非贫困户	猪肉消费	7	1	5	3.71	1.704
	贫困户	猪肉消费	69	1	5	3.72	1.533
9（重点贫困县）	非贫困户	猪肉消费	17	3	5	4.59	0.712
	贫困户	猪肉消费	64	1	5	3.75	1.168

资料来源:本书调查数据。

注:猪肉消费表示家庭人均月消费猪肉的数量。

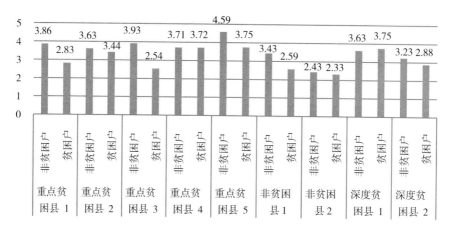

图 1-4　节庆消费

资料来源:本书调查数据。此图是以猪肉消费指标反映节庆消费的情况。

2. 节日消费的同质性。从表 1-7 中可看出,非贫困户的节庆消费数据比贫困户高 0.5 个单位。对节日消费进行平均值等同性 t 检验后形成表 1-8。从表 1-8 中可以得到,建档立卡贫困户与非贫困户的一致性系数没有超过 5%(0.026),这都说明贫困户和非贫困户的节日消费并不具有统计显著性。换言之,在收入存在显著差异的情况下(非贫困户家庭的收入大约是贫困户家庭的三倍多),贫困家庭和非贫困家庭的节日消费并没有明显的差异。

表 1-7　节日消费的同质性

建档户		个案数	平均值	标准差	标准误差平均值
猪肉消费	建档立卡贫困户	623	3.03	1.321	0.053
	非贫困户	116	3.55	1.422	0.132

资料来源:本书调查数据。

表 1-8　平均值等同性 t 检验

		F	显著性	t	自由度	显著性(双尾)	平均值差值	标准误差差值	95%置信区间	
									下限	上限
猪肉消费	假定等方差	4.95	0.026	-3.842	737	0	-0.52	0.135	-0.785	-0.254
	不假定等方差			-3.652	154.162	0	-0.52	0.142	-0.801	-0.239

资料来源:本书调查数据。

3. 乡村社会对穷人节日消费的预期(用最低消费指标表示)。这里将社会分为贫困群体和非贫困群体,分别考察他们对贫困户节日消费的预期。从表 1-9 中可看出,非贫困户与贫困户对贫困户节庆消费的预期的差距只有 0.09 个单位;而对第二个问题进行平均值等同性 t 检验,从表 1-10 可以得出建档立卡贫困户与非贫困户的一致性系数超过了 5%(0.399),也就是说二者不存在显著差异。根据表 1-9 和表 1-10 可知,穷人的节日消费预期得到贫困户和非贫困户的一致认可,因此这种节日消费的巨大波动性,并不会在短时间内消除,还会持续一段时间。

表 1-9　乡村社会对穷人节日消费预期

建档户		个案数	平均值	标准差	标准误差平均值
最低消费	建档立卡贫困户	623	2.75	0.964	0.039
	非贫困户	116	2.84	1.079	0.100

资料来源:本书调查数据。

表1-10　平均值等同性 t 检验

		F	显著性	t	自由度	显著性（双尾）	平均值差值	标准误差差值	95%置信区间	
									下限	上限
最低消费	假定等方差	0.713	0.399	-0.855	737	0.393	-0.085	0.099	-0.28	0.11
	不假定等方差			-0.792	151.133	0.43	-0.085	0.107	-0.297	0.127

资料来源:本书调查数据。

通过以上分析,可以得出如下结论:在贫困群体中,人情消费、攀比消费以及节日消费的情况比较突出,社会的预期强烈,直接导致贫困户的消费波动性加大,"一饱十饥"的消费方式,还会降低贫困户的身体健康水平。有一些学者也发现了类似的现象,如陈文玲等(2007)认为受消费意识、消费习俗和文化素质的制约,农村存在严重的畸形消费问题[1];王星闽(2011)认为农民的从众心理与模仿意识,导致同村、同乡消费方式大致相同,由此会引发攀比消费的现象[2];边钰淇等(2018)关注了人情消费异化现象,提出了人情消费异化阻碍贫困户脱贫的观点[3];叶春辉等(2008)通过构建医疗支出模型,论证得出相对贫穷的农村居民可能会更多地使用健康资本来获得收入,因此贫困户的健康状况可能会更差,医疗消费支出会更多[4],等等。

二、贫困户生产决策的特征

与消费领域的表现类似,在生产决策领域,贫困户也表现出一种非理性或

---

[1]　陈文玲、郭立仕:《关于农村消费的现状及政策建议》,《财贸经济》2007 年第 2 期。
[2]　王星闽:《我国农村消费的现状及对策思路研究综述》,《理论建设》2011 年第 2 期。
[3]　边钰淇、彭飞非、朱文娟、黎庭锋:《精准扶贫背景下武冈市 A 村人情消费异化的危害与治理策略》,《中国市场》2018 年第 34 期。
[4]　叶春辉、封进、王晓润:《收入、受教育水平和医疗消费:基于农户微观数据的分析》,《中国农村经济》2008 年第 8 期。

与众不同的行为特征。一般来说,贫困户拥有的收入等资源非常少,如果贫困家庭的消费总是呈现巨大的波动性或消费不足,甚至出现与攀比消费并存的情况,留给生产领域的资源就比较少,容易出现漏损或者残缺的状态,他们的生产性决策就不能完全按照边际成本等于边际收益的市场规则进行,而是使用一些"奇特"的方法。这里主要分析两个方面的特征,首先是贫困家庭劳动力的配置,其次是贫困家庭投资情况。

(一) 家庭劳动力配置

为了说明贫困家庭劳动力的配置情况,我们设计了两个问题分别关于家庭劳动力的配置和家庭生存的选择:

问题一:贫困户有一个子女在深圳打工,遇恶劣天气需要抢收水稻但雇不到人,您觉得是否应该请子女回家帮忙?(单选)

1. 非常应该回家;2. 应该回家;3. 看情况而定;4. 不回来也可以理解;
5. 不应该回来

问题二:相同情况下,如果子女不是在深圳打工而是在医院照顾生病的父亲,是否应该请他回家帮忙?(单选)

1. 非常应该回家;2. 应该回家;3. 看情况而定;4. 不回来也可以理解;
5. 不应该回来

从经济学角度来看,第一个问题应该选择选项4和5,因为在目前的农业生产过程中,在两三亩土地上从事农业生产,一年的农业收入补偿不了子女从深圳回家的路费。换言之,请子女回家进行农业抢收所获得的收入在经济上是不划算的。但实际情况并非如此,在表1-11中,从贫困村的分类来看,每一类村中都有选择1的,有选择5的,平均值在3.76—3.84,从贫困深度看,深度贫困村的数值最小,非贫困村的数值最大,说明深度贫困村家庭劳动力配置中,非理性的程度比非贫困村要高。

表 1-11　家庭劳动力配置（村）

		个案数	最小值	最大值	平均值	标准差
深度贫困村	家庭劳动力配置	257	1	5	3.76	1.359
重点贫困村	家庭劳动力配置	307	1	6	3.78	1.375
非贫困村	家庭劳动力配置	175	1	5	3.84	1.316

资料来源:本书调查数据。

　　第二个问题反映的是贫困家庭中劳动力配置之间的艰难选择。在生存阶段的贫困家庭,总是遇到各种各样难以解决的问题,比如家庭责任和家庭发展之间的矛盾。如果认真履行家庭责任(比如照顾生病的父亲),就需要牺牲发展的机会(比如在深圳打工),两者无法兼得。在表 1-12 中,各个县市中家庭劳动力配置情况存在明显区别,有的县市的数据平均值只有 2 左右,有的县市却接近4;从图 1-5 中可以看出,贫困家庭的家庭选择表现出相近的趋势,即随着贫困程度的提高,照顾病人的需求会大于发展的需求。平均值最小的县市是一个重点贫困县,数据为 2.3,这说明在该县市要求子女以照顾病人而不去深圳打工赚取收入的可能性较大。

表 1-12　贫困家庭的家庭生存选择（县）

县编码		个案数	最小值	最大值	平均值	标准差
1(重点贫困县)	家庭生存选择	77	1	4	2.30	1.288
2(重点贫困县)	家庭生存选择	69	1	4	3.22	1.013
3(重点贫困县)	家庭生存选择	77	1	5	3.22	1.253
4(非贫困县)	家庭生存选择	92	1	5	3.83	1.281
5(非贫困县)	家庭生存选择	87	1	5	3.52	1.311
6(深度贫困县)	家庭生存选择	93	1	5	3.92	1.513
7(深度贫困县)	家庭生存选择	87	1	5	3.74	1.617
8(重点贫困县)	家庭生存选择	76	1	5	3.88	1.083
9(重点贫困县)	家庭生存选择	81	1	5	3.65	1.343

资料来源:本书调查数据。

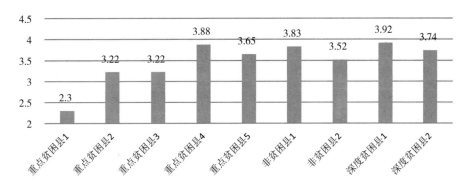

图 1-5　贫困家庭的家庭生存选择（县）

资料来源：本书调查数据。

综合分析，贫困户在劳动力配置的过程中，倾向于用家庭的急迫需求代替家庭的发展需求。或者说，家庭的急迫需求比较容易阻断家庭的发展路径①。长此以往，贫困家庭的发展状况就不能保持持续和稳定，沉没成本就会很高，也就容易出现"穷忙"（越穷越忙）、疲于奔命的现象。这样的生产决策显然不利于贫困家庭脱贫和长期发展。

（二）贫困家庭投资

对贫困家庭来说，由于他们的消费等支出呈现巨大波动性，进城打工等机会又较少，家庭收入储蓄有限，因而家庭积累起来的资产就比较少。缺乏物质资本的积累，贫困家庭很难使用现代化的资本工具来增加收入或实现发展。我们设计了如下问题，对贫困户的资本拥有量进行刻画：

资产总额：在所有农业生产和个体经营中占有的资产总额（包括大棚、猪

---

①　有对子女回家抢收的结果表示质疑的观点认为子女回家抢收可能更有利于长期发展，一是不按时收割可能有损于耕地的保护以及降低下一季的收成；二是不按时收割，可能会损坏与其他农户的合作关系，从而影响农村生产的合作效率。实际上，农业收入在农户收入中的比例较低，非农业收入的比例较高。如果子女经常请假（抢收请假的话，那么婚丧嫁娶请假的理由更充分，就会增加请假的次数），工资损失就比较大，严重的还会影响在公司的经济地位。因此，回家抢收的比例越高，说明经济亏损就越大。

圈、厂房、加氧机、杂货铺、喷雾器、烘干设备等)大概值多少钱?(即固定资本投入,单位:元,单选)

1.1 万以下;2.1 万—3 万;3.3 万—5 万;4.5 万—10 万;5.10 万—100万;6.100 万以上

将统计数据列入表 1-13,可以得出,非贫困户家庭的投资资本形成额都高于贫困户家庭。贫困户的家庭资本在 1 万元附近,非贫困户家庭的资本大约在 2 万元,前者只有后者的二分之一。从图 1-6 中可以非常清晰地看出非贫困户和贫困户在资本形成额方面的差距。有意思的是,非贫困村的贫困家庭的资本形成是所有村中最少的。可能的原因是在非贫困村中,贫困户所使用的一些资本设备,可以通过农机社会化服务体系租借或租赁的方法从非贫困户那里获得,还有一种可能是非贫困村交通条件和基础设施一般比贫困村要好,一些社会化生产服务组织比较发达,农用资本大都可以从市场上租赁到。综合这两个方面的原因,贫困户就没有必要形成较大的资本。不管从哪个角度来看,贫困家庭的资本形成少是一个非常普遍的现象。资本形成不足就会导致生产力难以提升,进而使得收入难以增长,从而容易形成贫困恶性循环。

表 1-13　贫困家庭的投资

村性质	建档户		个案数	最小值	最大值	平均值	标准差
深度贫困村	非贫困户	资产总额	41	1	6	1.54	1.306
	贫困户	资产总额	216	0	5	1.05	0.530
重点贫困村	非贫困户	资产总额	41	0	6	1.41	1.183
	贫困户	资产总额	266	0	5	1.05	0.500
非贫困村	非贫困户	资产总额	34	0	6	1.41	1.373
	贫困户	资产总额	141	0	5	1.02	0.626

资料来源:本书调查数据。

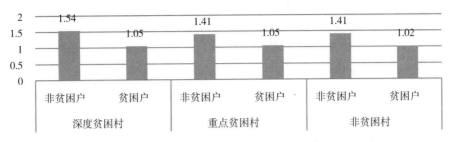

图 1-6 贫困家庭的投资

资料来源:本书调查数据。

(三) 投资风险偏好

在把握市场机会方面,由于贫困家庭投资规模比较小,往往难以达到最小投资规模而出现低效的情况,但如果他的投资再过于保守或过于激进,投资机会会更少,投资收益就更低。为了说明贫困户的风险偏好情况,我们设计了如下问题:

风险态度:一位稻农,年产水稻的产值是 1000 元,将水稻改种中药材,有50% 的概率得到 3000 元,50% 的可能一无所得,您觉得他是否会改种中药材呢? (单选)

1. 非常愿意;2. 愿意;3. 等等看;4. 不太愿意;5. 不愿意

这里仍然按三类乡村来进行比较。在表 1-14 中,在三类贫困村中,贫困户的选择在 2 和 3 之间,说明贫困户的风险偏好并非是中性的①。贫困村与非贫困村之间存在明显差异。在深度贫困村和重点贫困村中,一些享受不到扶贫政策的贫困户,显示出一定的保守态度,在非贫困村中,政策帮扶的力度比较小,贫困户和非贫困户都表现出一定的保守态度,他们的投资往往比较谨慎,从图 1-7 中也能看出这种趋势。由此得知,政策帮扶程度对贫困户的风

① 这里面可能有政策的因素。因为贫困户的想法可以通过小额贷款等方式实现。贫困户普遍的选项就是对新的投资机会跃跃欲试。

险偏好的程度有着一定的影响。

表 1-14　贫困家庭的风险偏好

村性质	建档户		个案数	最小值	最大值	平均值	标准差
深度贫困村	非贫困户	风险态度	41	1	5	2.68	1.213
	贫困户	风险态度	216	1	7	3.34	1.198
重点贫困村	非贫困户	风险态度	41	1	5	2.88	1.345
	贫困户	风险态度	266	1	5	3.16	1.169
非贫困村	非贫困户	风险态度	34	1	5	3.53	1.107
	贫困户	风险态度	141	1	5	3.18	1.197

资料来源:本书调查数据。

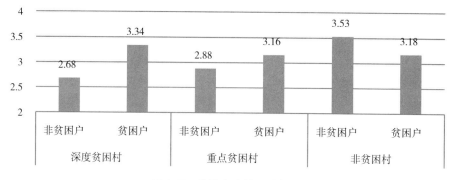

图 1-7　贫困家庭的风险偏好

资料来源:本书调查数据。

三、贫困户生活习惯和幸福感方面的特征

在消费波动大,投资比较少,而且风险偏好变化比较大的情况下,贫困群体往往显示出比较独特的生活习惯,最终反映在其幸福感或效用上。这里主要分析两个方面,一是生活习惯,比如,是否注重个人卫生、是否注重穿衣打扮等,在农村这些现象往往反映个人的一种社会定位或者是社会认同。二是他

们的幸福感或者是满足程度到底有多高。

（一） 生活习惯

为了说明贫困家庭的生活习惯,提出如下两个问题:

衣服整洁:第一个问题是衣服是否整洁。受访者的衣装整洁程度:很差--1--2--3--4--5--6--7--〉很好

卧室整洁:第二个问题是卧室是否整洁。受访家庭卧室的整洁程度:很乱--1--2--3--4--5--6--7--〉很整洁

从图1-8可以看出,非贫困户家庭的衣服整洁程度和卧室整洁程度普遍高于贫困户家庭,约超过一个等级。而且还可以发现,贫困户家庭衣服整洁的程度要高于卧室整洁的程度。

表1-15 贫困户的生活习惯

村性质	建档户		个案数	最小值	最大值	平均值	标准差
深度贫困村	非贫困户	衣服整洁	41	3	7	5.93	0.932
		卧室整洁	41	1	7	5.02	1.635
	贫困户	衣服整洁	216	1	7	5.11	1.253
		卧室整洁	216	1	7	4.50	1.555
重点贫困村	非贫困户	衣服整洁	41	3	7	5.59	1.341
		卧室整洁	41	2	7	4.90	1.446
	贫困户	衣服整洁	266	2	7	5.25	1.162
		卧室整洁	266	1	7	4.68	1.329
非贫困村	非贫困户	衣服整洁	34	3	7	6.06	0.952
		卧室整洁	34	1	7	5.41	1.328
	贫困户	衣服整洁	141	3	7	5.26	0.996
		卧室整洁	141	2	7	4.76	1.224

资料来源:本书调查数据。

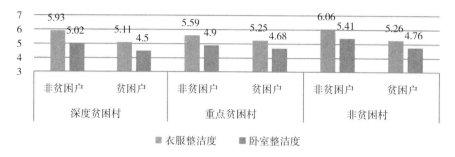

图 1-8　贫困户的生活习惯

资料来源:本书调查数据。

在表 1-15 中,贫困户家庭中衣服整洁程度的数据最小值是 1,最大值是 7,两者相差 6。与此同时,非贫困户家庭衣服整洁程度的数据最小值是 3,最大值是 7,两者相差 4。贫困户家庭中卧室整洁程度的数据最小值是 1,最大值是 7,两者相差 6。另外,非贫困户家庭卧室整洁程度的数据最小值是 1,最大值是 7,两者相差 6。朱文刚(2018)认为贫困地区基础设施和公共服务设施的落后,导致了居民生产、生活习惯难以改变,久而久之形成脏乱差,进而使当地居民自我放弃[1];王波(2019)认为村民参与环境整治的内生动力不足是导致农村人居环境差的一个重要方面[2]。

(二) 幸福感分析

对贫困家庭来说,他们并不像大多数人想象的那样总是悲观丧气,相反他们经常表现出一定的乐观主义精神[3]。这种现象有一定的正面作用。在乐观预期下,他们的生活不会因生活窘况而过度衰退,生活和生产决策总能够向积极的方面进行;与此同时,乐观预期也会产生一些不好的影响,就是会对外部

---

[1]　朱文刚:《贫困户脱贫内生动力不足的成因及解决之策》,《环球市场》2018 年第 24 期。
[2]　王波:《"四坚持"探析激发村民参与环境整治内生动力》,《中国环境管理》2019 年第 2 期。
[3]　在一些文献中称之为"安贫乐道"。

的刺激不敏感,换言之,他认为现在这种贫困状态可以忍受,这种生活还可以过,从而失去了积极求变的精神。在马克斯·韦伯的书中,这种现象被称作缺乏资本主义精神,因而成为一些地区贫困落后的根源。

为了解释这种现象,这里设计了三个问题(即是否失眠、是否担心患病、幸福感)。前两个问题是负向问题,第三个问题是正向问题,用来测算幸福程度①。这三个问题是:

您是否晚上有失眠睡不着觉的情况?(单选)

1. 经常;2. 大部分时间有;3. 有一段时间有;4. 偶尔;5. 无

您是否特别担心患病?(单选)

1. 特别担心;2. 大部分时间担心;3. 有一些时间担心;4. 偶尔担心;5. 不担心

您是否觉得您的生活愉快、有意思?(单选)

1. 经常感觉生活特别有意思;2. 大部分时间感觉有意思;3. 一天有半天是快乐的;4. 偶尔会高兴一下;5. 长时间悲伤

根据表1-16,在三类乡村中,贫困户的幸福感普遍高于非贫困户约0.2个单位。贫困户的幸福感大部分在2附近,也就是说他们在大部分时间内都感觉到幸福。从这个数据可以看出,在贫困家庭中确实存在一定的安贫乐道的情况②。由于深度贫困村和重点贫困村得到的扶贫资源要比非贫困村大得多,使贫困户的幸福感和获得感不至于落后非贫困户很多。在深度贫困村中两者的差距是0.36个单位,在重点贫困村中两者的差距是0.19个单位,在非贫困村中两者的差距是0.24个单位。由此可知,即便是精准扶贫战略的实施增加了对深度贫困村的投入,但是贫困户与非贫困户的幸福感差异仍然较大。

---

① 根据我们的调研经验,如果调研者直接问别人幸福还是不幸福,贫困户可能根本理解不了幸福的含义而无法准确回答,而问他生活是否愉快、有意思,这些话更容易被他们理解,因此就使用第三个问题来衡量幸福程度。大部分幸福感的测算指标中都包括前两个问题,根据我们前文的调研分析可知,它们是最突出和显著的问题。

② 幸福感的提高,有一部分是精准扶贫政策的结果。

再看另外两个负向问题(是否失眠、是否担心患病)。从图 1-9 中可以看出,与非贫困村的贫困家庭相比,深度贫困村和重点贫困村的贫困群众两个负向指标都高出约 0.3 个单位,说明贫困程度高的地区,担心患病和失眠的程度也高。贫困家庭和非贫困家庭也有较为显著的差距,在深度贫困村中两者的差距是 0.2 个单位,在重点贫困村中两者的差距是 0.02 个单位,在非贫困村中两者的差距是 0.38 个单位。

表 1-16　贫困户幸福感

村性质	建档户		个案数	最小值	最大值	平均值	标准差
深度贫困村	非贫困户	是否失眠	41	1	5	3.54	1.451
		是否担心患病	41	1	5	3.29	1.383
		幸福感	41	1	4	1.66	0.762
	贫困户	是否失眠	216	1	5	3.34	1.305
		是否担心患病	216	1	5	3.49	1.185
		幸福感	216	1	5	2.02	0.899
重点贫困村	非贫困户	是否失眠	41	1	5	3.66	1.442
		是否担心患病	41	1	5	3.49	1.267
		幸福感	41	1	4	1.73	0.807
	贫困户	是否失眠	266	1	5	3.35	1.253
		是否担心患病	266	1	5	3.47	1.116
		幸福感	266	1	5	1.92	0.841
非贫困村	非贫困户	是否失眠	34	1	5	2.91	1.525
		是否担心患病	34	1	5	3.50	1.080
		幸福感	34	1	3	1.85	0.610
	贫困户	是否失眠	141	1	5	3.01	1.386
		是否担心患病	141	1	5	3.12	1.228
		幸福感	141	1	5	2.09	0.952

资料来源:本书调查数据。

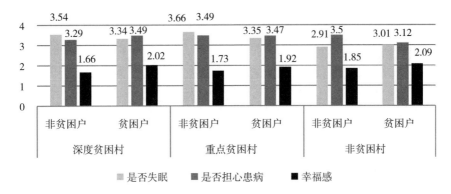

图 1-9　贫困户幸福感

资料来源:本书调查数据。

再看是否失眠这个指标。对贫困家庭来说,资源比较少,待处理的各种事情还都比较多,因此往往需要对这些问题反复思考,失眠比例比较高。从表 1-16 可知,贫困家庭在是否失眠这个指标上平均要比非贫困家庭低 0.3 个单位。在深度贫困村中两者的差距是 0.2 个单位,在重点贫困村中两者的差距是 0.31 个单位,在非贫困村中两者的差距是 0.1 个单位。

通过以上分析可以看出,精准扶贫的实施使中国的贫困群体生活有奔头(比如节日消费)、生产有底气(比如有了一定的物质资本投入)、幸福感增强等特征日益明显,加尔布雷斯(2014)所担心的"贫困接纳"(接纳贫困的思维和行为方式)问题已经得到根本性缓解。

但是,与非贫困户相比,贫困户的基本行为特征确实有别于非贫困户。在消费方面,贫困户消费不足和消费震荡并存;在生产方面,贫困户在劳动力资源和资本资源的配置方面存在一定程度的非理性;生活懒散和安贫乐道,使贫困户表现出比非贫困户更高的幸福感和满足程度。这些变化有些是精准扶贫政策带来的影响,比如"争当贫困户"现象,但更多的可能是他们本身决策方式和决策水平存在差异导致的。那么这些特征是如何产生的?为什么这种特征还会持续下去?其特殊的消费行为和特殊的生产行为,不一定产生足够的理性和收益,为什么贫困户在回答这些非理性问题的时候经常感到很高兴,或者是感到"很有面子"?这些问题需要从决策的内部因素、外部因素及其相互关系中进行解释,这是接下来的研究任务。

第二章 贫困户决策质量的内生变量分析

根据图0-2,这一章的重点是研究贫困群体的内生变量的内容及其相互关系,从"心"分析为什么贫困户经常会出现独特的决策思维方式,尝试揭示第一章所阐述的贫困户特殊行为和决策背后的原因。在哲学上,贫困户了解他们自身决策的内生变量,属于自省的范畴。对于如何打败贫困户的"心魔",形成脱贫的"顿悟",管理学、社会学、心理学、经济学、伦理学等学科都有许多经典的论述。综合相关文献,将思维认知因素(MC)、信息获取和处理因素(IF)、决策技巧和程序(CT)、决策内容(CS)4个因素作为贫困户内生变量,分析四类内生变量对贫困户的决策质量的影响。本章的研究仍然使用对比的方法,并采用计量回归分析的方法,验证理论分析的内容。

一、决策总效用与内生变量的数理分析

如何评判决策的结果,用哪些内容评判决策的结果,直接影响着决策质量的形式、内容和提升方式。在古典经济学范畴,如何实现决策者的最大效用或者最高幸福是行为主体决策的主要依据,因而决策质量是否提高将由决策者的效用能否提高进行界定。以边沁为代表的古典经济学家所定义的效用是可以进行人际比较和基数度量的,效用还具有边际递减的特性。而新古典经济

学的预期效用则说明决策结果的好坏主要是对备选方案计算综合预期,预期效用大的决策就是好的决策。后来的学者将人们感受到的效用或者幸福称为"感受效用",将用预期方式计算得到的效用称为"决策效用"。感受效用和决策效用共同构成了更全面和更科学的效用理论。决定感受效用的因素(比如消费)的绝对量对决策效用的影响程度和稳健性远远不及其变化率(收入预期、社会地位、收入公平感和收入差距)等因素的影响(郝身永,2013;贺京同等,2014)。根据郝身永(2013)、贺京同等(2014)的研究结果,结合本文的研究目的,将决策效用、感受效用以及其他未命名的效用合称为决策总效用。那么,贫困户的决策总效用既包括用收入和消费决定的效用水平,也包括收入和消费等变化所导致的效用水平变化以及一些其他因素形成的效用。因此,贫困户决策质量高低可以根据决策总效用是否在向市场平均决策水平靠拢(逐步增加)进行判断,找到依据。鉴于此,将决策总效用看作贫困户决策的主要依据是合适的。贫困户决策的目的是逐步提高其决策总效用。

假设贫困户 i 进行决策,决策所产生的总效用可以用(2-1)式进行表示:

$$u(\cdot,t) = u(\cdot,0)^{\alpha}\dot{u}(\cdot,t)^{\beta} \tag{2-1}$$

在(2-1)式中,$u(\cdot,t)$ 是研究期 t 的贫困户的总效用函数,$\dot{u}$ 是总效用函数的变化,(2-1)式的数学含义是,研究期的效用等于研究初期的效用和随后效用函数的变化的综合反映。α 和 β 分别表示初期的效用和随后效用函数的变化对研究期效用的弹性。α 和 β 均大于 0。

在郝身永(2013)、贺京同等(2014)的研究中,$\dot{u}$ 更为重要和显著。根据管理学的决策理论以及郝身永(2013)和贺京同等(2014)等学者的研究,可以将 $\dot{u}$ 的决定用如下公式进行表示:

$$\ln\dot{u}(\cdot,t) = [MC_k, IF_j, CT_n, CS_l](\cdot,t) + C \tag{2-2}$$

在(2-2)式中,(MC_k, IF_j, CT_n, CS_l) 表示决策内生变量的四种类型,其中,k,j,n,l 分别表示每一个内生变量类型下的变量数,$k,j,n,l=1,2,3,\cdots$。C 是一个常数项(包括一些暂时不需要考虑的因素或暂时稳定的因素)。

显然,郝身永(2013)和贺京同等(2014)研究中的显著变量(如收入预期、社会地位、收入公平感等因素)都是 MC_k、IF_j、CT_n、CS_l 中的元素。由此可以判断,在其他条件一定的情况下,MC_k、IF_j、CT_n、CS_l 存在不同的组合,不同的组合影响着决策总效用的变化程度。

依据古莱(2008)分析,从贫困到成功脱贫之间至少存在四个(MC_k,IF_j,CT_n,CS_l)组合收敛点。从中可知,这个函数存在条件收敛特性。

这样对(2-1)式取对数后将(2-2)式带入,并假定初期效用为一个定常数①,可以得到:

$$\ln u(\cdot,t) = \alpha \ln u(\cdot,0) + \beta \ln \dot{u}(\cdot,t)$$
$$= CC + \beta[MC_k, IF_j, CT_n, CS_l](\cdot,t) \tag{2-3}$$

在(2-3)式中,CC 是一个常数。

将(2-3)式线性化处理并转化为计量方程:

$$\ln u_i = CC + \beta_{ki}MC_{ki}, + \beta_{ji}IF_{ji} + \beta_{in}CT_{in} + \beta_{ln}CS_{i\,l} + \varepsilon_i \tag{2-4}$$

下面就根据公式(2-4)分析贫困户的决策内生变量的作用大小以及组合关系,继而解释分析第一章所阐述的贫困户行为特殊、决策质量低下背后的原因。

二、决策总效用与内生变量关系的实证分析

公式(2-4)给出了各类决策内生变量对决策总效用的相关关系,这些关系需要得到验证;另外,MC_k、IF_j、CT_n、CS_l 具体包括哪些亚维度和子变量,这些亚维度和子变量又是如何影响决策总效用或者决策质量,也需要结合实证分析方法做进一步的研究。

这一部分的分析方法是:先分别对 MC_k、IF_j、CT_n、CS_l 四类内生变量进

① 从长期角度看,只要增速足够快,当前效用量高低并不会根本影响决策总效用的大小。

行理论分析,确定各个内生变量下的显著子变量和作用方式,然后再将四类变量中的显著变量作为自变量,使用公式(2-4)进行总回归分析,最后确定用效用和幸福度量的决策总效用与内生变量的相互关系。

需要说明的是,为了提高计量分析的稳定性和可比性,共选择两个幸福和效用的度量指标:一个是单指标的幸福感 u,另一个是复合指标测算的幸福感 cu①。通过两个幸福变量的对比分析,确定决策的内生变量对贫困户决策福祉的影响。两个目标变量的描述统计分析见表2-1。

表2-1　目标变量的描述统计

	个案数	最小值	最大值	平均值	标准差
lnu	739	0.00	1.61	0.5746	0.43679
lncu	739	1.10	2.64	1.9170	0.37579

资料来源:本书调研数据整理所得。

（一）　贫困户的思维认知因素（MC）对决策总效用的影响

贫困户是否具有特殊的、有别于一般形式的思维认知方式,一直是学者争论的焦点问题。舒尔茨等学者提出了"穷且理性"命题,即贫困户虽然穷,但是他们的决策都是理性的,会对外部价格信号做出最优化反应。换言之,在一定的预算约束条件下,虽然贫困户可能会有多种认知思维方式,可能选择多条趋向最优的路径,但是选择的终点(最优的结果)是唯一的、不变的,贫困户的决策认知方式上的特殊性和独特性并不会改变最优决策的结果,因而并不具

① 单一幸福感指标是第一章幸福感调查中的第三个问题,复合指标是将第一个和第二个问题逆序后与第三个问题的数值相加得到。显然,复合的幸福感指标包括了人们的担心(担心患病)和身体反应(睡眠质量)。两类幸福感指标可能是正向关系也可能是负向关系。如果贫困户感觉生活有意思,睡眠质量就会好,也就不会动辄多思多虑、担心患病。两者就是正向关系。当然也可能有不一致的情况出现,如果贫困户感觉生活有意思,就会激发创新热情,因而增加了多思多虑的频率,反而影响睡眠质量等,两者就是负向关系。

有多大的理论价值,贫困户独特的认知思维方式也不能显著改变决策的结果。随后的研究却发现,贫困者尤其是长期贫困者,他们的某些思维方式是在长期内维持固定不变。这种长期内保持稳定的认知思维方法并不会在贫困群体中相互抵消,也不会在整个社会中相互抵消,而是以一种社会性的思维方式存在。面对相同的外部资源和条件,不同的思维模式会做出不同的选择,从而产生截然不同的均衡结果①,贫困户选择并固定哪种思维认知方式为常用思维方式,将直接决定决策质量的高低和效果,而不是像舒尔茨所说的唯一均衡结果,因而调整贫困户的认知思维方式,就可以作为决策质量提升的重要手段②。

1. 贫困户固化思维模式的分析

贫困户固化思维方式的形成与他们所处的社会文化背景息息相关。一般来说,处于同一个社会文化背景的群体和家庭会对一些经济决策持有共同的观念。近年来,在行为经济学中提出一个心理账户的概念。该概念指的是贫困群体的心理会将收入预先设定在一定的虚拟账户之中,各个账户之间不能相互调剂使用,即"用买酱油的钱不能去买醋"③。如果贫困户群体中普遍存在较高程度上的心理账户现象,就能够证明贫困群体的认知思维方式形成的决策差异并不能相互抵消。贫困群体独特的认知思维方式将以社会性姿态长期保持不变,并对决策质量产生影响。

如果贫困户固化了其思维认知方式,就会在一些事情上特别"认死理",特别容易放弃一些有利可图的机会,还容易引致攀比的现象。在部分乡村,除

①　World bank,Mind,Society and Behavior(WDR2015).

②　在发展经济学中,众多的发展经济学家都认可贫困群体之间存在多重均衡现象或者恶性循环状态。

③　可以用心理账户理论解释前文的人情消费和请在外打工的儿女回来帮农忙的情况。在贫困户看来,儿女打工的收入与自己农产品赚的钱并不能相提并论,在人情上的支出与教育上的支出也不能相互转化。

了前文所述人情方面的攀比之外,房屋攀比也是非常明显的(即不仅比人,还比房、比车)。在易地搬迁的工程中,有一些贫困户将家庭绝大部分现期和远期收入都放入住宅建设的心理账户里面,刻意提高建筑规格和建筑规模,愿意为此背负数万元的债务。他们还找出了很多理由对这种现象进行解释,比如认为建房是一辈子的事情,建设一次就应该把它建好;再比如,"别人家都是这样,我也不能搞特殊"等等。实际上,这个时候他们的孩子可能正在上大学,农业生产也需要良种和机械,但他们已经完全等不了孩子上完大学,等不及农业生产带来的收益,就要推进住宅建设。

在中国农村,这种将收入和资源放入到一个心理账户的现象还有很多,贫困人口中认死理、喜攀比的现象普遍存在。在心理账户被固化的情况下,一些比较简单的问题,就会遇到各类"认死理"的逻辑,往往就会得到不同的决策结果①。笔者在实地调研过程中发现,若贫困户新添置一件衣服,他们更看重的是谁买的这件衣服,而不是衣服本身。如果衣服是由他们觉得应该买的那个人买的(心理账户的支付与实际衣服购买支出相吻合),他们就会非常高兴,逢人便说;如果不是,即便天气恶劣,温度下降,需要这件衣服御寒,他们也可能把衣服压在箱子里。在一些扶贫超市中,各季节的衣服都很齐全,干净整齐地挂在超市里面,等待贫困户免费领取,但是贫困户并没有将它们放入自己的心理账户中,总是以各种理由不愿意去扶贫超市取走衣服。

2. 自我认知和风险偏好

(1)自我认知。在郝身永(2013)、贺京同等(2014)的研究结果中就分析了"预期"和"地位"认知对决策总效用的影响。面对长期贫困的压力,多次重

---

① 有意思的是,美国贫困户也有类似的现象。未婚妈妈是美国最集中的贫困群体,当问及未婚妈妈是否知道未婚生育引发的生活困难时,她们会说她的妈妈也是未婚生育生下了她,而她的祖母也是以相同方式生下了她的妈妈,而且周围好多人都是这样。结果使得华盛顿特区中76%的儿童救助中心负责的是少女所生的孩子。详见[美]彼得·埃德尔曼:《贫富之惑——美国如何才能消除贫困》,生活·读书·新知三联书店2019年版,第136页。

复相同的苦难,贫困户就会调整心态、预设他们自己的社会角色,进而决定是否"甘心贫困"①。在现有的文献中,特别关注的是"甘心贫困"的社会心态。他们认为这种心态会形成一种强烈的宿命感、无助感和自卑感。这种低落的心态,还具有明显的代际传递性,七八岁的孩子已经接受了80%以上贫困价值观念和行为方式(奥斯卡·刘易斯,1954)。在"甘心贫困"的贫困户中,很少有外生变量和外部条件能够显著引起他们的兴趣,激发他们行动的意愿。

(2)风险偏好。贫困户在进行自我社会定位后,会对外表现出一定的风险偏好性质②。在生存阶段,为了实现生存最大化而不是利益最大化,贫困户不愿意也无法承受哪怕在一般人看来很小的风险,因而在行为方式上必然表现出强烈追求稳妥或保守的趋势。而在精准扶贫政策实施过程中,贫困户并不总是过度规避风险的。我们在调研中也发现一些贫困户极度冒险,当问及他们想要做什么,想要发展什么项目时,他们的想法往往不切实际、眼高于手,甚至希望一夜暴富。因此,我国的建档立卡贫困户同时存在风险偏好和风险保守的可能。在追求决策总效用最大的情况下,他们最终确定采取风险规避还是风险偏好的行为,需要根据具体条件来分析。

(3)比较认知。无论是风险保守还是风险偏好,贫困户的幸福感并不会显著低于非贫困户,这在第一章已经进行了阐述。贫困户的幸福感较高,除了与扶贫政策所带来的真金白银的支持有关外③,还与他们自我认知、自我定位的方式有关。如果他们的定位不是依据自身的实际需要而是依据与他人比较

---

① 如果他们说"谁不是一个脑袋两个肩膀",就表示愿意努力奋斗。如果他们说"咱们没有那个命",就表示他们不想努力奋斗,而出现"甘心贫困"的现象。

② 一般的文献都认为贫困户是保守的,对风险是过度规避的。比如,李聪等:《易地移民搬迁农户的生计恢复力测度及影响因素分析》,《西安交通大学学报(社会科学版)》2019年第4期;叶兴庆等:《新冠肺炎疫情对2020年农业农村发展的影响评估与应对建议》,《农业经济问题》2020年第3期。

③ 因为贫困户可以得到更多的扶贫资源和更高的社会地位,这些社会地位包括:以低分考取到更好的学校,以更无忧虑的条件就业等。

所确定的相对地位、相对利益，那么，与那些脆弱户（没有享受到政策的中低收入户）相比，如果脆弱户比他们更努力、更辛苦但收入却比他们低、享受的扶持政策更少，那么，就会相应增加贫困户的幸福感。

另外，建立在比较基础上的思维方式，容易讲"义气""走直线"。虽然通过简单的比较进行认知，可以有效降低决策的复杂性，提高决策的速度和效率，但是也容易使他们忽略一些过程和环节，忽略这些比较背后的原因，低估外部风险和成本。当成本被低估、收益被高估的行为增加后，则会显著提高贫困户的幸福感和满足程度。在这些思维习惯被社会所认同后，就会反过来强化一些贫困户坚持自给自足、知足常乐的价值观。这样，他们采取新的生产生活方式获利的机会就会变小、投资的机会成本就会相应增加，他们的生产生活方式就会因为收入低下而维持原地踏步的状态；另外，由于未能努力摆脱贫困而造成的经济状态的无助感和脆弱感，将使他们产生更为不利的风险预期和风险偏好。

3. 贫困户认知思维方式的经济后果

贫困户的固化认知思维、自我认知方式和风险态度，虽然短期内产生较差的经济后果，但是从长期看可能是"潜力最大"的区域。调整贫困户的认知思维因素到底能够从多大程度上提高决策质量乃至地区发展水平，目前存在两种截然不同的观点。

（1）正向效果。这种观点认为，调整贫困户认知思维方式，机会和收益都很大。罗斯托（2012）认为，在一个地区经济起飞的过程中，培养穷人身上类似企业家的"获利动机"和创新精神①对经济起飞具有重要价值，社会学和心理学上的变化是起飞阶段创造前提条件的中心问题。在保持其他条件不变的情况下，赫尔希曼（1991）发现，在防止其幻想暴富、不择手段的过高收入预期

---

① 有的资料称之为"兽性"或者"激情"，都是在说明不理性，这种不理性或者认知思维倾向却是经济社会发展所需要的，稍加利用，就可以产生巨大的收益。

的基础上,发展中国家穷人所具有的追赶、模仿和迎头赶上的精神,对未来收益的不同程度的乐观,可能会出现"报酬递增"效应。Lewis(1952)更是对扶志的政策效果大加赞赏,并做出这样的判断[①]:如果发展中国家的穷人,其脱贫致富的主动性十足,他们的认知和行动能够站在政策一边,他们就愿意承担更大的困难,容忍更多的失误,承担意外的风险,甘心做更高强度的工作。强烈的内生动力是扶贫和发展政策的助推剂,是经济发展的引擎。一句话,只要它在,一切皆有可能。

(2)负向效果。在贫困户所坚持的固有思维模式和不稳定的风险偏好下产生的行为所导致的收益损失,相当于对他们征收了一种特殊的税——认知税(丁建军,2016)。认知税不仅影响贫困者的收入和储蓄,还影响人口、消费等多个经济方面。在这种情况下,通过激发贫困户的脱贫主动性,相当于减税,而且这种税收的下降具有较少的新增成本,形成各种新颖的、成本效益好的干预措施。有些政策仅仅是改变了扶贫资源到达的时间和程序,有些政策仅仅是增加了一些必要的提示,就可以提高66%—75%的储蓄和投资,增加对子女教育的期望,降低贫困者的融资成本,降低生育率,加倍脱贫绩效(world bank,2015)。在肯尼亚,许多家庭表示缺乏现金是他们购买卫生防护设备(如灭菌蚊帐,杀虫剂等)的障碍。然而,研究人员发现,只要人们拥有可上锁的金属盒,将挂锁和一本名为购买保健产品的书放在一起,人们对这类产品的投资会提高约70%(Dupas and Robinson,2013)。

"认知税"的形成和扩大,也会进一步增加贫困户的贫困脆弱性。在以比较认知方式为主的情况下,即使贫困户脱贫了,也存在重新返贫的极大可能性。比如,几年的辛苦和努力比不上人情攀比升级,数万元的收入可能转化为婚丧嫁娶上的庆祝鞭炮。一些学者对这个方面进行了扩展,一方面,农村居民的人情消费状况与地区社会经济水平、乡俗民风有密切的关系(高生炯,

---

① Lewis,W. Arthur, *The Principles of Economic Planning*, London:Allen and Unwin, 1952, pp.128.

2015),农村人情消费畸形化发展,人情消费异化严重(汲怀远,2011)。近年来随着农民的人情消费不断增加,人情消费已经成为农民生活的绊脚石(张丽娜,2012)①,甚至会阻碍贫困户脱贫,增加贫困户返贫的隐忧(边钰淇,2018)②。另一方面,因为没有人愿意承担改革成本,人情消费将得以延续(刘军,2004)③。并且,人情消费是保持、建立和扩大社会关系,从而获得社会支持的重要手段,也是消费者对于包括自己在内的社会网络成员共享文化价值观的外在表达(杨宜音,1999)。蔡恩泽(2004)以转型社会人际关系为切入点,认为人情消费心理主要包括从众、补偿、攀比、报恩等心理。人情消费具有表达个体情感、支持家庭经济、整合村庄资源、构建关系网络的功能(侯晓宁,2011)。也就是说,人情消费存在必要性。④ 对于人情消费存在的正负反馈,也有学者认为人情消费应该放在特定的环境中去分析(李煌,2009)⑤。

4. 指标选择与一般统计分析

在中国的脱贫实践中,贫困户的认知行为变量中具体是哪些变量发生了改变,又是哪些变量在起关键作用,需要使用统计方法进行识别和选择。

---

① 随着我国农村经济的快速发展,农村人情消费正从原来的"礼尚往来"向一种畸形化的方向发展。这一变化的发生,使人情消费在农村社会关系生产、村落成员情感维系中的作用不断丧失,农村中的个人和社会均陷入难以自拔的怪圈。

② 精准扶贫背景下农村人情消费异化不但阻碍贫困户脱贫,带来因"礼"返贫隐忧,而且影响精准扶贫政策的落实和乡村振兴战略的推进。

③ 运用博弈论对人情消费进行了探讨,着重分析了在农民普遍厌烦的状况下人情消费仍然得以存在并持续增长的原因。运用纳什均衡分析,他指出人情消费得以延续的主要原因在于没有人愿意承担改革成本。

④ 人情消费通过人们之间的互来互往和礼物的交换,满足了人们的情感需求,丰富了人们的情感生活;人情消费对家庭而言具有延期储蓄的功能,这也潜在地成为农村家庭融资的一种手段;人情消费通过对社会关系网络的建立和保持,成为一种特殊的资源转移和重新配置方式;人情消费通过人们之间礼物的交换加强和巩固了农村中的社会关系网络,平衡了各方关系。

⑤ 李煌(2018)认为对农民人情消费行为的分析必须放在特定的、具体的生存逻辑和社会变迁的背景中进行,农民的人情消费行为并非没有理性,只是不符合单纯的经济理性而已。

根据前文的文献,选择五个方面对认知思维因素进行分析(具体指标详见表2-2)。

第一个变量是风险态度。现有大部分文献表明,贫困户倾向于保守的认知方式,因而提高贫困户管理风险的水平并增加风险的收益预期,可能会提高贫困户的决策福祉。在我国精准扶贫政策下,强烈的政策倾斜和帮扶干部无微不至的关心照顾,使得贫困户的风险意识大增。在这种情况下,适当降低贫困户风险偏好,反而可能有利于提高贫困户的决策福祉。综合两个方面的分析,风险偏好对贫困户决策福祉的影响结果可能不是唯一的。

第二个变量是穷人类型。对贫困户群体来说,如何定位贫困反映了他们自我认知的程度。随着贫困群体的预设从人身条件的预设(运气、智商、习惯等)、脱贫依据的预设(比如劳动力条件、资本条件等)向社会链接的预设(没有权利等)转变,反映着贫困群体自我定位的升级。

第三个变量是穿衣问题。从效率角度看,贫困户的衣服无论谁买的都不应该有很大的功能上的差异,但是如果贫困户存在一个衣服支出的心理账户,潜意识地认为应该由谁来供给,那么,他们的决策方式就会变得不一样。如果是政府部门和子女供给的衣服,就具有炫耀的资本,因而幸福感就会更高。

表 2-2　思维认知因素的描述统计分析

指标符号	指标	调查问题	贫困户		非贫困户	
			均值	方差	均值	方差
Mc1	风险态度	一位稻农,年产水稻的产值是 1000 元,将水稻改种中药材,有 50% 的概率得到 3000 元,但是也有 50% 的可能一无所得,您觉得他是否会改种中药材?(单选) 1. 非常愿意;2. 愿意;3. 等等看;4. 不太愿意;5. 不愿意	3.23	1.186	3.00	1.272

指标符号	指标	调查问题	贫困户		非贫困户	
			均值	方差	均值	方差
Mc2	穷人类型	2020 年后的穷人应该是哪些人? 1. 身体不好;2. 文盲、半文盲;3. 没有权利;4. 运气不好;5. 不聪明;6. 有恶习(懒惰、酗酒);7. 家底薄、缺资产;8. 其他(比如没人帮)(处理方法:选项 4、5、6 为 1,选项 1、2、7 是 2,选项 3 和 8 是 3)①	1.76	0.573	1.78	0.634
Mc3	穿衣问题	您平时一般如何解决穿衣问题?(单选) 1. 自己买衣服;2. 缝缝补补旧衣服;3. 政府/社会赠送;4. 子女亲友赠送;5. 其他	1.65	1.473	1.16	1.092
Mc4	人情比较	一个关系好的亲表弟结婚,您觉得如何送礼有面子?(单选) 1. 尽量向有钱人看齐;2. 比一般人多一些;3. 与一般人相同;4. 比一般人低一些;5. 只要不是最少就行;6. 其他	3.47	1.192	2.94	1.144
Mc5	房屋攀比	如果再盖新房,您认为您家房屋的档次应该与下列哪一类人家的房子差不多?(单选) 1. 易地搬迁的新房;2. 大部分人家;3. 邻居;4. 兄弟姐妹;5. 村干部;6. 合作社理事长;7. 其他	3.00	1.624	3.47	1.820

资料来源:本书调研数据整理所得。

第四个和第五个变量选择的是两类比较,即人情比较(比感情)和房屋攀比(比房屋),这也是农村最常见的比较类型。通过对贫困户的"与谁比"和"比什么"的分析,能够窥见他们的思维和认知方式。

在表 2-2 中,贫困群体与非贫困群体之间在认知思维方式上存在明显的

---

① 这样的处理依据是:选项 4、5、6 是人身条件的预设,表面上反映的是贫困户的贫困归因(运气、智商、恶习等),实际上反映的是他们是否想改变(因为运气、智商、恶习等都不容易改变)。选项 1、2、7,则反映了贫困户想改变,因为要改变就得有物质资本、人力资本的投入,就会关注到教育和资本。相比而言,选项 3 和 8 反映出贫困户有着更高的要求(要求权利和别人提供帮助或服务)。因此,从 1 到 2 再到 3,反映贫困群体的定位升级。

差异。其中,贫困户比非贫困户更倾向于保守性偏好,但是方差高于非贫困户,说明贫困群体中有一部分群体的风险离开均值较多。贫困群体的穷人类型和房屋攀比两个变量的方差也高于非贫困群体。

5. 计量结果及其分析

在表2-3中,各个变量的系数都符合理论预期。从中可以看出两个特别明显的现象:

一是贫困户的五个变量中有四个变量是显著的(只有人情比较这个变量的系数没有通过10%的显著性水平检验)。在四个显著变量中,代表房屋攀比的变量的系数绝对值最大,显著性也最高;其次是穷人类型和风险态度;穿衣问题的系数绝对值最小,显著性也相对最低。从这里看出,贫困户的认知行为因素大都得到了统计学意义上的验证。在扶贫政策执行之后,贫困户的比较认知方式得到强化,尤其是在住房攀比方面[1]。另外,中国贫困户的自我判断和固定思维方式也发生了改变,在发展中国家普遍存在甘心贫困问题的情况下,中国扶贫脱贫工作的推进使甘心贫困这个问题已经失去普遍性意义,成为个别现象。在我们的调研过程中,贫困户愿意脱贫、乐于脱贫的现象在近几年呈现逐步增加的态势。其中可能的原因包括但不限于如下几个方面:外部条件逐步改变并扩大了认知模式调整的空间;全面建成小康社会和提供自强不息的传统文化的宣传教育转变了贫困户的价值观和认知模式;脱贫光荣户的宣传产生了榜样作用;贫困户自我教育和反思的结果,等等。

---

[1] 贫困户开始敢去攀比住房这个农村最重要的投资品,在扶贫实践领域有"脱贫不脱贫,关键看住房"的说法,这都验证了此处的结论具有一定的合理性。相比美国数百万无家可归(homeless)的贫困群众,而且数量还在增加,英国有数十万无家可归的贫困群众,中国的贫困群众已经开始进入攀比的程度,着实令国外贫困群体羡慕不已。中国认知行为方式的房屋攀比是一种"幸福的烦恼"。关于美国无家可归的情况,详见[美]彼得·埃德尔曼:《贫富之惑——美国如何才能消除贫困》,生活·读书·新知三联书店2019年版,第32页。

表 2-3　认知思维方式的影响

因变量		模型 1（lnu 为目标变量）			模型 2（lncu 为目标变量）		
		系数	t	显著性	系数	t	显著性
非贫困户	（常量）	0.044	0.258	0.797	1.465	8.673	0
	风险态度	0.027	0.89	0.376	0.03	0.992	0.323
	穷人类型	0.106	1.8	0.075	0.063	1.083	0.281
	穿衣问题	−0.02	−0.507	0.613	0.055	1.399	0.165
	人情比较	0.089	2.701	0.008	0.065	2	0.048
	房屋攀比	−0.03	−1.537	0.127	−0.029	−1.529	0.129
	R^2	0.107	—	—	0.092	—	—
贫困户	（常量）	0.4	4.485	0	1.854	24.422	0
	风险态度	0.029	2.027	0.043	0.01	0.778	0.437
	穷人类型	0.075	2.523	0.012	0.063	2.484	0.013
	穿衣问题	0.023	1.978	0.048	0.017	1.657	0.098
	人情比较	0.012	0.811	0.418	−0.004	−0.283	0.777
	房屋攀比	−0.046	−4.931	0	−0.034	−4.232	0
	R^2	0.064	—	—	0.046	—	—

资料来源:本书调研数据整理所得。

　　二是贫困户和非贫困户的认知行为方式存在多方面的显著差异。根据表 2-3 中两个模型的计量结果,非贫困户的人情比较方面的系数在 5% 水平上是显著的。人情比较的系数在 0.07 附近,意味着人情比较程度下降一个单位,他们的幸福感就提高 0.07 个对数单位。与此相对应,贫困户的房屋攀比是显著的,房屋攀比每提高一个单位,幸福感就降低大约 0.05 个对数单位,但是非贫困户的房屋攀比系数不显著。由此可以看出,在贫困户和非贫困户的认知思维方式中,贫困户的住房情结或者住房类心理账户的亏空比较大。

（二）　信息获取和处理因素（IF）

在决策理论中,信息类的决策理论占据了越来越重要的位置。依据该理论,贫困户的固化思维方式和风险偏好多少都与信息过少或者是信息处理不当有关;贫困户的固化思维和风险偏好,可以看作是他们收集和处理信息模式的选择范围过于狭窄的直接反映。无论是满足将复杂外部风险简化的需要,还是对必要信息挖掘的需要,贫困户总是希望能够在尽可能短的时间内,以尽可能少的成本,决定从哪里获得、识别和选择信息,进而形成独特的决策方式。这种处理信息的心智模式被固定后,就会反映在他们的行为上。因而在强化信息重要性的学者看来,贫困户的信息获取和处理等因素,可以从侧面解释为什么贫困户采用某种固化思维方法。因此,分析贫困户的信息定向和抽取、信息渠道的多样性和及时性等,可以与固化思维方式的分析结果相互比较。信息获取和处理因素成为贫困户决策的第二类内生变量。

1. 信息定向和抽取

信息类的决策理论认为,决策是在信息基础上的决策。信息总是无处不在的,关键是如何定向这些信息并抽取必要的信息编码形成意义。因而人们是否能够定向于有用的信息并对其感知、预设就是进行有效决策的前提条件,如果决策者的头脑中不具有和外界刺激相符的信息便也不会产生认知。贫困户总有一些自认为有效的信息抽取方法,将相关的信息进行筛选,并将其与前面抽取的信息进行反馈。如果贫困户定向于不怎么有用的信息或者过于简化抽取这些信息,决策的质量容易降低。

贫困户的定向和信息抽取通常也有一些特殊之处。（1）贫困户对信息的理解能力。能否真正理解信息的意义关系到贫困户能否定向到真实信息并及时把握这些信息。不同的理解能力导致不同的信息获取和处理能力。在扶贫过程中经常可以看到,有些贫困户对一个信息的理解或者拆解组合并不能被一般人所理解,他表述的意思难以被人理解,他也难以理解别人表述的内容,却还是认为只有他自己的理解是正确的。(2)贫困户自动抽取信息的方式。在贫困户对信息理解程度不高的情况下,自动思维就是其经常使用的策略之一,即日常生活中大多数的决定都是自动作出,无须多加思考。有学者认为,贫困户遇到信息往往过多和过度复杂,一般都超出了他们的认知能力范围,因而他们不得不使用自动思维方式进行如下简化:要么什么都不做,得过且过安贫乐道;要么就使用自认为或者传统上认为可以使用的简单公式或者恒等式进行处理(尽管这些恒等式并不一定是有效或正确的)。在贫困恶性循环随时可以加剧的背景下,贫困户生存阶段所需要的信息往往比市场竞争阶段更复杂,影响因素更多,而且更容易引起连锁反应,因而提高他们的理解能力和学习能力可以提高贫困户的信息定向和抽取效率。

2. 信息的渠道和信息的及时性

从哪些渠道获得信息,通常意味着信息的准确性和及时性。能否占据正规、有效的信息渠道,就成为提高决策水平的重要途径。对贫困户来说,尤其是深度贫困村的贫困户,山高路远,交通信息不畅,他们的决策对某些信息获取渠道的依赖性更为严重。从某种意义上讲,对偏远地区的贫困户,多一条信息渠道,决策就会上升一个等级。

在贫困户的信息渠道中,亲戚朋友的"口口相传"是一个传统信息渠道,也是最重要的信息渠道。在这个渠道上,贫困户可以通过比较、跟随等方式来共享信息,而且有朋友亲戚关系的"抵押"和"按揭"使得来自亲戚朋友的信息看起来更为真实,因而这个渠道的信息更容易被相信,也被赋予更高的权重。

另外,贫困户也会不同程度地利用网络、报纸和媒体等渠道获取信息。在笔者 2019 年的调研数据中,深度贫困村家庭每户每月的电话费和网络费在 100 元以下的比重为 42.8%;深度贫困村家庭使用网络支付功能的家庭占 20.6%;网络联系超过 2 次的人数达 30 人以上的比重为 17%。说明,相比非贫困群体,贫困户从网络等渠道获得的信息量明显偏小。

最后,政府渠道(比如政策宣传、村喇叭宣传①、宣传栏、村干部口头宣传,以及扶贫工作队和帮扶干部的上门宣传等)也逐步成为贫困户获得信息的重要渠道。在精准扶贫政策下,从政府渠道输入的信息逐渐增加。

3. 指标选择与一般统计分析

根据前文的文献,选择四个方面对信息获取和处理因素(IF)进行分析,即科技信息与处理(信息渠道)、政策信息与处理(三权时间)、私人信息与处理(通信费)和理解信息的能力(理解能力)。数据和指标详见表2-4。

在表2-4中,贫困户的信息渠道多于非贫困户,这与常识似乎不相符。实际上,在精准扶贫过程中,贫困户的信息渠道中包含了帮扶人和工作队的信息渠道,使得贫困户的信息渠道数自然会多于没有得到帮扶的非贫困户的信息渠道数。另外,帮扶人和工作队能够通过"合作社+扶贫""基地+扶贫"等方式来增加合作社对贫困户的信息输入,也会增加贫困户的信息渠道数。

表2-4　信息获取和处理因素的描述统计分析

指标符号	指标	调查问题	贫困户		非贫困户	
			均值	方差	均值	方差
IF1	信息渠道	您认为,农户一般从哪些渠道获得技术?(单选) 1. 通过书籍、电视自学;2. 政府部门组织的技术培训;3. 合作社和技术能手的技术服务;4. 模仿大户或者能人,他做什么我就做什么;5. 亲朋好友告知;6. 扶贫干部告知;7. 其他渠道	2.48	1.75	2.41	1.65

---

① 村喇叭,曾经是计划经济时期农村的"标配",改革开放之后,一度停止定期广播。在脱贫攻坚战略实施之后,随着乡村办公条件的改善,村喇叭又重新开始启用。在一些乡村,还与"村村通"网络平台相互结合,对贫困户进行不间断的信息供给。这些供给包括产品售卖、技术服务、政策宣传等等。

续表

指标符号	指标	调查问题	贫困户		非贫困户	
			均值	方差	均值	方差
IF2	三权时间	您知道"三权分置"改革(即最近一次农村土地产权改革)是从哪一年开始?(单选) 1. 不知道;2. 2014 年以前;3. 2014—2018 年;4. 2018 年或者 2019 年	1.83	1.165	1.97	1.14
IF3	通信费	家里的电话费、网络费大约每个月需要花费多少?(网络费包括有线电视费以及宽带费,单选) 1. 100 元以下;2. 100—200 元;3. 200—300 元;4. 300—400 元;5. 400 元及以上	1.69	1.05	2.22	1.35
IF4	理解能力	受访者的理解问卷问题的能力: 很差--1--2--3--4--5--6--7--〉很好	4.91	1.29	5.56	1.19

资料来源:本书调研数据整理所得。

首先,在政策信息与处理方面,非贫困户对政策信息的获取和把握能力明显高于贫困户。非贫困户基本上能够确定和选择有用的政策信息,而贫困户则要弱很多。这个结论与直观感觉相符。其次,贫困户平均从网络电信部门获得的信息要弱于非贫困户,大约只有后者的三分之二。最后,贫困户的理解能力要弱于非贫困户一个单位。总体来看,贫困户获得信息的渠道增加了,可以熟练使用网络媒体等非传统渠道的信息,但是他们的理解能力相对较弱,缺乏对网络等便利信息渠道的把握,因而对政策信息的把握能力弱。

4. 信息获取和处理因素(IF)对决策质量的回归分析

这里继续使用幸福感和复合幸福感的对数表示决策总效用。信息获取和处理因素对决策质量的影响,用信息获取和处理因素的相关变量对幸福感的影响进行分析(计量结果详见表2-5)。在表2-5中,非贫困户的科技信息与处理(信息渠道)、政策信息与处理(三权时间)、私人信息与处理(通信费)和理解信息的能力(理解能力)等四个变量的变化对他们的幸福感没有显著的影响,但是贫困户的四个变量对他们幸福感的影响则比较明显。换言之,在中国脱贫过程中,贫困户信息获取和处理因素的改变是提高幸福感和获得感的一个重要因素。为了实现幸福感更好的目标,贫困户愿意/主动提高信息获取和处理的能力。

表 2-5 信息获取和处理因素(IF)的回归方程

		模型 1(lnu 为目标变量)			模型 2(lncu 为目标变量)		
		系数	t	显著性	系数	t	显著性
非贫困户	(常量)	0.665	3.164	0.002	2.046	10.074	0
	IF1	0.014	0.411	0.682	−0.002	−0.046	0.963
	IF2	−0.012	−0.386	0.7	−0.001	−0.036	0.972
	IF3	0.001	0.062	0.95	0.034	1.485	0.14
	IF4	−0.036	−1.062	0.29	−0.048	−1.461	0.147
	R^2	0.016	—	—	0.044	—	—
贫困户	(常量)	0.801	10.08	0	2.132	31.75	0
	IF1	−0.048	−3.181	0.002	−0.018	−1.394	0.164
	IF2	0.035	2.109	0.035	0.011	0.774	0.439
	IF3	−0.016	−1.599	0.11	0.007	0.828	0.408
	IF4	−0.028	−2.118	0.035	−0.042	−3.714	0
	R^2	0.033	—	—	0.027	—	—

资料来源:本书调研数据整理所得。

在这些显著的变量中,需要仔细分析信息获取和处理因素各个变量的作用方向。具体而言,贫困户的信息渠道越多,反而对贫困户单一指标的幸福感产生负向的影响。可能的原因是贫困户还不具有理解和把握这些信息的能力,因而信息渠道数的增加使得他们选择和配置信息的难度增加,因而降低了幸福感。[1] 另外,

---

[1] 在《2015 年世界发展报告》的首页中,给出了一个案例:20 世纪中期,为了改善飞行员的操作,增加了许多仪表,结果使得驾驶舱变动异常复杂,增加了飞行员的操作难度,反而提高了事故发生率。之后直接减少仪表的数量,反而降低了事故发生率。对于一般贫困户来说,如果提供的信息渠道越多,就类似于给飞行员提供了更多的仪表,可能也会增加决策的难度和决策的失误率,因而就会降低贫困户的幸福感和获得感。这与中国传统文化中的"过犹不及"类似。

理解能力越强的贫困户,他们的幸福感反而越弱,似乎也有悖于常识。实际上这个结论也不难理解。如果贫困户对其所处的困境能够"睁一只眼闭一只眼",痛苦就会小一些,幸福感自然也会强一些。"难得糊涂"在一定情况下可能变成幸福的源泉。反之,如果贫困户的理解能力很强,天天想着还有哪些政策没有享受,或者享受的程度还不够,绞尽脑汁地谋求更高的政策红利,幸福感便会下降。在模型2(复合幸福感的对数为目标变量)中,这个变量变得更为显著,系数也更大。

(三) 决策技巧和程序(CT)

贫困户独特的决策方式还应该包括决策动态化需要的技巧、决策过程或程序等方面的内容。决策技巧和程序是分析贫困户决策的第三类内生变量。

就目前情况看,贫困户调整决策技巧和程序对提高决策质量似乎更为迫切和重要,困难也最大。对于贫困户来说,一些能够满足传统习俗、外部条件等因素的决策程序和步骤都是事先安排好的,决策选项过于单一,因此决策技巧的提升难度就比较大。而且,随着脱贫攻坚和城乡互动的加强,决策的内容和对决策时机的把握还需要进一步加快相应的技巧和程序方面的调整。如果调整不及时或者不足够,势必影响他们发掘独特的决策技巧并取得较高的决策收益。下面从几个方面分析贫困户的决策技巧和程序。

1. 决策阶段和程序。一般而言,一个完整的决策过程,通常需要前后相继的几个阶段。关于决策过程的分析,比较主流的是诺贝尔经济学奖获得者西蒙的分析。他将决策过程分为前后相继的4个阶段:(1)获取信息的阶段,搜寻环境信息,探求决策条件;(2)设计方案的阶段,分析可能的行动方案;(3)选择方案的阶段,选择一项活动并在所有行动计划中选择一个特定的计划;(4)验证和反馈的阶段,检验决策的结果并验证与评价已选择的方案。有些学者提到了与西蒙不同的决策阶段的划分。比如,Mintzberg(1975)提出了三阶段模型:确认、展开和选择,又进一步将3个阶段分为识别、诊断、搜寻、设计、甄别、评选、批准等7个主历程以及决策控制、沟通及政治等3个单元①。在实际应用方面,有学者提出农户采用农业技术的行为决策过程包括:农业技术的需要确认、收集农业技术信息、评价技术的可行性、采纳某项农业技术及采纳后的行为反应(石洪景,2013)②。由此可以类推,贫困户的决策也具有阶段性。在决策的不同阶段,需要对决策的内容和程序进行统筹规范,方见效果。

需要说明的是,一些贫困户的决策步骤,并不是按照固定程序一步一步进行的,相反他们经常"走捷径""想当然"。比如,他们听说药材滞销(获得信息),不经过方案设计就跳到方案选择阶段。有的时候,他们看见一个选项就选择,也不去想还有没有更好的选项。在前文提到的让打工子女回来帮忙收割庄稼的例子中,户主请子女回家帮忙的主要理由就是"别人家都是这样的"。实际上"别人家都是这样的"的选项,未必对自己的家庭是合适或者合理的。再比如,在消费结构中,把人情费等非生产性消费的比重抬得过高;在生产决策过程中,将高风险高收益的尝试降得很低,都存在一定的决策"走捷径"的情况。在精准扶贫之后,贫困户经常表现为消费"升级",比如茶叶好一点、喝酒好一点、建设房屋好一点、送礼多一点等等,导致他们消费的结构增长率要高于投资的增长率,人情费的增长率要高于信息和物质的增长率,也是这个方面的例子。

---

① 把决策过程描述为由主历程及对其干扰形成的含有分支和循环的事件序列。他们发现除了确认阶段的识别和选择阶段的评选两个历程外,其他的历程并不总是出现在所有的决策案例中,一个特定决策过程所经历的具体路线主要取决于解决方案的类型和决策进程中所遇到的动态因素的特点。

② 在农业技术的推广与扩散过程中,农户需要做出是否采用的决策,这种行为决策贯穿于农户从产生技术需要到满足这种需要的全过程。不仅有利于了解农户的需求特点,而且有利于政府相关部门、农业技术推广人员等针对农户不同决策阶段提供信息支持与服务保障,以促使农户积极采纳特定的农业技术服务于农业生产实践。总的来看,农户选择农业技术的决策过程可分为农业技术的需要确认、收集农业技术信息、评价技术的可行性、采纳某项农业技术、采纳后的行为反应等5个阶段。贫困户在响应反贫决策时表现出的理性偏差,符合罗伯特·西蒙(1964)提出的有限理性假设;在实施成本高时贫困户仅凭脱贫意愿进行响应,是极端有限理性响应行为。实施成本对贫困户响应的影响达到最大时,贫困户会为了"摘帽"而冒险响应。

2. 决策技巧。与决策程序的分析类似,贫困户的决策选项过于单一以及他们在教育水平、理解水平等方面明显落后于非贫困家庭,也限制了贫困户决策技巧的发挥空间①。关于贫困户的决策技巧的分析,这里从创新思维和风险决策这两个方面进行分析。在管理学中,这两个方面的决策技巧都是决策理论中不可或缺的内容。

(1)创新性思维和逆向思维。在创新性思维方面,贫困户是否能够坚持自己的独立判断,在决策过程中不被外界信息所干扰而单独按照自己设定的程序进行决策,这是提高决策质量的基本要求。另外,逆向思维也是当前创新工作的主要思维方法,贫困户能否设身处地地为别人着想、能否从别人的角度进行思考,是其决策能否实施并见效的重要前提。

有一些学者对贫困户的决策技巧进行了分析。他们发现,贫困户在反贫困决策中受制于信息的不全面、不充分而出现从众、狭隘和短期性等特征,会对创新性思维的形成产生制约作用;贫困户在反贫困决策过程中明显受到主观能动性的影响而过少考虑对别人的影响,从而导致其决策过程经常偏离理性轨道。

(2)销售决策和风险决策。在企业领域,销售决策和风险决策是最重要的企业战略,关乎企业的生存和发展。在贫困户的销售决策中,是自己直接到市场上去销售还是销售给小商小贩,是依靠合作社和家庭农场进行销售还是委托村集体销售,往往反映出不同的内部心理机制。在当前的扶贫过程中,贫困户生产的部分腊肉是非卖品,部分腊肉被他们自己定义为"亲人专售",并不随市场价格的变化而变化,可见贫困户的销售决策普遍具有较高的非市场性。与此同时,在贫困户的风险决策中,使用股权还是债权、使用租赁还是信托来分散风险,也能够反映出贫困户的决策技巧的丰富程度。在我们的调研中,当一些贫困户被问到"买断你的一亩土地需要多少钱"时,他会直接回答"多少都不卖"或者"看我的心情"。

---

① 这里只是强调从提高贫困户的决策技巧方面提高决策质量的难度较大,但并非代表完全没有可能。

3. 指标选择与一般统计分析。根据前文所述,决策技巧和程序(CT)选择四个方面进行分析,即独立决策技巧(简称"独立决策")、逆向思维技巧(简称"逆向思维")、销售决策技巧(简称"销售决策")、风险决策技巧(简称"风险决策")。其中,独立决策技巧是决策技巧的核心,逆向思维或者换位思考是决策能否起效的重要因素,而销售和风险决策是贫困户常见的决策类型。各变量的统计分析见表2-6。

表2-6 决策技巧和程序(CT)的描述统计分析

指标符号	指标	调查问题	贫困户		非贫困户	
			均值	方差	均值	方差
CT1	独立决策	在家庭和家族事情的讨论会上,您是否能提出与众不同的观点? 一次都没有提出过 1--2--3--4--5--6--7--〉每次都能够提出不同的观点	5.02	1.74	5.12	1.67
CT2	逆向思维	如果您为贷点款去拜访在县城工作的帮扶干部,帮扶干部说他在开会,等了3个小时没有见到人,遇到这种情况,您的想法是?(单选) 1. 帮扶干部确实在开会不好请假;2. 每个人都有难处;3. 您自己先想想办法;4. 先去吃点东西下午再来;5. 先回家以后再来;6. 其他	2.73	1.59	2.37	1.23
CT3	销售决策	在当地,一般来说,销售给小商小贩的农产品的比例占农户家产量的_____(单选) 1.20% 以下;2.20%—50%;3.50%—80%;4.80%以上	2.07	1.19	2.32	1.30
CT4	风险决策	如果您家有土地流出,您会选择下列哪些方式降低土地流转风险? 1. 一次性买/卖断;2. 短期租赁;3. 托管;4. 入股;5. 村集体统一发包;6. 扶贫干部出谋划策;7. 其他	3.73	1.68	3.66	1.48

资料来源:本书调研数据整理所得。

在表2-6中,即便是有精准帮扶和驻村工作队等外部支持条件,贫困户的独立决策能力仍然低于非贫困户,但是数据超过了4,说明贫困户的独立决策技巧也在精准扶贫过程中有了较大的提升。从他人角度思考问题是展开决策技巧的前提条件,在设身处地方面,贫困户的得分似乎要高于非贫困户。可能由于贫困户是弱势群体,需要不时揣摩分析强势群体的言行以便在夹缝中捕捉生存机会,因而更能够有同情心和为他人考虑的意愿。在销售策略方面,贫困户的农产品卖给小商小贩的比例较低,可能是因为帮扶责任人和扶贫网的销售起到了重要作用。帮扶责任人和扶贫干部会引导贫困户参加合作社、网络销售等,并设法降低其风险,使得贫困户卖给小商小贩产品的比例较低[①]。在风险决策技巧方面,贫困户和非贫困户的得分都比较高,这说明土地等农业资源的风险管理引起了农村群体的广泛关注,因而使他们都获得了一些应对风险的方法。

4. 决策技巧和程序(CT)的回归分析(详见表2-7)。根据表2-7,非贫困户的独立决策技巧、逆向思维技巧、销售决策技巧、风险决策技巧等四个变量中,仅有销售决策技巧是在10%的水平上显著的,其他三个方面都没有通过10%的统计性检验。在模型2中,非贫困户的四个变量的系数都没有通过显著性水平检验。由此可知,虽然非贫困户也需要提高决策技巧和调整决策程序,但并非提高决策质量所急需或显著的因素。

与此相对应的是,贫困户深受决策技巧和程序因素的影响。无论是在模型1还是在模型2中,独立决策CT1和风险决策CT4都对贫困户的幸福感产生显著的影响。不过,这两个变量的系数都是负数,原因可能是贫困户的决策(比如技术上的决策和风险上的决策)主要是模仿型的,而不是创新型的,因此相对于坚持自己的观点,多听取别人的观点可能会得到更多的实惠和更高的决策福祉。

---

① 比如直播带货,疫情发生以来,中西部扶贫部门已经认定了3.6万个扶贫产品,价值达到2480亿元。东部省份在一个多月的时间,就购买了27亿元。详见《国务院扶贫办:直播带货是消费扶贫的一种重要方式》,http://news.sina.com.cn/o/2020-04-24/doc-iirczymi8141877.shtml。

表 2-7 决策技巧和程序(CT)的计量回归

		模型 1(lnu 为目标变量)			模型 2(lncu 为目标变量)		
		系数	t	显著性	系数	t	显著性
非贫困户	(常量)	0.612	3.387	0.001	1.998	11.131	0
	CT1	−0.037	−1.637	0.104	−0.034	−1.48	0.142
	CT2	0.021	0.691	0.491	0.01	0.328	0.744
	CT3	−0.051	−1.713	0.089	−0.039	−1.328	0.187
	CT4	0.032	1.229	0.222	0.057	1.028	0.306
	R^2	0.083	—	—	0.027	—	—
贫困户	(常量)	0.995	12.689	0	2.183	32.497	0
	CT1	−0.052	−5.208	0	−0.031	−3.655	0
	CT2	−0.01	−0.898	0.369	−0.013	−1.394	0.164
	CT3	0.007	0.511	0.609	−0.002	−0.137	0.891
	CT4	−0.035	−3.409	0.001	−0.016	−1.819	0.069
	R^2	0.06	—	—	0.028	—	—

资料来源:本书调研数据整理所得。

(四) 决策内容(CS)

在决策技巧和决策程序方面,贫困户是将决策目标进行排序,从而进行选择,但是贫困户的资源有限,会把有限的资源用于应对当前认为紧缺的事情,而且还必须时刻抵御许多习惯习俗产生的必要支出的诱惑,降低疾病等不确定性的影响,因而需要在不同的需要之间不断地进行权衡和让步。在这两个方面的共同作用下,他们就会有意识地裁剪决策内容,经过裁剪后留下的决策内容才能真正进入他们的决策程序,从而对决策质量产生影响。显然,裁剪后的这些决策内容可能会忽略非常重要的因素(裁剪掉致命的内容),而导致其决策质量下降;可能将非常不重要的因素放入其决策内容的优先位置上,而挤占了本来应该重要的因素,进一步降低其决策质量。在决策内容方面,选择如下几个方面进行分析。

1. 决策内容被固定

在农村社会,传宗接代的责任和光宗耀祖的习俗是贫困户特别看重的决策内容,也有一些其他的内容可能成为他们的决策内容。如果这些决策内容一旦被固定,他们就会为此抛弃一切选项,自然而然走上一条"不归路",并且能够长时间保持稳定而不随外界的变化而调整。决策内容的固定主要有以下几个方面。

(1)决策内容的当事人被固定。以借钱为例,他们在知道自己有资格获得小额无息贷款,针对贫困户的信贷比较便利,以及向亲朋好友借贷有较高的利息(有时候是隐形的)的情况下,还是向亲朋好友借款。向谁借钱,往往不是当前决策变量综合分析的结果,而是上次借贷成功经验的延续,因而贫困户借贷是一种典型的自动决策。如果上次借贷成功,就会形成他们认为"好的"关系,进而"锁定"借贷关系。

(2)认知范围被锁定。一定决策内容的当事人被固定后,贫困户往往看不到其他人,不愿意了解其他人的生活情况,从而被他们认可的小圈子所锁定。比如,在调研中当被问到"村里脱贫致富能人(原来很穷,现在很富),主要从事哪一个行业"时,有14%的贫困户回答"打工",实际上村里的富人多是从事工商经营。

(3)行为被固定。当决策内容被固定后,贫困户就会从这些内容出发认真思考诸如孩子如何教育等家庭大问题。贫困户更认可他们圈子中的"老大"的行为,会模仿他们的行为。当问到"您希望您的孩子将来做什么"时,有的贫困户回答"当公务员",再问"能够当好公务员吗",他们会回答说"他二大爷可以告诉他"。

2. 决策内容被放大

如果这些决策内容被重复多次,贫困群体的决策模式可能会固定下来,决策信息也可以因而自动选择,多次的"用进废退"刺激会导致贫困户的决策内容发生一些奇特的变化。比如,孤独者因为缺少朋友而对社交信息投入更多注意,使他们在情绪识别任务上表现更优异;饥饿使个体对食物相关信息更加敏感,帮助他们更快、更准确地识别出食物相关的词语;贫困儿童会高估硬币的大小,在他们眼中硬币的尺寸看起来更大(张彦驰,2019)。以此类推,当相同条件的贫困户家庭有子女结婚时,就会被他们更为看重,常常念念不忘要给自己的子女成家,虽然这种情况下成功的概率较低。

这些决策内容被固定进而被放大后,贫困户就会人为选择外部风险,虽然他们选择的不一定是影响最大、时间急迫的风险。例如,有一家三口,儿子在深圳打工,工资收入占全家收入的 80% 以上,父母在家里种地养猪。当听说儿子在深圳打工受伤需要去照顾时,该父母首先想到的是他们家里的猪该如何,最后由于没有办法找到帮忙养猪的人而决定不去深圳照顾受伤的儿子。实际上让儿子早日康复、尽早上班,所得到的工资收入完全可以抵得过好几头猪的收入。

3. 指标选择与一般统计分析

根据前文所述,从五个方面对决策内容(CS)进行衡量。即贫困户固定的决策范围(决策范围)、贫困户关注到的村里富人所在的行业(致富行业)、贫困户风险识别和管理(遭遇风险)、贫困户是否听说过其他贫困户结婚(贫困户结婚)以及子女未来前途的设想(子女前途)等。数据和指标详见表 2-8。

表 2-8　决策内容（CS）的描述统计分析

指标符号	指标	调查问题	贫困户		非贫困户	
			均值	方差	均值	方差
CS1	决策范围	得知一个需要 10 万元投资的投资机会，您一般会找谁想办法？（单选）1. 亲戚朋友；2. 扶贫帮扶干部；3. 村干部；4. 银行和信用社；5. 慈善机构；6. 其他	2.54	1.67	2.46	1.63
CS2	致富行业	村里脱贫致富能人（原来很穷，现在很富），主要从事哪一个行业？（单选）1. 水稻棉花；2. 花卉苗木；3. 水产养殖；4 运输配货；5. 打工；6. 当老板；7. 公职岗；8. 其他	5.19	1.66	5.16	1.49
CS3	遭遇风险	在 2019 年，对您家的生产生活影响最大的是？（选两项，相加除 2）1. 自然灾害（气温高低、雨水多少等）；2. 市场风险（农产品价格波动）；3. 就业机会少；4. 土地产权和合同变化大；5. 身体健康状况变化；6. 扶贫干部轮换或者撤出；7. 医疗教育补贴变化；8. 其他（请具体说明）	3.48	1.69	3.26	1.59
CS4	贫困户结婚	这两年，您听说过建档立卡贫困户家庭的孩子结婚（包括女儿出嫁）吗？（单选）1. 听说过；2. 没有听说过	1.67	0.47	1.47	0.49
CS5	子女前途	如果您有一个 5 岁孩子，您希望他将来做什么？（单选）1. 当官；2. 做买卖；3. 学个一技之长；4. 上大学；5. 其他	3.76	0.81	3.71	0.82

资料来源：本书调研数据整理所得。

在精准扶贫背景下，与非贫困户相比，（1）贫困户决策咨询的范围已经大于非贫困户，这说明帮扶责任人以及金融扶贫工作扩大了贫困户的决策咨询范围和贫困户的决策内容；（2）贫困户对村庄内部致富的关注点也从身边的人向老板、官员扩展，大约扩展了 0.03 个对数单位；（3）贫困户对风险对象的识别和确定，仍然侧重自身周围，远离自然、市场、就业风险，而这些风险往往对贫困户的收入和福祉影响更大；（4）贫困户对其贫困户家庭的结婚情况更为关注,平均高出非贫困户0.2个对数单位;(5)对孩子未来的预期也高于非贫困户,更倾向于学技术和上大学等选项。综上可知,贫困群体的决策范围有所扩大,但是仍然没有改变风险决策和销售决策等过于靠近身边人、圈内人的倾向。

4. 决策内容(CS)的回归分析

在表2-9中,无论是贫困户还是非贫困户,风险决策的变量都是显著的(非贫困户在10%的水平上显著,贫困户在1%的水平上显著),系数也符合要求。随着风险决策内容包含自然、市场等重大风险的程度增加,贫困户和非贫困户的幸福和决策福祉都是下降的,贫困户下降的速度更快,比非贫困户快0.02个对数单位。这一方面说明自然和市场的基础设施条件较弱,贫困户和非贫困户虽然考虑自然等风险但是通常无能为力,因而福祉下降;另一个原因是,贫困户将自然、市场等风险纳入到决策范围,还没有形成有效、可靠的思维方式,因而也容易产生困惑和挫折,从而降低福祉水平。

表2-9 决策内容(CS)的计量结果

		模型1(lnu 为目标变量)			模型2(lncu 为目标变量)		
		系数	t	显著性	系数	t	显著性
非贫困户	(常量)	0.101	0.402	0.688	1.748	7.046	0
	决策范围	−0.031	−1.312	0.192	0.001	0.064	0.949
	致富行业	0.013	0.494	0.622	−0.034	−1.354	0.179
	遭遇风险	0.046	1.92	0.057	0.046	1.945	0.054
	贫困户结婚	−0.031	−0.407	0.685	0.067	0.885	0.378
	子女前途	0.074	1.593	0.114	0.008	0.185	0.854
	R^2	0.073	—	—	0.06	—	—

续表

		模型 1(lnu 为目标变量)			模型 2(lncu 为目标变量)		
		系数	t	显著性	系数	t	显著性
贫困户	(常量)	0.21	1.7	0.09	1.841	17.742	0
	决策范围	−0.017	−1.574	0.116	−0.016	−1.796	0.073
	致富行业	0.02	1.895	0.059	−0.011	−1.221	0.223
	遭遇风险	0.027	2.591	0.01	0.035	3.997	0
	贫困户结婚	0.011	0.288	0.774	0.036	1.124	0.261
	子女前途	0.056	2.606	0.009	0.001	0.048	0.962
	R^2	0.031	—	—	0.036	—	—

资料来源:本书调研数据整理所得。

　　贫困户比非贫困户具有更多显著的决策内容。比如,在模型 1 中致富行业和子女前途这两个变量显著,在模式 2 中决策范围这个变量显著。在模型 1 中,贫困户关注到的是更为真实的致富行为、希望的是子女上大学和学技术(比例提高)。这两个方面都有利于贫困户找到致富的门路或依靠的依据,以提高他们的幸福感:促进子女向心理上更感到踏实、心理上更有把握的学技术和上大学的方向发展等。遗憾的是,这两个变量在模型 2 中并没有得到验证,可能的原因不是很详细。在模型 2 中决策咨询范围扩大,会增加贫困户处理人际关系和获得更多信息的困难,因而增加了复合幸福感中担忧变量的影响力,导致贫困户的幸福感降低。

三、决策总效用与内生变量的实证分析

(一) 贫困户决策总效用与内生变量的回归结果与解释

　　经过上面的分析,无论是使用单一指标的效用还是复合指标的效用,认知因素（MC）中的穷人类型、穿衣问题、房屋攀比以及信息获取；处理因素（IF）中的理解能力、决策技巧；程序（CT）中的独立决策技巧、风险决策技巧以及决策内容（CS）中的遭遇风险，都对决策效用或决策质量有显著的影响。本部分继续分析这些变量，以便确定它们的相对重要性，详见表 2-10。

表 2-10　决策质量的内生因素的相对重要性

			模型 1（lnu 为目标变量）			模型 2（lncu 为目标变量）		
			系数	t	显著性	系数	t	显著性
非贫困户	思维认知	（常量）	0.396	1.359	0.177	1.936	7.015	0
		穷人类型	0.086	1.416	0.16	0.059	1.016	0.312
		穿衣问题	-0.012	-0.309	0.758	0.057	1.509	0.134
		房屋攀比	-0.022	-0.377	0.707	-0.136	-2.456	0.016
	信息获取	理解能力	-0.032	-1.014	0.313	-0.037	-1.222	0.224
	决策技巧	独立意见	-0.031	-1.333	0.185	-0.02	-0.914	0.363
		风险决策	0.049	1.919	0.058	0.043	1.792	0.076
	决策内容	遭遇风险	0.042	1.769	0.08	0.044	1.971	0.051
		R^2	0.113	—	—	0.17	—	—
贫困户	思维认知	（常量）	0.78	6.341	0	2.078	19.958	0
		穷人类型	0.063	2.115	0.035	0.057	2.252	0.025
		穿衣问题	0.019	1.592	0.112	0.01	1.043	0.297
		房屋攀比	0.006	0.208	0.836	-0.023	-0.999	0.318
	信息获取	理解能力	-0.014	-1.059	0.29	-0.033	-2.954	0.003
	决策技巧	独立意见	-0.045	-4.546	0	-0.022	-2.595	0.01
		风险决策	-0.034	-3.379	0.001	-0.016	-1.802	0.072
	决策内容	遭遇风险	0.025	2.451	0.015	0.031	3.576	0
		R^2	0.082	—	—	0.073	—	—

资料来源：本书调研数据整理所得。

在表 2-10 中可以看出，四类内生变量的显著性和作用方式是不一样的。

信息获取和处理因素的相关信息可能已经并入其他因素,因而这里重点分析其他三类变量。

在显著的三类变量中,决策技巧变量下的两个变量都通过了10%的显著性水平检验(在模型1中都通过了1%的显著性水平检验),说明决策技巧因素对决策福祉的影响是显著且重要的。相比而言,决策内容也通过了1%的显著性水平检验,因而也是显著且有效的。在认知思维方面,仅有穷人类型(反映自我认知)这个变量是显著的(在5%的显著性水平上)。因此,提高贫困户的决策质量的方法主要包括:首先,应该考虑要如何提高贫困户的决策技巧,优化贫困户的决策内容,然后才是调整他们的认知思维模式。认知思维模式的调整难度大、时间长,而决策技巧和决策内容的调整相对容易。这为随后的政策调整留下了足够的空间。

另外,在表2-10中,三类内生变量中有正反馈类的因素(比如决策内容的系数为正数),也有负反馈类的因素(比如决策技巧的变量系数为负数)。在精准扶贫政策作用下,贫困户受到扶贫干部的帮扶而扩大了决策内容,进而形成正反馈,但是也提升了贫困户独立决策的能力,改进了应对风险的方法,因而形成度量负反馈,正负反馈同时存在的情况下,可能会出现古莱(2008)所说的多重均衡问题。后面将通过数据模拟来进一步研究这个问题。

最后,判断贫困户的决策效用是否符合经济理性的要求,可以证明"穷且理性"这个假设是否正确。这个证明具有较强的理论和现实意义。在表2-10中,贫困户的认知思维因素(贫困户的自我认知变量)是显著的,说明可以通过调整认知思维方式来提高幸福感,也就是说幸福感或者效用中包括了认知调整的因素,因而效用函数就不再是稳定的,也就不应该存在单一的效用最大化。由此可知,"穷且理性"的假设具有一定的片面性。在穷且非理性的情况下,就可以通过政府与市场的关系调整以改善理性程度,明确政府应该做多少事,市场应该做多少事,两者如何分工,如何配合,这就为提高贫困户的决策质量打开了一扇门。

需要强调的是,在表 2-10 中,贫困户的内生变量与幸福感之间并不是自然而然形成联系的。在脱贫过程中,贫困户的自我努力与外部"三扶"(扶志、扶贫、扶智)政策共同作用才形成了显著的幸福效应。在一些国外的主流文献中,甚至还没有认识到贫困户内生变量的重要性。比如,在 20 世纪 90 年代,国际上流行的是以包容性增长或者益贫性增长为标志的减贫框架,以教育医疗为标准的人力发展减贫框架(比如联合国公布的人类发展指数),以及新旧世纪之交提出的强调赋权、机会和保障的减贫框架(世界银行,2000)。这些减贫和脱贫框架,大致可以归纳为 2.5 扶贫减贫框架(即收入增长为 1,健康和医疗等组成的人力资本为 1,保障为 0.5)。Gill 等(2017)认为,中国由于长期实施 2.5 扶贫减贫框架,凭靠开发式扶贫(强调收入)和人力资本扶贫,辅助以保障手段(比如低保制度),贫困发生率从 1981 年的 88% 下降到 2012 年的 6.5%(按照 1.9 美元/日贫困线计算)。与中国相邻的印度,没有很好地实践 2.5 扶贫减贫框架,收入增长的速度较低,教育医疗方面的不平等严重,即便是提高了保障收入(广义上的保障水平达到 10% 的 GDP),至今仍有四分之一的农民是赤贫人口,等等。

(二) 改变贫困户决策内生变量的一些应用

根据图 0-2,贫困户决策的内生变量的改变会显著影响外生变量,然后通过外生变量与外部资源的衔接进而形成系统性强化的扶贫效果。然而在现实中,关于难以改变贫困户决策的内生变量已成为一个重要的话题。这里就针对这些话题中的几个热门问题展开简要的讨论,以此作为本章结论的一个验证。

1. 关于贫困户内生动力不足问题的讨论。2016 年 11 月 4 日,湖北省巴东县县委原书记陈行甲的一篇文章《精准扶贫中,自强感恩教育要跟上》,点燃了国内对"扶志"的讨论(顾仲阳,2017;张天潘,2017)。一些扶贫干部在跟帖中感叹"部分贫困户天天打电话要钱要牛要猪,有的给了还嫌少,拿了也是去打牌玩,就是不工作"。从放牛娃的故事①,到陈俊生同志对以往"输血式"扶贫的评价可知,②激发贫困户内生动力的必要性和紧迫性一直存在。如果贫困户的认知思维方式是不知感恩、好逸恶劳甚至想不劳而获,扶贫工作可能会无功而返。为了激发贫困户的内生动力,一些地区创新了许多方法。例如比较典型的两种方法,一个是清洁家园,另一个是湾组会。通过清洁家园,塑造人人有责的氛围,直接改变贫困户的决策内容;倡导干部下沉到乡镇的湾组结"穷亲戚",进而以亲戚的身份参加湾组会,用会议示范的形式提高贫困户的决策技巧,进而激发了贫困户的内生动力,提高了脱贫质量。而还有一些地区,则采用批评教育、在祠堂里面贴红黑榜(做得好的就上红榜,做得不好就上黑榜)的方式,试图直接对贫困户认知行为模式进行调整,虽然有一些效果,但也引起了一些争议。

2. 关于脱贫满意度的讨论。习近平总书记在贵州考察谈到扶贫工作时指出:"党中央的政策好不好,要看乡亲们是笑还是哭。如果乡亲们笑,这就是好政策,要坚持;如果有人哭,说明政策还要完善和调整。"③各级政府在《扶贫开发工作成效考核办法》中大都有群众满意度这个考核指标,并在脱贫程序上设定了需要贫困户签字确认这个环节。在脱贫考核中,一是贫困户感到不满意,二是贫困户不愿意在脱贫意见书上签字。比如,采用"公司+农户"的扶贫模式,贫困户的决策内容中多少有一些投机的成分,他们希望风险真的来临时,能够搏一把、碰运气,渡过危机,结果反而事与愿违,却迁怒于扶贫干部。与此同时,公司大多提供给贫困户的是销售信息、固定分红等实惠。这些实惠可以折算成一定的金额,但是这些实惠的获得并没有与贫困户的决策技巧相

---

① 放牛娃放牛是为了挣钱,挣钱是为了娶老婆,娶老婆是为了生娃,生娃是为了放牛,放牛是为了挣钱。

② 花了 1500 亿元救济款,买来的是贫困山区群众的一个"懒"字,参见辛秋水:《走文化扶贫之路——论文化贫困与贫困文化》,《福建论坛(人文社会科学版)》2001 年第 3 期。

③ 《习近平在贵州调研时强调看清形势适应趋势发挥优势善于运用辩证思维谋划发展》,《人民日报》2015 年 6 月 19 日。

联系,贫困户很难从加工、销售等延伸的产业链中获取"额外收益",因而也没有从决策技巧方面找到提高满意度的方法。

根据本章的结论,提高贫困户的脱贫满意度,首先要通过针对性的宣传和培训,强调"亏也是赚"的思想,改变贫困认知思维方式。加强可视化、接地气的扶贫成效的宣传,多增加实物、直观型宣传,使他们能够将心比心,从而推动固化决策方式的转变。其次,要将脱贫行为与决策内容的改变统一起来,让贫困户参与到"自己的事业",让他们觉得是"为自己打工",从而改变其决策内容,提高决策质量。

3. 关于贫困户认知思维模式的讨论。对贫困户来说,他们在参与扶贫项目时经常有吃亏、上当的感觉,用他们的认知思维方法进行加总计算,就会发现怎么算都不划算。根据本章的结论,为了能够让贫困户看到希望,就得让贫困户能够用自己的认知和决策程序算出和原来不一样的结果。根据表2-10的结论,提高贫困户的决策质量,首先应该考虑如何提高贫困户的决策技巧和优化贫困户的决策内容,然后再调整他们的认知思维模式。如果没有对贫困户的决策技巧和决策内容进行深入分析,实际效果往往不佳。

对于扶贫工作,习近平总书记有不少重要论断,如强调内生变量的重要性,"扶贫既要富口袋,也要富脑袋。要坚持以促进人的全面发展的理念指导扶贫开发,振奋贫困地区和贫困群众精神风貌"[1];强调认知思维和知识信息的重要性,"摆脱贫困首要并不是摆脱物质的贫困,而是摆脱意识和思路的贫困。扶贫必扶智,治贫先治愚。贫穷并不可怕,怕的是智力不足、头脑空空,怕的是知识匮乏、精神委顿"[2];强调决策技巧和决策内容调整的重要性,"要继续发挥互派干部等方面的好经验、好做法,促进观念互通、思路互动、技术互

---

[1]　鞠鹏:《习近平在中央扶贫开发工作会议上强调　脱贫攻坚战冲锋号已经吹响　全党全国咬定目标苦干实干》,《人民日报》2015年11月29日。

[2]　习近平:《在东西部扶贫协作座谈会上的讲话》(2016年7月20日),人民网。

学、作风互鉴"①,等等。

　　综上,本章的研究结论显示,完善贫困户的决策内生变量,全面提高贫困户内生变量的数量和质量,对提高贫困户的决策质量具有重要的作用。

第三章　贫困户决策质量的外生变量分析

人们经常听到"人穷志短、马瘦毛长""手中有粮,心中不慌"之类的表述。这些表述表明,要提高决策质量,仅仅提高和优化贫困群体的内生变量是不够的,还需要考虑类似"粮食"等的外生变量,而且通过改善外生变量可以进一步提高贫困户的决策质量,获得一举两得的效果。直观地看,如果没有"粮食",贫困户就会总觉得不够稳妥,进而引起内生变量的改变,以及影响到决策的内生变量和外生变量之间的相互关系。因此,可以从外生变量中寻找提高贫困户决策质量的方法。这一章主要是扩展古典经济学的分析方法,在效用函数中增添外生变量,将贫困户的决策分析从内生变量扩展到外生变量。至于两者之间的相互关系及其组合方式对决策质量的影响,则在第四章进行讨论。

一、增加外生变量的决策效用及其变化

1. 将"资本主义精神"增加到效用函数的理论分析

第二章曾经论述过古典经济学家构建的效用函数。在该效用函数中不仅包括消费变量(即收入变量),还包括其他非消费、非收入类变量(这些变量与

收入不一定具有对应关系);不仅包括静态的变量,还包括人际间比较方面的考虑。比如,亚当·斯密将这些影响效用的变量使用"开化"和"未开化"进行区分①,马克斯·韦伯将非消费类变量称为资本主义精神②,而马克思引证托·约·邓宁《工联和罢工》论述资本家的行为③:"如果有 10% 的利润,它就保证到处被使用;有 20% 的利润,它就活跃起来;有 50% 的利润,它就铤而走险;为了 100% 的利润,它就敢践踏一切人间法律;有 300% 的利润,它就敢犯任何罪行,甚至冒绞首的危险。"

由此说明,外部利润条件的变化可以"切换"资本家的风险偏好、认知行为模式,从乐于风险(蠢蠢欲动)到极端风险(冒绞刑的风险)。以此类推,贫困户的决策中的内生变量和外生变量之间可能存在必然性的相互关系,值得认真分析。

20 世纪 70 年代以后,为了能够使用新古典主义方法分析非消费、非收入因素对人类行为的影响,Bakshi 和陈志武④、邹恒甫⑤等学者将资本主义精神或者获取物质财富的欲望看作效用函数的第二个维度,从而扩展效用函数的分析范畴。他们对股市运行、经济发展趋势等经济问题的分析,取得了与实践高度吻合的研究结果,扩展效用函数的分析比传统效用函数的分析更为可靠和合理。他们使用的带有资本主义精神的最大化扩展的效用函数,通常用如下形式进行表述:

$$\max \int_0^\infty u(c,K)e^{-\rho t}dt \qquad\qquad (3-1)$$

---

① 参见[美]亚当·斯密:《道德情操论》,华夏出版社 2014 年版。

② 参见[德]马克斯·韦伯:《新教伦理与资本主义精神》,生活·读书·新知三联书店 1987 年版。

③ 卡尔·马克思:《资本论》,人民出版社 2004 年版,第 871 页。

④ Gurdip S.Bakshi,Zhiwu Che,*The Spirit of Capitalism and Stock Market Prices*,*American Economic Association*,1996,86(1):133-157.

⑤ Zou Heng-fu,*The Spirit of Capitalism and long-run growth*,*Eurapean journal of political economy*,1994,(10):279-293.

在(3-1)式中,u 是贫困户的多维效用函数,ρ 是贫困户的时间贴现率,c 和 K 是人均消费和人均财富, $c_0 = a$, $K_0 = b$, a 和 b 都是大于零的常数。在公式(3-1)中表明,一个人的幸福来自于消费,也来自于物质财富的积累(非消费变量、非收入变量),消费品和资本积累都能够增加人们的效用或者幸福。

用公式(3-1)中 c 和 K 的相互关系,可以解释上文提到的"手中有粮,心中不慌"现象。即随着 K 的增加,不但可以直接提高效用水平 u,还可以通过 c 和 K 的替代互补关系,间接提高效用水平 u(即便此时 c 保持不变)。

在以熟人社会为特征的中国农村社会中,无论是贫困户还是富裕户,积累资本和财富都可能会提高他们的效用水平,因为他们与别人进行交流、获得认可,进而获得一定比例的资源,多少都与其掌握的资本和财富等级有关。由此可知,贫困户积累财富可以提升其福利水平[1],进而推测,将积累财富的欲望与消费欲望一起放入贫困户的效用函数中是适宜且十分必要的[2]。在我国农村地区,农民的"资本主义精神"(或者说积累财富的欲望、追求高投资回报率的欲望)在一定程度上确实是存在的。比如,自 2013 年精准扶贫政策实施之后,部分地区农民为了获得扶贫资源"争当贫困户",效用、偏好和价值观在物质和财富面前发生了改变[3]。

由此可知,如果积累物质资本和财富的欲望可以被纳入贫困户的效用函数之中,那么就可以进一步将积累人力资本、生态资本、社会资本等也纳入效用函数。换言之,将获取物质资本、人力资本等外生变量看作是贫困户直接追逐的目标,就可以借助 Bakshi 和陈志武等学者的扩展效用分析框架,分析决策的外生变量(物质资本、人力资本等)对贫困户决策质量的影响。下面就沿

---

① 杨晓维等:《地位经济学研究动态》,《经济学动态》2016 年第 6 期。

② Knigt,J.and R.luratilaka,*Subjective well-being and its determinants in rural China*,*China economic review*.2014,(7):635~649.

③ 本来落入贫困陷阱、成为贫困户是一件耻辱的事情,现在却成为部分农民想方设法去获得的一种"炫耀品"。个别农户如果争取不到贫困户资格,他们还会选择斥巨资、费精力去上访"讨说法"。但实际上,有些扶贫资源并没有为他们带来多少实质性的价值。

着这个思路对贫困户总决策效用或者决策质量进行扩展性分析。

2. 扩展效用函数

根据公式(2-1)和(3-1)可以将贫困户的 t 期的效用函数扩展为：

$$\ln u(\cdot, K, t) - \ln u(\cdot, K, 0) = \theta + \beta \ln \dot{u}(\cdot, \overline{K}, t) + \gamma \ln K(t) + \delta f[\dot{u}(\cdot, t), K(t)]$$

$$(3-2)$$

在公式(3-2)中，$u(\cdot, K, t)$ 是研究 t 期的贫困户效用。K 是决定贫困户效用水平的非消费因素与非收入因素，具体包括物质资本、人力资本等外生变量。等号右边第一项 θ 是常数项，第二项是分析 $\dot{u}$ 效用函数的变化(K 保持不变)，第三项是效用函数在保持不变的情况下非消费和非收入变量 K 的变化对效用的影响，第四项是第二和第三项的复合项(比如交互项)，用来分析第一和第二项之间的相互作用对贫困户效用的影响。(3-2)式的数学含义是，研究期的效用的对数增量(变化率)等于传统效用函数的变化、非消费收入因素的变化以及两者之间的相互作用等三项之和。β、γ、δ 分别表示等号后面的第二、第三、第四项对研究期的效用的对数增量(变化率)的贡献程度。θ、β、γ、δ 均是常数。

根据第二章的分析，公式(3-2)中等号右边的第二项相当于公式(2-2)中决策质量的内生变量，这里将等号右边的第三项定义为决策质量的外生变量，第四项定义为决策质量的内外生变量的相互作用。

需要说明的是，在古典经济学中，决策质量的外生变量主要是物质资本的积累，在导论的文献综述中提到，决策的外生变量不仅包括物质资本，还包括人力资本、社会资本、生态资本等资本类型。

将外生变量的分析，借用扩展的效用函数多类资本进入贫困户决策效用函数工具，是非常有必要而且是有理论依据的。理由如下：第一，在各学科也对决定效用的非消费因素、非收入因素进行了拓展。(1)人类学、社会学等学科的拓展(SI)，比如，贫困就是未开化(人类学)、社会功能和结构缺失形成的

"失能"(社会学)、价值文化落后(文化学)、特殊的遗传和人格特质(心理学)、自相矛盾的贫困命题的预设(哲学和语言学)等等;(2)管理学和农业经济学的拓展(ES),比如,亲戚朋友、周围大户、农村企业决策方面的邻里关系、局域知识、政策等;(3)其他学科的拓展,比如相对地位、社会关系、金融素养等。第二,实际情况下贫困者在做一项决策时,需要考虑经济、社会、身心等众多因素的影响,考虑稍有不周就会导致其无法形成有效决策,从而影响决策结果;贫困户应对外部变化获得决策效用,需有必要的工具(物质资本)、身体(人力资本)、合作(社会资本)等。第三,在生计资本理论中,也有类似的划分①,即将亲戚朋友、社会价值冲突等因素归纳为社会资本,将文化、教育等因素归纳为人力资本,将自然条件、开化状态归纳为生态资本,补充一个金融资本(金融信贷方面的因素),合并为五类资本,代表决策依据的主要外生变量②③。

因此,贫困户决策的外生变量可以表示为如下集合:

---

① Sellberg, M.M.P.Ryan, S.T.Borgstrom, A.V.Norstrom, G.D.Peterson, *From resilience thinking to Resilience Planning*: *Lessons from practice*, *Journal of Environmental Management*, 2018, 217: 906–918; Amy Quandt, *Measuring livelihood resilience*: *The Household Livelihood Resilience Approach*(HLRA), *World Development*, 2018, 107(7): 253–263.

② 在前面的论证中提到,贫困户决策的外生变量,可以看作是决策的干扰或冲击,是其脆弱性的一个注脚。这个方面可以反过来进行分析,当面临相同的经济社会风险时,什么样的外部要素逐步改善之后就可以使得他们能够坚持并且做出有效的决策而实现梦想呢? 在当前这个方面的研究,主要是以生计资本理论为基础展开的。现在的生计资本已经包括了五类资本,它们分别是物质资本、人力资本、社会资本、生态资本和金融资本。这些资本既可以看作是贫困户的资源禀赋,也可以看作是贫困户进行决策的主要依靠,当他们面临外部特定的风险时,他们可以使用这些资源和资本改善其信息获取的渠道方式,以及引入外部力量来消除不确定性。另外,能够通过这些要素及时地相互替代或者相互组合,形成有效的决策。如当遇到自然灾害的时候,物质资本被破坏得比较严重,这个时候就需要迅速增加物质资本,否则就会出现资本贫困或者资源贫困,这个方面的研究已经非常丰富了。在精准扶贫过程中,现有政策更是出现了针对各类风险的资本,脱贫标准的"两不愁三保障"便集中体现了各类资本的重要性,如物质资本利用的是收入的变化,教育有保障对应的是人力资本,健康风险对应的是医疗有保障。就目前来看,物质资本、人力资本、社会资本、生态资本和金融资本等五类资本的存在为贫困户的决策打下了坚实的基础,同时与内生因素形成相互佐证的关系,共同形成决策的内外生变量。

③ 从资产的角度看,中国农户应该积累更多的生产性物质资本、人力资本、金融资本和社会资本。详见万广华等:《资产视角下的贫困脆弱性分解:基于中国农户面板数据的经验分析》,《中国农村经济》2014年第4期。

$$K = \{CK_i, SI_j, ES_l, else\}, i, j, l = 1, 2, 3, \cdots. \tag{3-3}$$

在公式(3-3)中,CK 是物质资本变量。SI 和 ES 是使用交叉学科和管理学科等方面选择的外生变量,else 表示其他变量。i,j,l 分别表示各个外生变量的变量数。

根据导论部分的文献综述的分析,将影响效用的非收入和非消费因素定义为物质资本、人力资本、金融资本、社会资本、生态资本等五类资本[①],进而代入公式(3-3)并忽略五类资本以外的非收入、非消费因素,可以得到公式(3-4):

$$K = \{CK_i, RK_j, EK_l, SK_m, FK_n\} \tag{3-4}$$

i,j,l,m,n 分别表示外生变量下的变量数,i,j,l,m,n=1,2,3,⋯.

下面就用公式(3-4)分析外生变量对贫困户的决策质量的影响。

3. 扩展效用与脆弱性

贫困户的效用值难以量化[②]。为了度量贫困户的扩展效用,本章拟用以下思路。

首先,分析贫困户的扩展效用的变化而不是其本身。在公式(3-2)中就体现了这层含义,度量效用的变化要比直接度量效用本身容易一些。

其次,将贫困户的扩展效用的变化转换为相伴概率或者是脆弱性。假设

---

① 在生计恢复力的研究中,这五类资本是生计恢复力的主要因素。换言之,这五类资本的丰裕程度不仅是生计的重要组成部分,还是生计变动的决定因素。详见陈佳、杨新军、尹莎:《农户贫困恢复力测度、影响效应及对策研究——基于农户家庭结构的视角》,《中国人口·资源与环境》2016 年第 1 期;温腾飞、石育中、杨新军等:《黄土高原半干旱区农户生计恢复力及其影响因素研究——以榆中县为例》,《中国农业资源与区划》2018 年第 5 期。

② (1)间接效应函数的方法不可行。如果假定贫困户的效用函数是稳定不变的,那么通过给出一定的附加条件,可以通过间接效用函数表示效用,也就是可以使用收入和消费数据来度量最优化的效用,但是本书研究视野下贫困户的效用函数是可以变化的,因而通过间接效用函数的方法进行度量是不可行的。(2)幸福感的方法不可行。在本章的效用中还要包含各类资本追求所体现的价值、文化、社会关系等外生变量,因此在考虑了外生变量之后,则不能直接使用幸福感或者复合的幸福感指数,换句话说,不能凭靠贫困户的感觉去衡量。

贫困户的效用水平 lnu 服从 $(\overline{\ln u}, \delta^2_{\ln u})$ 的正态分布,u(·,0)(=z)为指定效用水平(比如社会认可的贫困程度所对应的效用水平),并且希望贫困户在贫困户下一期的效用水平[ln u(·,t+1)]不应该低于 lnz,则有:

$$Vu_{it} = 1 - P[\ln u_i(\cdot, K, t+1) \leqslant \ln z] = 1 - P(\frac{\ln u_i(\cdot, K, t+1) - \overline{\ln u}}{\delta_{\ln u}} \leqslant$$

$$\frac{\ln z - \overline{\ln u}}{\delta_{\ln u}}) = 1 - \varphi(\frac{\ln z - \overline{\ln u}}{\delta_{\ln u}}) \tag{3-5}$$

根据 Thang(2018)的分析框架,公式(3-5)中的第一个等号右边的 P 就是贫困户 t 期的脆弱性(Vave$_{it}$),使用该效用水平低于 lnz 的概率进行表示。

一般计算 Vave$_{it}$(=P)的方法如下:

第一步,假定贫困户的效用方程为:

$$\ln u_{it} = \beta_0 + h_{it}\beta_i + \varepsilon_{it} \tag{3-6}$$

在(3-6)式中,h 是决定贫困户效用的一系列特征变量。

第二步,贫困户效用函数的均值和方差,根据(3-6)式可以用如下方法进行衡量:

$$\overline{\ln u_i} = E(\ln u_{it} \mid h_i) = \hat{\beta}_{oi} + h_{it}\hat{\beta}_i \tag{3-7}$$

$$\delta^2_{\ln u_i} = V(\ln u_{it} \mid h_i) = \hat{\varepsilon}^2_{it} = \hat{\beta}_{0i} + h_{it}\hat{\beta}_i \tag{3-8}$$

根据(3-7)式和(3-8)式可以估计出 lnu 的均值和方差,进而可以根据(3-6)式求得贫困脆弱性。而将(3-7)式和(3-8)式求出的均值和方差代入公式(3-5)中,可以计算扩展效用的相对变化基础上的脆弱值。

最后,用多层次的收入脆弱性捕捉贫困户扩展效用相对变化的信息。在当前的研究中,大多依据收入和消费与效用的正相关关系,使用收入和消费的变化代替拓展效用,从而形成所谓的收入脆弱性和消费脆弱性。收入和消费的脆弱性显然不能满足我们的研究需要,因而需要对脆弱性概念做进一步的扩展。

收入脆弱性和消费脆弱性的概念具有一定的扩展性:(1)用来表示决策质量外生变量的效用函数的变化与收入脆弱性有关,无论是物质资本、人力资本等都与收入的变化有一定的关系,对物质资本类财富、人力资本类财富的追逐精神都可以通过一定程度的收入变化进行显化。(2)根据多维贫困理论,物质资本类财富、人力资本类财富与收入变化形成程度不同的正相关关系,不同的外部条件对收入脆弱性和消费脆弱性的冲击力度可能存在明显差异。但无论使用哪个维度的贫困户指标进行度量,贫困户的排位基本稳定。(3)不同价值、文化等社会群体可以使用收入和消费进行分层。收入和职业是常用的社会分层方法,在社会结构相对稳定的状态下,收入和社会分层也可以成为价值、文化等非收入性质的分类变量。(4)贫困户对收入(尤其是现金收入)有强烈的偏好。因此,通过决策质量的外部条件对多条收入脆弱性影响的对比分析,可以从影响方向、影响力度等方面推测出决策质量外部条件对贫困户扩展效用相对变化的变化趋势和特征。如果某条件的变化(比如人力资本)能够降低不同收入水平下的收入脆弱性,则可能会激发贫困户对拥有人力资本的渴望,从而提高其扩展效用,其他类型的资本也可以做类似推理。

4. 计量方程设定

根据本章的研究主题,根据公式(3-2)和公式(3-3)[先不考虑公式(3-2)中等号右边的第二、第四项,重点考虑第三项],设立如下计量方程:

$$wave_i = \beta_0 + \beta_{ki}CK_{ki} + \beta_{ji}RK_{ji} + \beta_{il}EK_{il} + \beta_{in}FK_{in} + \beta_{im}SK_{im} + \varepsilon_i \quad (3-9)$$

在公式(3-9)中,CK、RK、EK、SK、FK 分别表示物质资本、人力资本、生态资本、金融资本和社会资本等五类资本。本章中先将五类资本逐类研究,然后再综合研究。

5. 贫困线的设定

在公式(3-5)中,设定不同的 u_0,计算出的脆弱性的数据不一样。为了与国内扶贫实践接轨,这里使用三条贫困线:第一条是 4000 元/人/年的国内贫困线①;第二条是 1.9 美元/人/日的国际上通用的低贫困线;第三条是 3.2 美元/人/日的国际上通用的中等贫困线。按照 2020 年 1 月 24 日的人民币与美元的兑换比例(6.94 人民币/美元),国际的低贫困线(1.9 美元/人/日)为 4812 元,中等贫困线为 8105 元,两条国际贫困线均高于国内贫困线。

二、决策质量外生变量的作用分析

（一）物质资本对决策质量的影响

1. 理论分析

(1)物质资本的积累及其相应的帮扶措施。在农村生产和生活中,增加物质资本积累和财富积累的欲望还是比较强烈的。比如,增加工具、设备、良种、化肥等物质资本投入,可以在相同劳动力的条件下,实现更多的产出,产生更多的效益。再比如,有一些贫困户通过购买运输车辆跑运输等方式实现脱贫致富;有一些贫困户使用特色作物的种子进行生产,收入是传统品种的好几倍,等等。另外,物质资本积累和配置也是贫困户应对外部风险时最常使用的办法。比如,遭遇天灾人祸,可以变卖物质资产,购入食品和营养品,以及一些可以在灾后重建的设施,从而降低灾祸对家庭生产和生活的影响。最后,在资本稀缺的地区,在一定程度上,贫困户增加资本品类会改变其生产方式、变动生活节奏,也在很大程度上改变了决策的方式和内容,

---

① 如果按照 2010 年 2300 元/人/年的不变标准(每年按照 6% 的速度增长),2019 年的贫困线是 4116 元/人/年。按照 2011 年 2300 元/人/年的不变标准(每年按照 6% 的速度增长),2019 年的贫困线是 3886 元/人/年。有的地区执行的是 3747 元/人/年的贫困线标准。国务院扶贫办提到在 2020 年至少要使用 4000 元/人/年的贫困线标准。综上,使用 4000 元/人/年的贫困线标准。

因而物质资本的积累和物质资本的配置成为农村居民生产决策的重要依靠。

在扶贫过程中,物质资本的积累与产业扶贫存在着直接的联系。对于缺衣少穿的贫困户,物质资本积累数量也非常有限,甚至还经常不成体系,从而被挡在各种各样的投资门槛之外。推动贫困户参与扶贫产业,总是以增加贫困户的物质资本量优先超过相应产业的投资门槛为起点进行的。比如,有的地区,使用送猪崽等方法增加贫困户的物质资本,也有的地区,贫困户通过政府补贴一部分、贫困户自己购买一部分的方式来增加物质资本等等,不一而足。这些物质资本的增加及其应用,被不少媒体看作是贫困户拔掉穷根的根本手段。精准扶贫之后,贫困户基本上摆脱了一穷二白的窘境,多多少少积累了一些物质资本。物质资本的积累和变化对贫困户决策的影响比扶贫之前要大得多、重要得多①。

(2)物质资本对经济决策影响的持续时间更长。物质资本缺乏对贫困户决策的影响,可以从反方向论证物质资本的重要性。物质资本的缺乏对贫困户的当前产出和未来产出都有重要的影响,当面临风险时,损失某些资本,比如耕牛、住房,将会对这个家庭随后数年甚至数十年的生活生产带来影响。在贫困户的一生中,总会遇到一些收益比较高的项目,但高收益意味着高风险。如果贫困户能够用收入或资产来承受1—2次甚至3—5次失败的概率,那么就一定会把握住其中一个或数个高收益的投资机会,从而实现脱贫。其实很多贫困户对物质资本缺乏的前因后果也心知肚明,他们怕投

---

① 自1986年始,产业扶贫被看作是最重要的扶贫开发政策,该政策将贫困地区脱贫主动和政府帮扶结合起来,比救济式扶贫的效果更好。但是,产业扶贫政策的初期,主要强调扶持龙头企业,进而由龙头企业带动贫困户,从而提高贫困户可用的资本数量。由于龙头企业的发展受制于农业弱质性,本身的发展面临重重困难,对贫困户的带动能力有限。另外,还有一些龙头企业实际上为空壳经营主体,更加降低了龙头企业和合作社对贫困户的带动作用,贫困户的资本积累就更为有限。在精准扶贫政策实施之后,这种情况得到改善,资本和资金"精准到户",扶贫资源要直接作用于贫困户,扶贫资料的供给量迅速增加,贫困户的资本积累量得到显著的提升。

资失败,更怕投资失败所引发的连锁反应。一些研究认为,对贫困户的决策而言,相对于收入贫困,资产贫困是更为根本性的贫困,是长期贫困更为重要的致因①。

(3)物质资本对贫困户非经济决策的影响。在农村,拥有一家小卖铺、一辆卡车、上百头猪崽,不仅意味着收入的增加,还意味着社会地位的提高。他们会通过一些方式将社会地位的信息传播出去,以便获取与他人合作时的有利地位。换言之,物质资本的积累,影响的不仅仅是收入,也会影响到非收入方面,这也正是本章关注的重点问题。考虑到一般农村地区市场机制的不完善,市场不能完全显示出机会成本,而且市场往往也和一些附带的社会资源和社会条件相联系。对贫困户来说,拥有资本形式的地位产品,意味着社会资源向有利于自己方面倾斜的可能性增加。反之,当处于贫困状态的时候,收入和资本存量比较低,市场的供需弹性都比较小,因此更难承受社会变动以及与他人合作带来的风险,形成的二次损失,将导致生活生产条件进一步恶化。从这个角度看,贫困户拥有的物质资本积累的欲望以及物质资本的多寡都会对其决策产生重要的影响。

2. 贫困户物质资本的度量和一般统计分析

(1)贫困户物质资本的度量。物质资本一般可以分为流动资本和固定资本,也可以分为短期资本和长期资本。下面从三个方面进行资本度量:第一是农业生产投入(种苗、鱼苗、化肥、农药、饲料等)。在农村,贫困户收入中经营性收入占比较高,而从事农业生产获取经营性收入就需要进行农业生产投入,农业生产投入也是常用的流动资本指标。第二是固定资本规模,包括所有农业生产和个体经营中的资产总额。第三是住宅投资。考虑到一些贫困户的住房是搬迁房或危房改造过的房屋,这些住房的修缮建造款大部分是依靠财政

---

① 解垩:《农村家庭的资产与贫困陷阱》,《中国人口科学》2014 年第 6 期。

资金支持的①。为了充分显示贫困户在住宅这种长期投资品的投资行为和效果,进一步选择两个变量进行分析:一是住房的类型,比如平房、四合院、楼房等;二是住房的舒适程度。前者大致可以用于分析住宅投资的档次,后者则用于分析住宅投资的效率。

表3-1　物质资本因素的描述统计分析

指标符号	指标	调查问题	贫困户		非贫困户	
			均值	方差	均值	方差
CK1	生产成本	在农业生产投入中,种苗、鱼苗、化肥、农药、饲料等需要投入多少?（单位:元）	1587.23	4073.48	27448.28	186191.91
CK2	资产总额	所有农业生产和个体经营中占有的资产总额(包括大棚、猪圈、厂房、加氧机、杂货铺、喷雾器、烘干设备等)大概值多少钱?（即固定资本投入,单位:元,单选）1.1万以下;2.1万—3万;3.3万—5万;4.5万—10万;5.10万—100万;6.100万以上	1.09	0.484	1.48	1.25
CK3	房屋类型	受访家户居住房屋的类型是什么?（单选）1.单元房;2.平房;3.四合院;4.小楼房;5.其他	3.04	1.09	3.41	1.01
CK4	居住拥挤	受访家户居住的舒适程度:很拥挤--1--2--3--4--5--6--7-->很宽松	5.21	1.24	5.52	1.29

资料来源:本书调研数据整理所得。

---

① 住宅的价值应该包括住宅本身的价值(比如建筑质量、建筑功能)以及住宅所处的地理位置的价值。贫困户的居住地偏远,住宅建筑多陈旧破烂,因而住宅价值就比较低。从20世纪80年代开始的"三西"扶贫工作,移民搬迁就成为中国重要的扶贫策略。在精准扶贫过程中,"五个一批"扶贫策略中也有"搬迁一批"政策。通过这些易地搬迁项目,贫困户的住宅从偏远地区搬迁到中心地区,住宅质量也得到迅速的提高。另外,易地搬迁政策也容许对原有房屋进行修缮,达到国家安全的等级标准。修缮后房屋的价值也增加了贫困户的市场价值。以本文的逻辑就是贫困户的物质资本的积累得到迅速的提高。

（2）四类物质资本变量的一般统计分析。在表3-1中，贫困户拥有的物质资本规模都小于非贫困户。贫困户的流动资本与非贫困户之间的差距最大，非贫困户使用的流动资本是贫困户的16.29倍。相比而言，贫困户的固定资本投入在1万元左右，说明贫困户不再是一贫如洗、一无所有，而非贫困户的物质资本积累在2万元左右，是贫困户的2倍，要小于流动资本之间的差距。究其原因，可能与他们的生产方式和生产种类有关。对于住宅资本的两个变量，贫困户与非贫困户的差距都是0.3左右。反映贫困户住宅档次的住宅类型变量的均值集中到了四合院这类住宅上，而非贫困户的均值介于四合院和楼房两种类型之间，差距较大。另外，住宅舒服程度指标则显示贫困户的住宅相对宽松，但仍然不及非贫困户，较为符合农村的实际情况。

3. 贫困户的物质资本对决策质量的计量分析

（1）数据处理。在表3-1中，流动资本投入数据的数值较大，为了与其他变量保持一致，将流动资本的数据进行标准化处理。

（2）计量分析。为了详细说明物质资本对扩展效用或者决策质量的影响，使用三类对比的方法。第一类是变动贫困线形成的三个模型之间的对比（4000元人民币、1.9美元，相关的脆弱性表示为w4000、w19）。第二类是脆弱性与幸福感的对比。这两类对比的目的是：第一类显示扩展效用与效用之间的差异，以显示物质资本的变动对不同等级脆弱性的影响差异。第三类是贫困户与非贫困户的对比。在相同的发展阶段和相同的村域环境下，比较贫困户与非贫困户的行为差异。

表 3-2 物质资本因素的计量分析

模型		w4000		w19		lnu	
		系数	t	系数	t	系数	t
非贫困户	（常量）	0.421	2.18	0.415	2.185	0.799	4.146
	CK1	0.072	1.822	0.068	1.736	0.001	0.014
	CK2	−0.053	−1.675	−0.049	−1.556	−0.085	−2.665
	CK3	0.118	3.078	0.112	2.951	−0.058	−1.515
	CK4	−0.057	−1.92	−0.052	−1.776	−0.001	−0.029
	R^2	0.11		0.101		0.098	
贫困户	（常量）	0.503	5.589	0.489	5.594	0.712	7.62
	CK1	−0.002	−0.118	−0.001	−0.087	0.008	0.435
	CK2	0.024	0.667	0.023	0.673	−0.094	−2.567
	CK3	0.025	1.59	0.02	1.292	0.01	0.586
	CK4	−0.025	−1.768	−0.02	−1.48	−0.008	−0.586
	R^2	0.009		0.006		0.011	

资料来源:本书调研数据整理所得。

从表 3-2 可以看出,在三类对比中均表现出明显的差异:

第一,贫困户与非贫困户的对比。在以 w4000 和 w19 为目标变量的两个模型中,贫困户部分只有反映住宅投资效率的 CK4 是显著的(每上升一个等级,可以下降0.025 个对数单位的脆弱性),其他变量则没有通过10%的显著性水平检验。相比而言,在非贫困户部分,几乎所有的物质资本变量都能够显著影响脆弱性。CK1 和 CK3 的系数与直觉不符合,增加流动资本和提高住房档次反而会提高脆弱性,原因可能是非贫困户的主要收入来源于打工等非农收入,增加流动资本意味着农业投资的增加,便会挤占非农投入的比重,因此会降低收入,进而降低依靠流动资本来提高扩展效用的可能性。而对于愿意搬迁到城镇居住的一些非贫困户来说,提高农村的住宅档次,也相当于增加了沉淀成本,就有可能提高他们的脆弱性。贫困户与非贫困户之间形成的巨大差距,可能是贫困户自身的原因所导致的,也可能是贫困户在与非贫困户的博弈过程中,贫困户所处的弱势地位导致的。比如,贫困户的资本积累受到两个方面的影响,一是物质资本增加所带来的正效应,二是物质资本增加所带来的被掠夺、被排斥的风险,两者相抵使得资本变量的系数就变得不显著了。如果这种解释成立,说明在较低程度的脆弱性防控上,非贫困户的成功可能是以贫困户的失败为基础的。在"精英俘获"的背景下,这种可能性还是存在的。第五章中将有更详细的分析,这里不再赘述。

第二,幸福感(传统效用)与脆弱性(扩展效用)的对比。在以传统效用为目标变量的模型中,只有流动类资本 CK2 是显著的,系数为负数,说明流动资本提高可能挤占了贫困户消费资金,也可能强化了风险感知,导致幸福感降低。而其他资本对幸福感的影响没有通过 10% 的显著性水平检验。这个对比说明,将传统效用转换为扩展效用是非常有必要的,或者说可以使用脆弱性弥补传统效用理论的不足或者局限性。

第三,两类脆弱性之间也存在一定的差异①。四类资本对两个基本的脆弱性的影响程度、符号以及显著程度基本相同,而在贫困户部分,以 w4000 和 w19 为目标变量的两个模型中,后面方程中没有一个变量通过 10% 的显著性水平检验,这说明在克服较低等级脆弱性上,贫困户学习非贫困户的投资行为,增加物质资本可能会起到立竿见影的效果,但是在克服较高等级脆弱性上,在没有其他条件支持的情况下,包括非贫困户在内的农民群体增加物质资本的积累并不能显著提高其决策质量和扩展效用水平。换言之,要增加物质资本对脆弱性的影响,还需要附加其他条件。

(二) 人力资本 RK 对贫困户决策质量的影响

1. 人力资本 RK 对贫困户决策质量理论分析

相比物质资本与贫困的关系研究,人力资本与贫困的关系研究更多,人力资本对决策的影响更有力、更持久。主流的人力资本理论中人力资本的概念包括三个方面的内容,即教育、健康和迁徙能力。这里就从这三个方面论证人

---

① 每天 1.9 美元相当于 4812 元人民币,两者相差 20%。

力资本对决策质量的影响。

（1）教育对决策质量的影响。现有的市场风险很多和自然风险无处不在、无时不在,想要提高贫困户的决策质量,获得更高的决策收益,首先就要提高贫困户驾驭风险的能力和素质。从目前掌握的一些文献来看,提高贫困家庭的教育水平被看作是提升能力和素质的最主要方法①。在风险来临时,贫困户有能力和知识形成组合式的策略,并更好地运用外生变量,同时还可以增加信息渠道的选择来源、获取外部信息并进行加工,从而有效提升决策的质量,提高决策的投资收益率。其次,提高贫困户的知识和教育水平也是推动他们参与社会合作的推进器,教育质量高的家庭也容易得到更多的社会资源。

在世界银行发布的 2019 年的世界发展报告中,提出了教学不等于教育的论断。这表明,即便是贫困户家庭获得了初中、高中等程度不等的学历,也不等于说他们能够读得懂适用的技术资料,能够使用最基本的科学工具,能够通过沟通和交流而获得最基本的信息。中国的教育扶贫更强调如下三个方面:一是能够使贫困户的子女上得起学,降低教育成本可以提高"上得起学"的比例。二是他们能够上得好学,协调城乡教育资源、提高教育供给能力可以较好满足"上得好学"的需要。三是他们不辍学、不休学(即防辍保学),能够以较高的概率完成学业。这三个方面都投入了大量的人力和物力。教育扶贫工作对改变贫困户的认知、弥补教育缺口、提高贫困户对教育的支持和兴趣都有着重要影响②。

（2）健康对决策质量的影响。首先,健康贫困问题比较严重。当前我国的贫困人口中超过半数都是老弱病残人口,他们的脱贫工作都直接与健康相关;另外由于医疗住院费用长期居高不下,医疗资源远离农村农民,导致贫困

---

① 新增长理论中就特别强调人力资本对增加收入的重要性;另外,森的可行能力贫困理论中,教育也被提高到降低脆弱性的主要地位。详见邹薇、方迎风:《反贫困的中国路径——基于能力开发的视角》,武汉大学出版社 2019 年版。

② 为了提高贫困户子女参与教育的积极性,不少地方使用四条策略予以帮扶:第一,降低学费、减免学费;第二,提高补贴,在送教上面,降低贫困户子女上学培优的成本;第三,专门帮扶,责任到人,防止辍学失学;第四,降低招生分数,设立贫困户子女入学的绿色通道。

户经常出现"小病扛,大病倒"的现象,加重贫困程度。其次,健康对贫困户的决策影响较大。一般来说,保持身体健康,保持头脑冷静,是进行正确决策的前提条件。无论是养殖还是种植,抑或是打工和从事个体经营,都是需要耗费体力或脑力的,也需要和别人沟通,都需要健康的身体作为先决条件。因此,提升贫困户的健康水平对于提高他们的决策水平,增加他们的决策收益都是非常重要的。再次,健康或者疾病因素经常有更严重的二次损害。当贫困户自身患有疾病或是需要照顾生病的家人,可供农户选择的生产方式将大为减少,还会错失相关的生产和投资机会。在精准扶贫过程中,健康扶贫是其中重要的一个部分。如果在疾病发生时,能通过使用微信二维码等方式,及时了解贫困户的疾病和治疗情况,给贫困户提供必要的信息,就可以降低疾病对贫困的影响,提高健康扶贫的效率。同时,贫困户也可以扫描二维码及时知道自己的身体状况,帮助他们及时就医,从而提高了健康水平,也间接提高了决策水平。最后,健康状况的变化对贫困户决策行为的影响较大。当一个身体健康的人忽然变得体弱多病甚至卧床不起时,他的就业方式、经营策略甚至消费习惯都会发生很大变化。

(3)迁徙对决策质量的影响。在舒尔茨的人力资本理论中,迁徙是非常重要的一个方面。在当前的精准扶贫过程中,提高贫困户的迁徙能力也是非常重要的一部分。在"一方水土养活不了一方人"的情况下,易地搬迁和危房改造可以使贫困户获得更好的就业机会,扩展其决策范围,甚至改变他们的决策方式①,也是政府帮扶的重要内容②。在贫困村,鼓励贫困户外出打工,甚

---

① 在本章中,分析了易地搬迁对住宅价值的影响。

② 比如,在2011年出台的《中国农村扶贫开发纲要(2011—2020年)》提出,"对生存条件恶劣地区扶贫对象实行易地扶贫搬迁。引导其他移民搬迁项目优先在符合条件的贫困地区实施,加强与易地扶贫搬迁项目的衔接,共同促进改善贫困群众的生产生活环境"。随后出台的《"十三五"时期易地扶贫搬迁工作方案》《全国"十三五"易地扶贫搬迁规划》《新时期易地扶贫搬迁政策宣讲解读参考》等政策方案,将易地搬迁工作细化。根据《全国"十三五"易地扶贫搬迁规划》,规划投资9500亿元资金,推动22个省的约1400个县的981万建档立卡贫困人口实现易地搬迁。在易地搬迁政策的推动下,贫困户的居住条件发生了翻天覆地的变化。详见国家乡村振兴局(原国务院扶贫办)网站,http://www.cpad.gov.cn。

至在城市定居,也是不少帮扶干部的夙愿,因为贫困户实施搬迁后可以更贴近就业市场和拥有好的生活环境,这就为他们提升决策收益水平打下了良好的基础。但对他们来说,这种迁徙也具有非常大的挑战性。住宅的迁移不仅仅意味着从旧房搬迁入新房,也附带着一系列资产转变使用方式的问题,比如:原来的土地、林地、水田等资产,在搬入新住宅后由于路途远、照顾不方便等原因,形成了一些候鸟型决策。另外,当这些贫困户搬入新的地方居住和生活时,该如何适应新的生存环境也是一个不可忽视的问题。目前贫困户在适应方面存在一些问题,但是总的看来,通过迁徙住宅、贴近就业市场、增加就业机会等途径,可以帮助贫困户更好地配置自有资源,达到显著提升决策收益水平的效果,更容易显示出迁徙这种人力资本对决策范围和内容的影响。

2. 人力资本的度量和一般统计分析

(1)贫困户的人力资本的度量。根据以上理论分析,本章从教育、健康和迁徙三个方面各取两个变量进行度量。在教育方面,选择户主的文化程度以及该家庭一年的教育培训费用进行度量。户主的文化程度是教育水平的常用标志,而教育培训支出是教育增量的标志,因此用这两个方面的指标,可以比较全面地衡量教育方面人力资本的规模和变化。在健康方面,使用身体健康和医疗报销金额进行衡量。身体健康可以看作是水平变量,医疗报销金额可以看作是健康医疗类人力资本的增量。因此用这两个变量,也可以度量贫困户健康方面的人力资本。在迁徙方面,主要从住宅的变化来反映,具体使用是否有易地搬迁和危房改造这两个变量。这里需要说明的是,易地搬迁也并非是贫困户的专利,非贫困户也享受了易地搬迁的好处,比较典型的是整村搬迁。在整村搬迁中,无论是贫困户还是非贫困户都需要进行搬迁。在危房改造方面,有些贫困户则选择新的地址进行重建式的改造,因此这两个变量综合起来可以反映农户的迁徙情况。

(2)人力资本变量的一般统计分析。在表3-3中,贫困户的教育水平普遍低于非贫困户大约 0.4 个单位,贫困户的受教育程度以中小学的比例较多,而在非贫困户中则以初高中的比例较多;贫困户的受教育程度变量的方差比较小,说明在贫困户中受过高中以上教育的比例更低。综合两个方面的信息可知,与非贫困户相比,贫困户的教育水平确实不高。在教育的增量上,非贫困户的教育培训投资也比贫困户高。贫困户的培训费用大约在 5000 元,而非贫困户的教育培训费用接近 1 万元。根据教育方面的人力资本指标,可以判断出贫困户教育类人力资本明显低于非贫困户。

在医疗健康人力资本方面,从当前的健康状况看,贫困户比非贫困户的健康情况低一个等级。在医疗报销方面,贫困户普遍享受了较高的医疗报销比例,如在湖北就实行了"健康 985"政策①,而非贫困户享受的健康帮扶力度则较小。在医疗报销政策支持下,贫困户的医疗报销是非贫困户的 5.77 倍。

表 3-3　人力资本因素的描述统计分析

指标符号	指标	调查问题	贫困户		非贫困户	
			均值	方差	均值	方差
RK1	文化程度	户主的文化程度(单选) 1. 文盲、半文盲;2. 小学; 3. 初中;4. 高中;5. 大学及以上	2.25	0.73	2.69	0.81
RK2	教育支出	您家一年的教育和培训费用大约需要多少钱?(教育费是子女、孙子女等直系亲属上学费用,培训费是参加技术专业培训费用,单位:元,单选): 1. 1000 以下;2. 1000—1万;3. 1 万—5 万;4. 5万—10 万;5. 10 万以上	1.66	0.99	1.97	1.19

---

① 贫困户所有住院的费用在规定范围内报销比例不低于 90%,个人付费不高于 5000 元。

指标符号	指标	调查问题	贫困户		非贫困户	
			均值	方差	均值	方差
RK3	身体健康	受访者的身体健康状况:很差－－1－－2－－3－－4--5--6--7-->很好	4.98	1.313	5.57	1.38
RK4	医疗补贴	您家一年内报销了多少医疗费或者领取了多少医疗补贴?(单位:元)	3019.16	12228.05	445.91	1731.63
EK5	易地搬迁	您是否享受易地搬迁?(单选)1. 是;2. 否	1.74	0.44	1.97	0.183
RK6	危房改造	您是否享受危房改造?(单选)1. 是;2. 否	1.70	0.46	1.92	0.269

资料来源:本书调研数据整理所得。

在迁徙方面,从表3-3中可以看出,有小比例的非贫困户在易地搬迁和危房改造上的数据接近2,说明非贫困户也有一部分随着贫困户进行了易地搬迁和危房改造,但这个比例远小于贫困户。贫困户享受到易地搬迁和危房改造的比例接近二分之一。在一些地区尤其是偏远地区,易地搬迁和危房改造的力度非常大,可以用"史无前例"来描述。

3. 人力资本对决策质量影响的计量分析

在表3-4中,以w4000、w19、w32为目标变量的六个方程,贫困户部分的显著变量个数明显多于非贫困户,低水平的脆弱性为目标变量的方程中的显著变量个数明显多于高水平的脆弱性为目标变量的方程。这与表3-2的结果存在明显的不同,该表中的显著变量个数较少。

第一,基本分析。在以w4000、w19为目标变量的方程中,反映教育水平的增量和健康医疗水平增量的两个变量都是显著的,也符合理论预期,说明在教育和医疗方面的支出水平提高,会降低贫困户的脆弱性。由此可知,在提高了贫困户的医疗报销比例之后,教育脆弱性得到根本改变。其中的原因可能是:医疗报销比例确实减轻了贫困户的负担,但是并没有根本性地改变医疗支出对贫困户脆弱性的影响。值得说明的是,这种医疗支出对贫困户扩展效应的影响还会发生在较高等级的脆弱性上,在以 w32 为目标变量的方程中,医疗报销支出的系数也是显著的,医疗报销支出也会显著提高其脆弱性。考虑到实际情况,生病住院一直是降低家庭效应并加剧脆弱性的重要风险。遗憾的是,迁徙的两个变量(EK5——是否享受易地搬迁,RK6——是否享受危房改造)并没有通过显著性水平的检验。可能的原因是,贫困户搬迁的时间过短,搬迁的收益还没有实现,但是新增成本却比较高,公共服务水平还比较低,后续发展的需求高①,导致收益成本相互抵消,从而没有达到统计学意义上的显著性水平。如果搬迁时间延长,搬迁的收益逐步释放出来,保障利益权益,提高公共服务均等化水平,贫困户的搬迁成本逐步被消化,搬迁扶贫的价值应该是越来越高的②。

第二,传统效用和扩展效用的对比分析。与表3-2 中结论相似,以传统效用为目标变量的两类方程的差别也是非常大的。扩展效用部分已经在上文做了阐述,这里重点分析传统效用部分的变化。在非贫困户方面,医疗的两个因素都是显著的,但是作用方向相反,健康程度提高,会提高幸福感,医疗支出的增加,会降低幸福感,这个结论符合常理;在贫困户方面,医疗的这两个比例就不再显著了,说明仅仅提高报销比例的而没有其他配套政策并未明显提高贫困户的幸福感和获得感。贯彻执行和落实这类政策还需要创

---

① 彭玮:《当前易地扶贫搬迁工作存在的问题及对策建议——基于湖北省的调研分析》,《农村经济》2017 年第 3 期;曾小溪、汪三贵:《易地扶贫搬迁情况分析与思考》,《河海大学学报(哲学社会科学版)》2017 年第 2 期。

② 黄祖辉:《新阶段中国"易地搬迁"扶贫战略:新定位与五大关键》,《学术月刊》2020 年第 9 期。

新更好的方法[①]。

表3-4　人力资本对决策质量影响的计量分析

模型		w4000		w19		w32		lnu	
		系数	t	系数	t	系数	t	系数	t
非贫困户	（常量）	1.256	2.524	1.265	2.596	1.492	3.599	1.281	2.715
	RK1	0.004	0.081	0.001	0.014	0.001	0.017	-0.01	-0.198
	RK2	0.022	0.656	0.019	0.573	-0.007	-0.25	0	-0.003
	RK3	-0.009	-0.262	-0.005	-0.163	0.016	0.604	-0.071	-2.304
	RK4	0.0000272	1.189	2.49E-05	1.116	9.74E-06	0.513	3.71E-05	1.715
	EK5	-0.242	-1.057	-0.249	-1.107	-0.426	-2.229	-0.3	-1.381
	RK6	-0.191	-1.194	-0.187	-1.195	-0.161	-1.211	0.096	0.634
	R^2	0.054	—	0.051	—	0.063	—	0.133	—
贫困户	（常量）	0.305	2.224	0.338	2.539	0.506	4.071	0.741	5.154
	RK1	-0.003	-0.144	-0.004	-0.173	-0.033	-1.535	-0.055	-2.235
	RK2	0.052	2.998	0.043	2.551	-0.018	-1.149	-0.007	-0.395
	RK3	-0.008	-0.572	-0.01	-0.802	-0.008	-0.684	-0.017	-1.206
	RK4	3.76E-06	2.682	3.95E-06	2.904	4.68E-06	3.679	-5.70E-09	-0.004
	EK5	0.045	1.094	0.038	0.964	0.034	0.907	-0.009	-0.202
	RK6	0.025	0.635	0.025	0.667	0.013	0.371	0.052	1.256
	R^2	0.031	—	0.03	—	0.033	—	0.015	—

资料来源：本书调研数据整理所得。

[①]　有学者使用（CHIP）2013年的数据,分析了贫困家庭和非贫困家庭人力资本对收入的影响,结论是没有显著差异。这与本文的结论有差异。可能的原因:一是数据/时间问题,2013年以前的数据,可能不足以反映当前中部省份的具体情况;二是目标变量不同,收入和效用作为目标变量,人力资本的影响程度也不一定呈正相关关系;三是人力资本变量的测算问题。详见刘欢:《人力资本投入对农村贫困家庭的减贫效应分析——基于健康、教育、社会保险、外出务工比较视角》,《经济经纬》2017年第5期。

（三）　社会资本对贫困户决策质量的影响

现代社会是一个合作的社会。换言之,在现代社会中,仅仅依靠单打独斗是无法获得生存机会的,需要想方设法与他人合作沟通然后各司其职、深化分工,才能获得更多的生存机会。因此,在进行个体决策时,必须考虑与他人的关系以及用什么方式与他人合作。在社会保障程度普遍不高的农村地区更是如此。社会资本大致反映的就是人们之间的关系强弱和合作程度。贫困户作为弱势群体,需要在强势群体的夹缝中求生存,因此贫困户的生产和生活形式更需要考虑与强势群体合作和协调。在进行生产方式等调整方面,还需要非贫困户的"传帮带"。从这个角度看,社会资本相比其他资本更有利于改善贫困群体的生产生活[①]。

根据社会资本理论,这里主要考察三个方面的因素对贫困户决策质量的影响,并对其进行计量分析,这三个方面分别是人际关系、传统习俗和法律法规。

1. 社会资本影响贫困户决策质量的理论分析

（1）人际关系对决策质量的影响。在农村社会中经常可以听到这样一句话:"做事先做人。"这从侧面反映出农村社会人际关系的重要性。如果贫困户的人际关系好,做事情经常出现"一个好汉三个帮",他就可以有更多的合作选择,同时还可以降低"拆台扯皮"的事情发生,降低防范被掠夺和被排斥的成本,其决策的范围和决策产生的效益就会因而得到提高。反之,如果一个人的人际关系不好,不仅遇到困难的时候无人帮忙,甚至会有人暗中使坏或是搞破坏,那么他就必须将有限的资源投入到防御机制的建立上（比

---

① 社会资本能够通过就业能力与收入水平、增加教育与医疗投资、改善社会经济地位、强化融资能力等渠道与机制降低居民发生贫困的概率,同时也能够缓解收入差距。详见刘一伟等:《收入差距、社会资本与居民贫困》,《数量经济技术经济研究》2017 年第 9 期。

如,建立更多的防盗网,花更多的时间去看管),以应对可能出现的"拆台扯皮",势必进一步降低其决策的收益水平。因此,贫困户经常会采取一些看似不理性的方法,构建并维持与亲戚朋友、周围大户、农村企业等群体的人际关系。

在第一章中曾经论述到,穷人更倾向于通过婚庆活动或者节日消费以增强与强势群体的人际关系。另外,穷人喜欢通过做事"讲义气"以加强人际关系,"以义为先"成为他们的行动信念。凭靠义气办事需要建立起固定的熟人关系,通过与熟人的多次互动关系,维持义气规则,强化已有的人际关系,用人际关系形成社会资本。在社会学上,这种情况被称为差序结构①,用以描述中国农村社会的典型行为方式。

(2)传统习俗对贫困户决策质量的影响。对贫困户来说,用好传统习俗,也是弥补其决策资源不足的重要方法,比如互帮互助、尊老爱幼等。但也存在一些很不合理的传统习俗和村规民约,限制了贫困户的决策范围和方式选择,提高了贫困户的脆弱性。比如,一些村规民约对贫困户的发展非常不利,且往往从传统伦理道德的高度进行表达,使人无法、无从反对,也时常伴以侮辱的方式进行强化,这便恶化了贫困户所在的社会环境。

精准扶贫政策实施之后,通过乡村文明建设,缓解了一些旧的村规民约对贫困户决策的影响;与此同时,也形成了一些新的村规民约,并组建了红白理事会等组织,进一步促进传统习俗、村规民约对贫困户决策的正向影响。村规民约正发挥着越来越重要的作用。一些村规民约已经成为贫困户行方式调整的主要依据。值得一提的是,一些村将数量不等的贫困户纳入村民代表,在村规民约等的制定和实施方面给予他们一定的发言权、知情权和监督权,客观上也强化了传统习俗和村规民约对贫困户的影响。

(3)法律法规对贫困户决策质量的影响。法规法律作为成文的、最有强

---

① 马戎:《"差序格局"——中国传统社会结构和中国人行为的解读》,《北京大学学报(哲学社会科学版)》2007年第2期。

制力的规定,对农村和贫困户决策的影响大于村规民约。对贫困户来说,法律法规至少有两层含义,第一层含义是不可以做什么,就是法律限制了一些不能及不应该做的事情,第二层含义是可以做什么,可以怎么做。精准扶贫政策实施之后,重新完善了民主评议制度,扩大政策法规在农村的传播范围,强化了法制法规对贫困户决策的影响力度。另外,在精准扶贫过程中,遵纪守法的贫困户可以得到相关的项目、享受到特别的政策。相反,曾经违法违纪的人就不容易得到这些项目、得到优惠,进一步强化了农村地区的法制对贫困户决策的影响力。

签订契约或者承认契约,将生产和生活行为纳入法制法规的范畴内进行,是当前农村法制法规影响力的集中体现。几年前,在农村土地流转过程中,是否需要签订正式的契约,并不是土地流入单位的重点考虑对象,因为与农民签订的契约并不总是可以执行。以粮食收购价格为例,签订的价格是一斤一元钱,若市场价是一斤两元钱,那贫困户就可以直接到市场上进行销售,而不卖给已经签订契约的单位,这种现象并不是个别案例。现在的情况已经大为改变,法律法规在当前的农民生活中也扮演着更为重要的角色。有一些贫困户开始自学法律法规,并且有意识地运用这些法律法规规避风险,提高决策的合法性。有一些学者也正在研究法律对贫困户决策的影响。

2. 社会资本的度量和一般统计分析

(1)度量社会资本的变量。根据上述分析,从社会资本的三个方面选择六个变量进行描述。

在第一个方面,选择人情费和婚庆请客的规模(简称"祝贺人数")进行分析。对穷人来说,增加人情费和提高婚庆请客的规模,都是拓宽其人际关系的重要手段和理想方式。

在第二个方面,选择是否加入合作社(简称"参加合作社")和贫困户村民代表所占全村村民代表的比例(简称"村民代表")两个指标进行分析。在一些倡导互帮互惠的乡村,贫困户参加合作社的比例较高,从合作社方面得到的帮助也较多,而贫困户村民代表比例的提高,也相应增加了村贫困户在村规民约中的受保护程度,因而这两个变量的增加,都表示贫困户的决策范围有所扩大。

在第三个方面,选择土地的产权作为正规制度进行分析。在农村,法律法规在土地流转方面的执行程度或者有效程度,在土地流转后通过农民对土地性质的应用显示出来。理由是,如果土地流入后,他能够对流入的土地进行整理和重新布局,就说明他们对土地的流转合同是有信心的,不担心土地合同被留住。本章的分析采用土地流入的整理和土地流出的整理。贫困户的土地多是流出的,因此对他们影响比较大的是土地流出的产权是否得到法律的保护。如果能够得到法律的保护,他们就可以得到社会上经常提及的几种收益:就近打工、土地租赁费、土地分红等等。因此法律法规这类社会资本的提高,对贫困户决策范围的扩大是有帮助的。

(2)一般统计分析。在表3-5中,非贫困户人情费的平均值为7821.12元,大约是贫困户的2倍。但是这并不能说明贫困户的人情费用就比较低,贫困户人情费用平均数仍然高达4203.45元。在一些县市,贫困户的人均人情费用甚至要高于贫困线。由此可知,贫困户非常重视其人际关系上的社会资本投资。在结婚宴请规模(祝贺人数)上,贫困户和非贫困户的分界线在30人。贫困户家庭的结婚规模均值在30人之下,非贫困户家庭的平均值在30人以上。在是否加入合作社这个变量中,贫困户和非贫困户相差不大,贫困户参加的数据是1.74,而非贫困户参加的数据是1.78,两个数据都接近于2,说明参加合作社的比例较低。贫困户的数据比非贫困户的数据小0.04个单位,反映了我国在当前产业扶贫的过程中,通过奖补合作社一定的金额,以"合作社+贫困农户"的方式展开产业扶贫,促使合作社吸收贫困户,还有较大的提升空间。在村民代表的指标中,村民代表应该都来自同一个村庄,其中贫困户的比例应该是相同的,但对村民代表的认知数据反映出贫困户和非贫困户对待村民代表的认知程度存在明显差异,贫困户认为他们作为村民代表的比例应该更高。这反映出在精准扶贫过程中,贫困户参加乡村活动以及集体活动的意愿强烈,通过这样的活动,社会资本可以扩大,他们的收益范围可以扩大。在流入土地和流出土地的产权保护上,贫困户和非贫困户存在较为细微的差别,贫困户的土地流入产权的保护程度要高于非贫困户,在流出土地产权的保护程度上则相反,非贫困户的土地保护程度要高于贫困户。但是,这些差别是否具有统计显著性,则还需要进一步做计量分析。

表3-5　社会资本因素的描述统计分析

指标符号	指标	调查问题	贫困户		非贫困户	
			均值	方差	均值	方差
SK1	人情费	您家一年的人情世故费用(即人情礼金)大约是多少?(按照中间数进行数据处理,单位:元,单选) 1.500 以下;2.500—1000;3.1000—3000;4.3000—6000;5.6000—1 万;6.1 万—2 万;7.2 万—4 万;8.4 万—10 万;9.10 万以上	4203.45	3915.95	7821.12	10328.51
SK2	祝贺人数	如果您家有人结婚时,大约会有多少人到场祝贺?(单选) 1.10 人以下;2.10—30 人;3.30—50 人;4.50—100 人;5.100 人及以上	2.7	1.34	3.16	1.17
SK3	参加合作社	您是否加入了协会、合作社之类的农业生产组织?(单选) 1. 是;2. 否	1.74	0.44	1.78	0.42
SK4	村民代表	村民代表中贫困户代表占比是多少?(单选) 1. 没有,0%;2. 有几个,不超过 5%;3.5%—10%;4.10% 以上	2.91	1.04	2.65	1.02

续表

指标符号	指标	调查问题	贫困户		非贫困户	
			均值	方差	均值	方差
SK5	流入平整	您家如果有土地流入,流入后是否对土地进行过平整、改良或改造?(单选) 1. 是;2. 否	1.40	0.49	1.41	0.49
SK6	流出平整	您家如果有土地流出,流出后流入方是否对土地进行过平整、改良或改造?(单选) 1. 是;2. 否	1.42	0.52	1.40	0.49

资料来源:本书调研数据整理所得。

3. 社会资本决策质量影响的计量分析

表3-6显示扩展效用的三个模型中,在低水平脆弱性为目标变量的两个模型反映社会资本的三个维度上,有两个维度是显著的,只有反映村规民约类社会资本的两个变量是不显著的。

人际关系和法律法规的影响程度分析。(1)法律法规的维度对贫困户的影响更为显著。对流出土地的产权保护程度越高,在与非贫困户的谈判上,贫困户就有越多的筹码,因此贫困户脆弱性就会下降,这是符合理论预期的;对流入土地的产权保护程度越高,非贫困户流入土地后,可以有更强的谈判地位,可能会提高贫困户的脆弱性,也同样符合理论预期。(2)与此相对应的是,在第一个维度上,人情费这个指标并没有通过10%的显著性水平检验,只有祝贺人数(SK2)通过了10%的显著性水平检验。随着祝贺人数的增加,贫困户的社会资本虽然增加了,但也消耗了过量的财富,导致其脆弱性上升。因此,对农村婚丧嫁娶的管制,有利于贫困户决策效用的提高。在高水平脆弱性的模型中,社会资本的变量不再显著。这说明通过社会资本来提高决策质量有一定的范围限制,具体的机制机理,这里不再进行分析。

表 3-6　社会资本对决策质量影响的计量分析

模型		w4000		w19		w32		lnu	
		B	t	B	t	B	t	B	t
非贫困户	（常量）	0.788	2.837	0.759	2.792	0.574	2.47	0.502	1.823
	SK1	-4.07E-06	-0.997	-4.64E-06	-1.161	-4.95E-06	-1.448	-4.89E-06	-1.208
	SK2	-0.007	-0.19	-0.004	-0.106	-0.021	-0.729	-0.017	-0.485
	SK3	-0.084	-0.863	-0.083	-0.861	-0.056	-0.679	0.033	0.337
	SK4	0.007	0.178	0.007	0.173	0.022	0.681	-0.003	-0.071
	SK5	-0.055	-0.478	-0.052	-0.453	0.02	0.207	-0.039	-0.343
	SK6	-0.066	-0.573	-0.051	-0.45	-0.019	-0.198	0.046	0.398
	R^2	0.029		0.027		0.031		0.028	
贫困户	（常量）	0.31	2.922	0.31	3.019	0.488	5.005	0.622	5.588
	SK1	-1.67E-06	-0.388	-2.38E-06	-0.572	-4.14E-06	-1.05	-1.06E-05	-2.349
	SK2	0.023	1.825	0.022	1.821	0.011	0.985	-0.009	-0.711
	SK3	0.033	0.861	0.038	1.019	0.003	0.094	-0.002	-0.048
	SK4	0.025	1.543	0.024	1.497	-0.003	-0.19	0.014	0.807
	SK5	-0.138	-3.22	-0.144	-3.474	-0.027	-0.684	-0.05	-1.108
	SK6	0.126	2.756	0.128	2.892	-0.003	-0.077	0.054	1.124
	R^2	0.029				0.005		0.014	

资料来源：本书调研数据整理所得。

　　社会资本的益贫性分析。在表 3-6 中较为明显地显示出社会资本是具有一定的益贫效果的，其对贫困户的影响要高于非贫困户。在以 w4000、w19、w32 为目标变量的三个模型中，非贫困户的相关指标都是不显著的。

　　社会资本作用的异质性分析。表 3-6 仍然反映出传统效用和扩展效用的差距，与前面分析的结论是一致的，即社会资本对传统效用和扩展效用的影响途径存在显著差异。在以传统效用为目标变量的方程中，提高人情费用会降低贫困户幸福程度，这说明贫困户从心底不喜欢逐步提高的人情费，或者他们感觉到过高的人情费,对增加社会资本的贡献比较小,抑或是他们觉得还有其他收益更高的方法来提高社会资本。

(四) 生态资本对贫困户决策质量的影响

生态和贫困之间的恶性循环被关注之后①,生态脆弱性问题也逐渐进入到贫困户的生产生活的决策之中。从正向看,以土地、地形、自然环境等为内容的生态价值越来越高,生态因素对贫困户脱贫致富的推动作用越来越明显。在精准扶贫之后,尤其是在习近平总书记提出"两山"理论后,生态因素对贫困户决策的影响就更大了。我国一些少数民族地区,对生态和环保的感情是天然且强烈的,这些地区的人们从心底里认为完善生态环境可以改善其生活质量②。通过对传统习俗的扬弃,也可以提高生态价值,反过来又会增加生态因素对决策方式和方法的影响。从负向看,生态脆弱性是贫困脆弱性的直接表述,生态脆弱性加重了贫困户的多维贫困③,生态脆弱性越大,贫困户的决策难度就越大,贫困程度也就越高。

1. 生态资本对贫困户决策质量的理论分析

这里从三个方面分析生态资本对贫困户决策质量的影响。这三个方面大致可以简化为"更美""更绿""更持续"。

(1)更美:村容环境对贫困户决策质量的影响。投资生态、美化生态可以有较高的经济价值和社会价值,可以将贫困地区本来偏僻落后、工业不发达等的传统劣势转化为后发优势,为贫困户提升决策质量开辟了一条新途径。

在一些贫困地区,一些贫困户的房子是老房、旧房,有的甚至还是土房、架

---

① 详见李志平:《论发展中国家的贫困与环境循环问题》,《经济评论》2007 年第 6 期。

② 以栽树为例,一些地区的少数民族将树作为神圣的象征,在农忙的空隙,他们会尽量抽出时间去种树,改善环境,优化周围的村容村貌。在其他地区也有类似的例子,而且这样的例子还在增加。

③ 程欣等:《生态环境和灾害对贫困影响的研究综述》,《资源科学》2018 年第 4 期。

子房,但是它们都有非常明显的地方特色,通过一定程度的修缮和维护,可以提升这些房子的经济价值。另外,生态资本的投资,还可以通过改善村容村貌而给贫困户的生活决策和生产决策带来一些无形的约束,限制破坏生态的行为,同时增强了村民热爱乡村、愿意参与乡村绿色公共行为的愿望。

在好的村容环境下贫困户就会对美好生活有更多的向往,从而主动参与其中。从另一个角度看,村容整洁程度的提高,既可以增加贫困户在农村生活的自豪感和优越感,影响他们决策的内容和方式,还可以减少传染病的发生,增加贫困户对社会资本的积累,使其更容易获得政策法规和村规民约中的一些额外收益。

(2)更绿:自然环境和清洁能源对贫困户决策质量的影响。贫困户的生态资本对决策质量的影响还体现在另外两个方面:一是绿色生产,二是清洁消费。在绿色生产方面,由于生态产品的价值容易实现且高于传统产品,追求绿色产品的高价值,就会倒逼贫困户使用更为生态的生产方式,间接影响了贫困户决策的范围和方式。在清洁消费方面最为突出的现象是能源贫困。非清洁能源会产生一些有毒物质,从而损害健康。另外,水资源污染、空气污染也使得贫困户在生产生活决策中举步维艰,决策的收益自然就会下降。现在农村开始倡导垃圾分类处理,同时限制一些有害产业的发展,得到农户的普遍赞赏。借助于电子商务平台和网络直播等工具,贫困户可以从更多使用清洁能源的进程中找到决策机会,发现生产绿色产品计划中所蕴含的商机,因而决策质量就会相应地提高。

(3)更持续:自然生态和土地质量对贫困户决策质量的影响。生态资本还体现在自然生态的优化和土地质量的提高上。水电路网等基础设施的提高,显著优化了贫困群体的生活环境。干旱缺水是贫困地区一个重要的贫困致因。通过精准扶贫,构建了以分散供水和集中供水相结合的农村用水系统,基本解决了贫困户由于干旱缺水而影响生存的现象。生态资本的提高,使得贫困户不再担心缺水的问题,从而可以将原来用于取水的精力和资源投入到更合适的地方。这对贫困户的决策方法和决策方式产生了根本性的影响。

另外,电路网等基础设施的改变,直接提高了农用土地的质量和农用土地的价值。贫困户中有部分家庭成员没有多少劳动力或者没有多少有市场竞争力的劳动力,因此他们更依赖农业生产,而农业生产中的自然灾害以及土地质量的下降,势必会影响贫困户的决策收益,他们在选择种植什么、如何种植以及如何储存农产品时都存在较多的不确定性。就目前的产业扶贫和保险扶贫来说,均希望降低这类不确定性。当土地的质量和自然灾害可以通过一定的投资得到改善,同时有一定的保险和奖励标准作辅助时,就可以使贫困户切身体会到灾害和土地质量下降对农产品收益的消极影响,从而把这些因素也纳入决策范围之内。

2. 生态资本的度量和一般统计分析

(1)度量生态资本的变量。为了反映生态资本的"更美""更绿""更持续",分别选择 7 个变量进行描述。在"更美"方面,选择美丽乡村的优势(简称"美丽乡村")和村民卧室的整洁程度(简称"卧室整洁")进行描述,如果一个乡村以自然生态好而被评为美丽乡村,可以反映出其生态资本的质量比较高;农民自觉整理自己的卧室和负责房前屋后的卫生,也是高生态资本的一个显性变量。在"更绿"方面,选择生态环境和生活用燃料两个指标。若村民能够感受到生态环境比周围都好,则能够反映他们从事绿色生产的程度。若他们的生活用燃料已经从柴火、煤炭转化为沼气、天然气,则能说明其清洁消费的程度。在"更持续"方面,选择三个指标,即饮用水的水质(简称"生活用水")、流入土地的单位租金(简称"流入租金")和流出土地的单位租金(简称"流出租金")。土地的单位租金可以反映出土地质量的优劣。

(2)一般统计分析。表 3-7 中,在美丽乡村的优势方面,贫困户的得分要高于非贫困户,说明贫困户更能感受到生态扶贫政策带来的变化。无论是非贫困户还是贫困户,这两个数据的均值都在 2 附近;在卧室整洁方面,贫困户的得分要低于非贫困户,且两者的水平都比较高,在4以上。由此说明贫困户的生态资本水平比较高。但在生态环境评价方面,贫困户认可的生态质量低于非贫困户,但总体来看都处于较高的水平。在生活用燃料方面,这几年农村的变化非常大,但是在清洁消费方面仍有很大的空间。在生活用水方面,无论是贫困户还是非贫困户,均常年有水且水质很好,贫困户家庭的水质尤其甚至更好①。在流入土地的租金和流出土地的租金上,两者的差距比较大。在流入土地的租金方面,贫困户流入土地的租金比较高,非贫困户流入土地的租金则比较低。在流出土地的租金方面,情况则相反,贫困户流出土地的租金比较低,非贫困户流出土地的租金则比较高。从贫困户的角度看,贫困户卖出的东西(流出土地)就比较便宜,买入的东西(流入土地)就比较贵,是其市场弱势地位的直接表现。

表3-7　生态资本因素的描述统计分析

指标符号	指标	调查问题与变量处理	贫困户		非贫困户	
			均值	方差	均值	方差
EK1	美丽乡村	您觉得在当地进行美丽乡村建设有哪些优势?(选两项,取第一项)1. 历史资源;2. 自然风光好;3. 名人多;4. 产业兴旺;5. 政策支持;6. 其他(请注明)	2.35	1.19	2.30	1.37
EK2	卧室整洁	受访家户卧室的整洁程度(要求有一张卧室照片):很乱--1--2--3--4--5--6--7-->很整洁	4.69	1.30	5.18	1.32
EK3	生态环境	与周围村庄相比,您所在的村生态环境(空气质量、污染垃圾、植被保护)如何?(单选)1. 非常好;2. 比周围好一些;3. 差不多;4. 要差一些;5. 差不少	2.28	0.65	2.24	0.69

① 可能的原因是贫困户通过与以往的环境比较后感受更好,或是贫困户在用水方面得到了优先照顾。

续表

指标符号	指标	调查问题与变量处理	贫困户		非贫困户	
			均值	方差	均值	方差
SK4	生活用燃料	您家做饭最主要用哪种燃料？（一般炒菜用什么燃料，单选）1. 柴草；2. 煤炭；3. 罐装煤气/液化气；4. 天然气/管道煤气；5. 太阳能/沼气；6. 电；7. 其他	1.98	1.29	2.07	1.17
EK5	生活用水	您家做饭用水的水质情况？（单选）1. 很好；2. 偶尔有浑浊，常年有水；3. 偶尔有异味，只有几天没有水；4. 停水时间超1个月，水质不好；5. 其他	1.20	0.56	1.28	0.71
EK6	流入租金	流入土地的单位租金（流入租金除以流入土地面积）	66.81	1004.76	49.34	250.69
EK7	流出租金	流出土地的单位租金（流出租金除以流出土地面积）	4.36	31.42	10.29	50.56

资料来源：本书调研数据整理所得。

3. 生态资本决策质量影响的计量分析

在表3-8中，在低水平脆弱性的两个模型中，"更美""更绿""更持续"三个方面有两个是显著的（前两个方面是显著的，第三个方面不显著），说明"可持续"还是当前生态资本中比较薄弱的一项，对贫困户决策质量的影响不太显著。

这里重点分析"更美"和"更绿"两个方面的内容。在"更美"方面，反映贫困户绿色生活的变量，通过了10%的显著性水平检验，而且方向也符合理论预期，即提高此方面的生态资本，可以显著降低贫困户的脆弱性。在美丽乡村优势方面，符合理论预期，但没有通过10%的显著性水平检验，可能的原因是，乡村的因素有其他中介变量一起发生作用，正负相抵使得结果不再显著。在"更绿"方面，对生态环境的评价指标与理论预期相违背，对生态环境的评价越高反而会提高脆弱性。原因可能是过高的绿色标准反而成为贫困户开展有效生产和生活的阻碍,贫困户的教育水平和人力资本本就较低,对外界的认知也较少,不容易满足过高的绿色要求。

在贫困户和非贫困户的对比中,非贫困户对土地流入成本表现出非常敏感的特性,土地流入单位租金的提高会提高其生产成本,进而降低其脆弱性,也符合常识。但是非贫困户对大部分生态资本指标都不显著,可能一方面是由于他们生产生活的指标并不局限于乡村内部,另一方面是对乡村的绿色评价等指标对他们的影响较小所致。

在传统效用和扩展效用的对比中,非贫困户对生活用水的水质要求较高,水质的提高会显著提高其幸福感,在一些偏远地区的贫困村庄里,洗澡等在城市居民看来必需的一些消费,却由于水源和水质的原因在贫困村长期得不到满足。现在水质和水量得到保证,则可以满足这些被压抑的需求。水质和水量供给能力的提升,也给长期往返于城市和村庄的人在农村消费方面提供了很大的帮助,也就提高了其幸福感。美丽乡村的优势降低了非贫困户的幸福

表 3-8 生态资本对决策质量影响的计量分析

模型		w4000		w19		w32		lnu	
		B	t	B	t	B	t	B	t
非贫困户	(常量)	0.594	2.55	0.576	2.52	0.463	2.352	0.109	0.475
	EK1	0.034	1.199	0.033	1.18	0.011	0.444	0.001	0.023
	EK2	-0.029	-0.964	-0.026	-0.867	-0.01	-0.387	0.013	0.419
	EK3	-0.03	-0.517	-0.021	-0.365	0.023	0.465	0.026	0.467
	SK4	-0.039	-1.082	-0.039	-1.116	-0.044	-1.469	0.02	0.56
	EK5	0.036	0.643	0.029	0.531	0.03	0.628	0.145	2.642
	EK6	-2.90E-05	-0.185	-3.67E-05	-0.239	-4.83E-05	-0.365	0	0.665
	EK7	0.001	1.804	0.001	1.635	0	-0.227	0	0.325
	R^2	0.06		0.053		0.042		0.07	

续表

模型		w4000		w19		w32		lnu	
		B	t	B	t	B	t	B	t
贫困户	（常量）	0.484	4.719	0.462	4.636	0.526	5.6	0.803	7.52
	EK1	-0.015	-1.023	-0.011	-0.818	-0.011	-0.809	-0.036	-2.437
	EK2	-0.027	-2.055	-0.023	-1.793	-0.007	-0.562	-0.005	-0.391
	EK3	0.059	2.257	0.047	1.849	-0.012	-0.51	-0.041	-1.509
	SK4	0.001	0.058	0.004	0.341	0.006	0.524	-0.012	-0.834
	EK5	0.014	0.462	0.021	0.707	0.001	0.053	0.018	0.574
	EK6	2.02E-05	1.202	1.81E-05	1.109	4.45E-06	0.29	-2.11E-05	-1.209
	EK7	0	-0.652	0	-0.528	-1.99E-05	-0.04	-0.001	-1.182
	R^2	0.021		0.016		0.002		0.017	

资料来源:本书调研数据整理所得。

感,可能是因为这些非贫困户往往有在城里买房的欲望,他们向往的生活环境是倾向于城市,而非农村,美丽乡村的优势越强,他们离开农村的机会成本就越大,因而他们的幸福感就会越低。

（五） 金融资本对贫困户决策质量的影响

长期以来如何通过金融信贷来降低贫困户的贫困程度,拓宽他们的决策范围一直是扶贫工作的重点内容。孟加拉的尤努斯博士,在提倡并推广小额贷款之后,小额贷款扶贫和金融扶贫已经成为当前世界上非常重要的一种扶贫方法[1]。贫困户可以低息甚至无息、无抵押来获得小额贷款。有了贷款之后,他们可以扩大自己的资源禀赋的范围,可以使用更多的市场机会,也可以拓展更多

---

① 金融扶贫政策中贴息贷款占据主要位置。从 1986 年国家扶贫办成立以来,这些扶贫方式就一直存在,当年是每年安排 10 亿元专项贴息贷款,到了 1991 年"八五"期间每年新增 5 亿元,到 2000 年后扩大到每年专项补贴 200 亿元的规模,精准扶贫政策实施之后,专项贴息贷款的规模则更大。

的市场渠道并形成更多的物质资本,从而使他们的决策质量和决策收益大幅提高,而且他们还可以在金融信贷过程中获得与现代社会打交道的机会,培养有借有还的市场行为,使得金融资本在贫困户决策过程中也扮演重要的角色。

1. 金融资本对贫困户决策质量的理论分析

金融资本对贫困户的决策有多个方面的影响,该部分内容将在第六章对金融创新提高贫困户决策质量的分析中进行专门的阐述。这里从金融资产对贫困户决策的三个方面进行分析:一是金融对自建费用比的弥补,二是金融资源对贫困户应对风险的帮助,三是增加贫困户拥有的信贷资源的规模和数量。这三个方面可以简化为:熨平生产和消费波动、抵御外部风险、增加信贷规模。

(1)熨平生产和消费波动:收入流动性与决策质量。缺衣少食、缺少收入和资本是贫困户的常态,因而在遇到风险时,他们没有多少能力和资源去熨平消费波动并稳定生产,导致其身体状况受损和收入增长的不稳定。如果有信贷支持,就可以拥有及时熨平消费波动和接续生产活动的能力,从而提升决策的选择范围和空间。

(2)抵御外部风险:风险管理与决策质量。在前面的分析中提到,贫困户的资源总是处于破碎状态,通过引入金融资源,可以将破碎状态的资源整合起来,形成合力,便于提高贫困户跨期和跨类型决策的质量。另外,金融信贷也是抵御外部风险的手段,因为现在的投资一般都有最小额度,换句话说就是都有一个门槛,超过这个门槛的投资才是划算的,而这个门槛是无法利用积累的方法来获得的。不论办猪场,还是搞特色养殖,都需要一定量的前期投入,而这个市场机会却少之又少,因而通过市场和信贷规模的扩大可以捕捉到这些机会降低,从而使决策的内容和形式发生变化,提高决策的收益。

(3)增加信贷规模:信贷规模与外部风险。信贷规模是一个真金白银的指标,反映金融资源的丰富程度或者是可使用程度。在金融扶贫过程中,每个县都有数亿元甚至数10亿元的金融扶贫贷款,金融扶贫力度的增加,便会增加贫困户使用的信贷规模。在现代化的市场经济中,如何与市场部门打交道,如何培养其信用以及获得授信额度的能力,也是其市场生存的重要手段。贫困户在使用小额信贷的过程中,增加了与市场部门打交道的机会,也获得宝贵的授信权限,因此提升金融扶贫的力度和规模,增加贫困户的金融资本,增加其存款,提高其金融信用等级,可以直接和间接提升其获得外部资源的能力。总之,提升贫困户的金融资源,可以弥补内部资源的不足,激活内部资源的效率,从而提高他们的决策收益。

2. 金融资本的度量和一般统计分析

(1)金融资本的度量。根据熨平生产和消费波动、抵御外部风险、增加信贷规模三个方面,各选择一个指标进行度量,同时增加一个反馈性指标,对金融资本的整体效果进行度量。在熨平生产和消费波动方面,选择的指标是自建住房支出与年消费额的比值。该比值越高,意味着家庭的负债程度就越高,如果金融资本能够及时填补这个负债,就不会影响家庭的脆弱性,反之亦然。在抵御外部风险方面,选择家庭应对外部风险时常用的手段来度量。如果贫困户将保险和信贷作为主要应对手段,则说明他们决策中依赖金融资本的比例较大,反之亦然。在增加信贷规模方面,选择近5年贫困户获得信贷资源的规模来度量。在一些地区,小额贷款和危房改造都是一次性的,大部分小额信贷都是在近5年内完成的。贫困户获得信贷资源的规模也反映了金融资本的丰裕程度。在扶贫过程中,大量的扶贫资源输入贫困户,无形中提高了可供贫困户使用的金融资本量,如果精准扶贫逐渐退出后,贫困户是否可以使用已经学会的金融知识和已有的金融渠道进行资源配置,降低外部风险对家庭生产生活的影响,这一特殊的指标将用于衡量金融资本的整体效果。若在其他条件不变的情况下,在没有扶贫政策情况下,贫困户仍然可以正常生活,甚至可以生活得更好,则说明金融资本的作用是显著的。

(2)一般统计分析。在表3-9中,在熨平家庭消费波动方面,非贫困户的数据比贫困户高 0.03,两个数据都较小。需要特别注意的是,贫困户的消费缺口主要是以政府提供大量补贴进行度量的,实际的消费缺口可能更大。在风险应对和风险管理方面,贫困户和非贫困户的数据也比较接近,两者数据反映出贫困户和非贫困户在开始使用金融工具来应对外部风险方面具有较强的一致性。在贷款规模上,贫困户的贷款规模高于非贫困户,主要原因是,贫困户受到了金融扶贫的政策支持,低抵押免担保,而且利率还比较低。在金融资本的整体效果中,贫困户的数据显示出他们可以使用金融资源维持现在的生活水平,非贫困户则普遍可以获得更多的金融资源,生活质量和生活水平有所提高。

表 3-9　金融资本对决策质量影响的计量分析

指标符号	指标	调查问题与变量处理	贫困户		非贫困户	
			均值	方差	均值	方差
FK1	自建消费比	搬迁新房自己支出部分除以家庭年消费额(用来分析债务问题和消费缺口)	0.06	0.51	0.09	0.92
FK2	应对风险	您会选择下列哪些途径降低生活生产中的风险?(选二项,取第一项) 1. 购买保险;2. 申请金融贷款;3. 参加合作社;4. 巩固亲戚关系;5. 请扶贫干部出谋划策;6. 锻炼身体来提高身体素质;7. 多元化经营;8. 其他(具体说明)	2.69	1.69	2.67	1.91
FK3	贷款规模	近 5 年,您家在银行和信用社贷款的金额是多少?(单位:元,单选) 1. 0.5 万以下;2. 0.5 万—2 万;3. 2 万—10 万;4. 10 万—50 万;5. 50 万以上	1.66	1.02	1.54	1.13
FK4	减少帮扶	2020 年后,如果扶贫帮扶力度有所减少,您的生活条件会如何改变?(单选) 1. 越来越好;2. 比现在好一点;3. 与现在差不多;4. 比现在差;5. 越来越差	2.99	0.93	1.84	1.04

资料来源:本书调研数据整理所得。

3. 金融资本对决策质量影响的计量分析

在计量回归分析之前,对信贷规模进行对数化处理,其系数可以直接反映出信贷规模的弹性,具有更加直观的价值。在表 3-10 低水平脆弱性的两个模型自建消费比(熨平消费缺口)和增加信贷规模两个变量都是显著的。自建消费比增加,金融信贷规模扩大,可以将一部分金融资源用于消费,而金融资本的规模扩大,就会降低贫困户的脆弱性。增加信贷规模反而会增加其脆弱性,可能的原因是,贫困户在使用金融资本的时候,水平和技巧不够高,或者是贫困户的信贷资源中相当一部分已经转移至合作社或者企业,而合作社和企业的经营水平和经营效果也并不高,增加更多的信贷资源就相当于输入更多的金融资本给合作社或者企业,贫困户反而承担了更多的还款风险,其脆弱性就会增加。需要特别说明的是,在三个脆弱性模型中,自建消费比的指标都是显著的,符合理论预期。从这个角度看,金融资本可能是一种长效的资本。

在贫困户和非贫困户的对比中,非贫困户更不愿意取消贫困户金融帮扶政策,因为如果没有金融扶贫政策的存在,他们就没有办法从贫困户那里获得金融资源,也很难从金融部门获得贷款,他们的脆弱性就会提高。

在传统效用和扩展效用的对比中,金融资本对传统效用和扩展效用都有比较大的影响,对贫困户的影响则尤为显著。除了贫困户感觉到自建消费比方面的压力之外,其他三个方面都表示出很显著的效果。信贷规模的增加可能加剧了贫困户对信贷的担忧和对生活影响的担忧,因而幸福感会下降,而其他两个方面则显著提升了其幸福感。对非贫困户来说,信贷规模扩大也降低了其幸福感,可能的原因是,2020 年之后他们已获得的信贷资源可能会被清算,或者是要求按期归还,还款的压力较大,因而降低了幸福感。

表 3-10　金融资本对决策质量影响的计量分析

模型		w4000		w19		w32		lnu	
		B	t	B	t	B	t	B	t
非贫困户	（常量）	0.204	2.126	0.222	2.368	0.309	3.785	0.439	4.874
	FK1	-0.046	-1.124	-0.047	-1.151	0.024	0.688	-0.068	-1.75
	FK2	0.017	0.838	0.017	0.845	0.015	0.898	0.015	0.786
	FK3	0.002	0.222	0.001	0.087	-0.006	-0.854	-0.031	-4.051
	FK4	0.096	2.622	0.093	2.588	0.059	1.888	0.09	
	R^2	0.078		0.076		0.048		0.169	2.608
贫困户	（常量）	0.337	5.142	0.374	5.87	0.502	8.416	0.222	
	FK1	-0.057	-1.745	-0.058	-1.832	-0.059	-2.009	0.032	3.387
	FK2	0.01	1.031	0.011	1.092	0.01	1.041	0.025	2.479
	FK3	0.007	1.819	0.005	1.446	-0.004	-1.196	-0.007	-2.047
	FK4	0.025	1.36	0.013	0.739	-0.014	-0.875	0.117	6.39
	R^2	0.016		0.012		0.011		0.087	

　　在贫困户决策变量中,除了内生变量之外,外生变量也对决策质量产生了重要的影响。在一些文献中,外生变量被看作是贫困者决策的条件,比如资本决策、人力决策等等。为了详细分析贫困户决策的外生变量,从中管窥中国扶贫脱贫的经验,本章首先形成扩展效用函数(用扩展效用向下的变化构建脆弱性指标,作为扩展效用的代理变量,请注意该指标的负向变化就是增加扩展效用),然后借助人类学、社会学、管理学等学科知识,从学科交叉(SI)、实际环境(ES)等方面将外生变量归纳为五类资本,以此作为贫困户决策的外生变量的代理指标,进而分析贫困户所使用的外生变量与扩展效用的关系。

　　在脆弱性和可逆力的研究领域,这五类资本是可逆力的主要组成部分[①]。

----

　　① 物质、自然、人力、社会和金融等五类生计资本组成的一个庞大的体系,构成"抗逆力"(resilience)或者韧性,使贫困户可以保持在非贫困状态或者脱贫状态。详见韩峥:《脆弱性与农村贫困》,《农业经济问题》2004 年第 10 期。

由于五类资本之间可能存在一定的共线性或者是叠加的内容,有必要首先对各个变量对扩展效用的影响进行分类分析,以便了解五类资本内部各个子指标对扩展效用的影响程度和方向。虽然分类分析能够从某些角度看出这五类资本对扩展效用的影响方式或者是对决策质量的影响,但仍需要进一步同时分析五类资本以确定其重要程度及其相互关系,以便展开进一步的研究。通过本章的分析,可以得到如下结论:第一,贫困户的自我资源尤其是物质资本和人力资本,对贫困户的决策非常重要;第二,社会因素和生态因素等表示的农村群体方面的力量也非常重要,而社会资本方面的因素尤为重要。

在表 3-11 中,随着脆弱性级别升高,R^2 逐渐下降,说明各类资本对脆弱性的影响力量在降级,显著性变量的数量也在下降。

在表 3-11 低级别的脆弱性模型中,只有物质资本指标没有通过 10% 的显著性水平检验,其他四类资本都有变量通过了 10% 的显著性水平检验。在所有脆弱性模型中,人力资本和金融资本在三个模型中均显著,说明这两类资本的作用范围大、显著性高。

表 3-11　五类资本对决策质量的影响

模型		w4000		w19		w32	
		系数	t	系数	t	系数	t
贫困户	(常量)	0.421	3.634	0.439	3.904	0.458	4.32
	CK4	−0.002	−0.136	−0.001	−0.042	0.02	1.468
	RK2	0.033	1.786	0.025	1.399	−0.036	−2.088
	RK4	3.84E−06	2.821	4.06E−06	3.063	4.77E−06	3.824
	SK2	0.023	1.831	0.022	1.804	0.011	0.917
	SK5	0.051	2.221	0.054	2.408	−0.007	−0.31
	SK6	−0.113	−2.642	−0.121	−2.891	−0.001	−0.019
	EK2	−0.025	−1.712	−0.02	−1.413	−0.011	−0.854
	EK3	0.064	2.473	0.052	2.087	−0.006	−0.276
	FK1	−0.059	−1.837	−0.059	−1.882	−0.055	−1.873
	FK3	0.004	1.17	0.003	0.925	−0.002	−0.616
	R^2	0.062	—	0.059	—	0.044	—

续表

模型		w4000		w19		w32	
		系数	t	系数	t	系数	t
非贫困户	（常量）	0.729	2.471	0.681	2.351	0.424	1.693
	CK4	−0.022	−0.543	−0.019	−0.489	0.003	0.101
	RK2	0.028	0.748	0.027	0.759	0.02	0.625
	RK4	2.46E−05	1.058	2.33E−05	1.018	1.19E−05	0.599
	SK2	−0.015	−0.441	−0.013	−0.371	−0.022	−0.764
	SK5	−0.026	−0.483	−0.019	−0.365	−0.009	−0.204
	SK6	−0.014	−0.127	−0.01	−0.094	0.037	0.391
	EK2	−0.023	−0.59	−0.022	−0.582	−0.02	−0.594
	EK3	−0.022	−0.386	−0.012	−0.207	0.039	0.798
	FK1	−0.052	−1.155	−0.052	−1.172	0.021	0.546
	FK3	0.004	0.501	0.003	0.372	−0.003	−0.427
	R^2	0.057	—	0.049	—	0.032	—

资料来源：本书调研数据整理所得。

第四章　贫困户决策的内生和
外生变量组合的分析

　　在第二章和第三章的分析基础上,本章在给定政府条件和乡村条件等外部条件的情况下,使用理论分析和实证分析相结合的方法,研究贫困户决策中内生变量和外生变量的相互关系以及两者的匹配组合形式,以寻找提高贫困户决策质量的组合方法,这个方面的研究,实际上是从更宽广的范围研究扶贫、扶志与扶智(简称为"三扶")之间的关系。通过这一章的分析,大致勾勒出中国"三扶"的运行逻辑,阐明中国扶贫的独创性。

　　图0-2直观显示,内生变量和外生变量的相互耦合可以提升贫困户的决策质量。但是这个相互耦合过程并非一蹴而就,需要经过许多复杂的过程。在多种贫困维度相互循环、贫困致因相互累积的动态变化过程中,贫困户需要高效使用其内生变量①和外生变量,更需要促进内外变量协调耦合,形成倍加效果(1+1≥2)。对于资源有限的贫困人口来讲,这种协调耦合往往需要在短时间内完成,其过程必然浸满着"泪水""血汗"等常人所难以体会但绝对"触目惊心"的成本。

　　比如,一位没有市场经营经验和产业基础的贫困户,在获得5万元的无息

---

　　①　对外表现为相当的智慧、阅历及敏捷的思维方式,以及较高的心理承受能力和乐观的心态,并且敢于取舍。

贷款后犯了愁。为了匹配5万元巨款，他首先需要调整内生变量①，然后再把相关外生变量整合起来，以获得自认为还不错的收益。贫困户在这期间完成相关的决策需要许多步骤，而每一步都充满着对"赔钱"的恐惧。他们担心的事情有：收入渠道如何配置，收入流量如何保持，收入增量如何计算，产业收益和产业成本如何，是否有损政府补贴金额，风险引导的途径有哪些，等等，结果是他们经常容易失眠、急躁。

在中国古代也有一个类似的案例。一个本来和谐的家庭，因为邻居偷偷将一块金子丢进来，而导致全家陷入痛苦的境地。在无意中捡到邻居丢过来的金子后，他们担心金子被盗，还不知道如何使用，甚至引发家庭成员之间的相互猜忌，致使家庭再无和睦。按照这个逻辑，如果一个家庭增加了贷款或者得到外部的捐赠（丢进来的金子），就意味着其内生变量和外生变量要快速协调配合。如果外生变量与内生变量之间形成了错配，就会出现意想不到的结果②。

从这个角度看，贫困家庭的每一个脱贫步骤，都存在独特的内外生变量之间的调整策略及其相应的效果。贫困户的内外变量协调耦合的轨迹，也决定了其人生轨迹。

无论从贫困户个体，还是从社会福利的总体，提高贫困户决策的内外变量之间的耦合效能而不至于顾此失彼，意义重大。

一、贫困户决策内生和外生变量组合的理论分析

第三章的公式（3-2），表述为：

---

① 比如，投资需要风险意识，想要获得信息就需要与信息丰富的人搞好关系，寻找问题时还需要抛弃一贯使用的方法而具有逆向思维，等等。

② 正是考虑到这些因素，贫困户申请小额贷款的比例并不是太高。在农村，农户群体更容易出现信贷的需求抑制，贫困户更是如此。参见马晓青等：《农户信贷需求与信贷抑制的地区差异性》，《中国农村金融》2012年第4期。

$$\ln u(\cdot, K, t) - \ln u(\cdot, K, 0) = \theta + \beta \ln \dot{u}(\cdot, \overline{K}, t) + \gamma \ln K(t) + \delta f[\dot{u}(\cdot, t), K(t)] \tag{3-2}$$

在公式(3-2)中,等号右边第四项是第二项和第三项的复合项(比如,交互项就是一种复合项),用来分析第二项和第三项之间的相互作用对贫困户决策质量的影响。第四项的数学含义是,传统效用的变化与非消费收入因素之间的相互作用对 t 期贫困户总效用变化率的影响。如果等号右边的第二项和第三项是相互独立的,则第四项的数值就为 0。实际上,根据第三章理论部分的分析可知,第二项和第三项相互独立的可能性非常小,贫困户的内生变量与外生变量之间具有非常密切的相互联系。δ 表示第四项对研究期效用的对数增量的贡献程度。

假定贫困户的决策外部条件可以简化为政府条件和乡村条件(仍然用 ER 表示)①,那么 $f[\dot{u}(\cdot, t), K(t)]$ 可以表示预期效用,于是有:

$$ECP = Ef(\dot{u}(\cdot, t), K(t) \mid ER) \tag{4-1}$$

在公式(4-1)中,在 ER 不变的情况下,ECP 表示以消费/收入为基础的传统效用与以非消费/收入因素为基础的复合效用共同作用形成的联合效用。

根据公式(3-2)和(4-1)可知,在 ER 不变的情况下以及在决策质量的内生变量和外生变量已知的情况下,如果能够提高决策的内外生变量的联合贡献 ECP,也就可以提高脱贫质量或降低脆弱性,从而进一步提高决策质量。如何提高联合贡献 ECP,理论上可以有三种情景:

---

① 在导论中,外部条件(以下称为"脱贫条件",用 ER 表示)指的是扶贫政策、乡村互助、基础设施等等。提高扶贫条件,类似于给贫困陷阱中的贫困户垂下一个更加结实的木梯子。在扶贫过程中,贫困地区的基础设施的改善是有目共睹,变化巨大,尤其是水电路网方面的基础设施。在偏远的农村地区,手机信号强度甚至超过北京郊区的部分乡村。这些基础设施的改善扩大了贫困户决策的空间和范围,也优化了贫困户的外生变量。但是从贫困户角度看,这些基础设施的改变可以通过乡村变化间接表示出来。为了简化起见,这里将外部条件简化为扶贫政策和乡村性质变量。扶贫政策是乡村之外的部门提供给贫困户帮助的代理变量,而乡村性质变量则是乡村对贫困户帮助的代理变量。

（一）　情景 1：通过内生变量提高贫困户的 ECP

用公式表述如下：

$$EC\,P_1 = Ef(\dot{u}(\cdot,t)\,|\,(K(t),ER))\tag{4-2}$$

如果 $\partial EC\,P_1/\partial \dot{u} \geqslant 0, \partial EC\,P_1/\partial f(\dot{u}(\cdot,t)\,|\,(K(t),ER)) \geqslant 0$，那么通过重新选择 $\dot{u}(\cdot,t)$ 中的变量并对其进行有效整合就可以提高贫困户的 ECP。

情景 1 的情况实际上在第三章中已经进行了分析。当时使用传统效用的对数（请注意，对数变量的系数可以反映变化率）来近似表示传统效用增量的变化，并将内生变量的四类因素进行了重要性分析，研究结论显示认知因素等显著影响贫困户的决策总效用。

需要说明的是，目前在这个方面已有一些相关的理论研究，并产生了较好的扶贫效果。比如，在认知思维方面，通过调整贫困者的心理账户，可提高储蓄 66%—75%（Dupas 等，2013）；通过对贫困者的信息提示，降低贫困者融资成本（Thaler 等，2008；Jenaen 等，2008）；通过行为框架的设计，提高了贫困者的生产和能力（黄成，2006；李景刚等，2014；Shawn 等，2013）等等。也有一些实践经验，比如香港嘉里集团郭氏基金会创立以贫困户的思维认知因素为中心、以减少差距为工作逻辑的扶贫模式。在当前的精准扶贫实践中，贫困户内生变量都得到了不同程度的关注和强化，都取得了不错的成效。

还需要说明的是，在外生变量和外部条件给定的情况下，情景 1 是将内生变量纳入效用函数中，意味着传统效用函数已经在发生变化，因而就不可以再使用效用最大化或者收益最大化的方法进行分析。换句话说，贫困户的决策质量提高的过程是一个传统效用函数逐渐变化的过程。如果这个变化是收敛的，就近似看作是一个最优控制问题。在收敛型最优控制问题中，计量方程可以看作是紧密的。

如果外生变量以及内生、外生变量的相互关系发生了改变，ECP 的变化就更加复杂，内生变量的作用力度也可能会因此而改变。对外部条件的改变带来的影响将在第五章进行探讨。

（二）情景2：通过外生变量来提高贫困户的ECP

通过外生变量来提高贫困户的ECP，可以表述为：

$$EC\,P_2 = Ef(K(t)\,|\,(\dot{u},ER)) \tag{4-3}$$

与情景1相同，在情景2中，假设 $\partial EC\,P_2/\partial K \geqslant 0, \partial EC\,P_2/\partial f(K(t)\,|\,(\dot{u},ER))$ $\geqslant 0$ 成立，那么，通过选择 K 向量中的元素并对其进行组合，就可以提升贫困户的决策质量。

如果假定内生变量不发生变化，那么外生变量的变化并没有改变贫困户的效用函数，因此可以使用新古典经济学中的理性分析框架。目前的研究中，情景2的研究成果要比情景1丰富得多。还有一些原因也使得情景2的研究更容易得到社会各界的认可：其一，政府重点支持的或者是财政资源重点支持的是项目，而这些扶贫项目一般容易与外生变量相关联，不容易与内生变量进行连接。在这种情况下，地方政府为了得到更多的财政资源和项目支持，就需要在外生变量上做文章，需要研究外部条件与外生变量之间的强烈逻辑关系，以便找到申请扶贫保障项目的理由。在项目需求的引导下，满足此类需求的系列研究成果便出现了。其二，外生变量与大部分的脱贫目标也更容易衔接，比如"两不愁三保障"。在脱贫目标中的教育、医疗健康以及收入资本等在大部分时间都可以近似于"外生变量"。其三，一些学者担心将政策重心放在贫困户的内生变量及其变化上，容易陷入"责怪穷人"的泥潭之中，政府部门（包括帮扶责任人和扶贫干部）可能会借口贫困户的"懒、散、笨"来推脱本来就应该担负的扶贫责任。更为严重的是，如果将更多资源放在完善内生变量上，可能会遗漏他们心目中更重要、更需要优先关注的贫困致因，比如，增加扶贫投入规模、改善农村生产和生活条件、提高农村技术综合服务体系的完善、提高贫困户资产收益等。值得说明的是，在中国的扶贫脱贫工作中，第一种情形和第二种情形相比较，第一种情形由于涉及贫困户自身认知和努力程度，其关注度和重要性明显上升,第二种情形的关注度在下降。习近平总书记就曾指出:"用好外力、激发内力是必须把握好的一对重要关系。对贫困地区来说,外力帮扶非常重要,但如果自身不努力、不作为,即使外力帮扶再大,也难以有效发挥作用。只有用好外力、激发内力,才能形成合力。"①

在第三章中对情景 2 也进行了初步分析。当时是将传统效用的对数进行了扩展,并对五类资本进行了分类分析,研究结果显示,除了物质资本变量显著性不高之外,其他四类资本都对效用的对数增量(转换为脆弱性)有显著影响。

(三) 情景 3:通过内外生变量的有效组合或者相互转化来提高贫困户的 ECP

从严格意义上来讲,情景 1 和情景 2 都是情景 3 的极端情况。

如果情景 1 和情景 2 是可以微分的,那么,通过数学运算的方法,可以对情景 1 和情景 2 进行全微分形式的处理来寻找情景 3 中的规律,即:

$$\Delta A_3 = \lambda A_2 \Delta A_1(\overline{K}) + \gamma A_1 \Delta A_2(\overline{u}) \tag{4-4}$$

在公式(4-4)中,A 表示情景,A 的下标表示情景类型,A_1 和 A_2 表示情景 1 和情景 2。

对贫困户的决策来说,他们的内生变量和外生变量都是不充足的,还经常呈现出一种破碎的状态,外生变量和内生变量之间替代互补关系经常显示出非线性的关系。就类似工厂库房里面一堆残缺不全的螺丝和螺母,要将螺丝和螺母组合起来并非易事,而要进一步将螺丝螺母组合使之形成一台可高效运转的机器,就更为困难。即便勉强将这些螺丝和螺母组合起来,外形也不可能像标准螺丝螺母组合的形状一样,总会有所不同。

例如,当人力资本缺乏的时候,对家庭成员尤其是青少年进行教育是迫切

---

① 习近平:《在东西部扶贫协作座谈会上的讲话》(2016 年 7 月 20 日),人民网。

需要的,但是在他们的家庭认知中,教育并没有得到足够重视,因为教育的投资收益期长,不符合他们短期见效的心理预期。即使有完善的教学条件、充足的教育资源,也有些贫困户并不愿意送子女上学,该家庭的教育短板就一直无法补齐。如果该家庭的教育短板长时间没有得到弥补,就可能限制他们汲取必要的信息,影响他们外出打工的机会,进一步降低了认知行为改变的可能性,最终改变了贫困户内生和外生变量的组合关系。

再例如,在贫困户的认知模式中,若到了应该进行投资决策的时候,由于缺少足够的物质资本和金融资本而不得不去借高利贷进行投资,甚至将赌博看作一种筹资行为,导致其内生变量和外生变量经常出现错配、失配的情况。在实际生活中,"不是驴不走,就是磨不转"的情况也并不在少数。就贫困户来说,"心比天高,命比纸薄"的感叹是这些错配的反映。

从完备性的角度看,可以从以下三种情况讨论公式(4-4)的学术含义。

1. 通过内生变量来促进内外生变量以实现更适匹配[即调整(4-4)式等号右边的第二项,传统效用增量的变化率]。很多研究表明,在给定条件下,改变人的内生变量可以促进内外生变量的更适匹配,从而产生 1+1>2 的效果。比如,如果可以纠正错误的认知行为方式,就有助于提高资源配置的效率,从而提升社会资本和物质资本,从直接和间接两个方面提高决策质量。再比如,垃圾分类过程中,如果人们能够获得足够的环保方面的信息,避免过度的投资或是以污染环境为代价的投资,就有助于提升生态资本和金融资本。还有其他的研究也能证明,改变内生变量可以促进外生变量,进而形成内外部相互推动的提高决策质量方式。

在实践上,这一种情景,长期效果好、理论直观性强,但成本高、时间长、决策信息要求高,还要经历长期的试错过程和痛苦的心理调整过程,非巨大毅力、决心和创造力不足以完成(赫尔希曼,1991),因此操作难度较大。

2. 通过外生变量来促进内外生变量的匹配效率[即调整(4-4)式等号右边的第一项,外部变量引起的效用增量的变化率]。前面提到过的"人穷志短""手中有粮,心中不慌"就说明改变外生变量可以改善内外生变量之间的关系。当人们处于贫困状态时,收入比较低,物质资本等资本条件比较差,人们的信息获取、决策方法都受到巨大的限制。两者的结合容易形成一种急躁、盲动、急功近利、追求生存最大化的认知行为。这种情况下,虽说人们也会对各类信息进行有意识的筛选,但他们总是希望能够用最少的外生变量发挥最大效益,以提升决策总效用水平。虽然,这种想法可能并不可行。

在一些情况下,如果能够改善贫困户决策的外生变量,就可以有效提高贫困户深思熟虑的时间,提高他们的决策技巧;还可以通过变化物质资本的方法改变社会地位、获得更多的信息、完善贫困户的信息结构等,最后实现决策内外生变量之间的更好配合,从而达到提高决策总效用的目的。

这种情况是三种情形中最符合当前主流脱贫理论的一种情形,但这种情形容易出现所谓的"最后一公里"问题①。

3. 同时调整内生变量和外生变量以达到和谐匹配关系[即调整(4-4)式等号右边第一项和第二项之间的相对关系,调整 λ 和 γ 的相对大小]。从理论上讲,同时调整内生变量和外生变量,会得到比仅从外生变量或内生变量一侧进行调整的更多有效匹配的机会和可能性。

在扶贫实践中,贫困户内生和外生变量短缺都可以借助一些空间距离小、决策内容相近的外部力量进行弥补,从而结构性提高决策收益。比如,充分借鉴众多的农业企业、大户、合作社等的局部知识优势,利用好地域人缘优势,提升决策质量。在实践中,全国各地都有一些类似内生变量和外生变量相互转化的案例素材可供进一步研究。比如湖北孝昌的"大堰"模式,该模式依靠当地公司大户的责任和"乡愁"情结,抛弃传统的"两头在外"的"傻种"模式(贫困户干苦力,得固定收益),在大户种植基地中选择部分地块,直接由贫困户经营,形成"你中有我、我中有你"的状态。贫困户通过近距离学习观摩、请教

---

①　现在有学者提出"最后一厘米",从字面上讲一厘米比一公里小,一厘米的问题更容易解决,实际上两种表述并没有实质性的差异。"不是驴不走,就是磨不转"的问题仍然存在。

和就地打工等途径来获取决策信息,锻炼决策技能,改变认知和思维方式,提高了决策质量,取得了较好的脱贫效果。但是,仅仅依靠"乡愁"情结和责任的模式,可持续性难以得到保证。

为了探索提高贫困户内生变量和外生变量之间的匹配关系,分析贫困户应该借鉴和模仿哪种情景,需要从现实出发,借助计量分析工具进行研究,按图索骥、对症下药。同时,还可以从计量回归分析结论中捕捉到中国脱贫攻坚过程中内生变量和外生变量的相互关系及其匹配形式,为其他地区和国家展开该方面的实践提供启示。

二、贫困户决策的内生和外生变量组合的计量分析

(一) 研究思路

第一步,使用不同水平上的脆弱性作为扩展效用或者总决策效用的指标,在乡村和扶贫政策的外部条件给定的情况下分析脆弱性与传统效用之间的关系(计量方程1,控制变量是乡村因素和政策因素),初步判断决策的内生变量与决策总效用的关系(传统效用或者幸福感可以看作是内生变量的复合变量),如果两者不具有显著关系,则说明公式(3-2)中等号后面的第二项可能不是显著变量,第二和第三项可能是相互独立的,研究停止;如果两者具有显著关系,则再进行下一步的计量分析。

第二步,使用第三章的结论(用内生变量代替计量方程1中的传统效用和幸福感),继续分析脆弱性与内生变量的关系(计量方程2)。通过计量方程2分析内生变量与决策总效用的相互关系。该分析与第三章不同之处在于,计量方程2中增加了控制乡村和扶贫政策的变量。

第三步,使用中介变量法确定外生变量对内生变量的中介效应,分析可能

的匹配空间。这一步分为两个小步骤：

（1）在计量方程 1 的基础上，增加外生变量作为新的控制变量，形成计量方程 3，分析脆弱性与内生变量和外生变量的关系。

（2）在计量方程 3 的基础上，用外生变量替代决策总效用，形成计量方程 4，分析内生变量和外生变量的中介效应。

（二）模型、数据与指标选择

1. 模型

（1）计量方程 1：

$$w_i = \beta_0 + \beta_i \ln u_i + \sum \beta_{ji} S Z_{ji} + \varepsilon_i \qquad (4-5)$$

在公式（4-5）中，w 是脆弱性指标，用以表示决策总效用，SZ 为描述乡村和政策方面特性的控制变量。

（2）计量方程 2：

$$w_i = \beta_0 + \sum \beta_{hi} I X_{hi} + \sum \beta_{ji} S Z_{ji} + \varepsilon_i \qquad (4-6)$$

在公式（4-6）中，IX 是内生变量的各个指标。

需要说明的是，为了防止遗漏，内生变量共分为两类，第一类是第三章结论中比较显著的 4 个变量，第二类是第三章结论中不显著但是在分类型分析中显著的 8 个变量。

（3）计量方程 3：

$$w_i = \beta_0 + \sum \beta_{ih} I X_{ih} + \sum \beta_{mi} X X_{mi} + \sum \beta_{ji} S Z_{ji} + \varepsilon_i \qquad (4-7)$$

在公式（4-7）中，XX 是五类资本变量。如果公式（4-7）中的等号右边第二项和第三项的系数 β 不显著，并不能说明内生变量和外生变量不存在显著的关系，可能是变量组合方式的不同使得变量不显著。

（4）计量方程 4：

$$X X_{ij} = \beta_j + \sum \beta_{jm} I X_{jm} + \sum \beta_{jn} S Z_{jn} + \varepsilon_j \qquad (4-8)$$

在公式(4-8)中,IX 是决策质量的内生变量。该方程用以分析各个内生变量形成的中介效应的相对重要性。

根据公式(4-7)和公式(4-8)可以找到内生变量和外生变量之间的中介效应。

2. 数据和指标选择

(1)数据。本章仍然使用 2019 年在湖北的调研数据进行分析。为了简化分析,不再考虑非贫困户样本,只分析贫困户样本。

(2)指标选择。在前面都已经分析过内生变量和外生变量的具体代表变量,这里仍然沿用这些变量的选择和赋值方法。需要特别说明的是,这里增加了控制变量,用来控制乡村和政策方面的变化。在下一章中,将会对乡村和政策类控制变量进行扩展,以分析这些控制变量背后的结构问题。内生变量和外生变量的选择与第二章和第三章相同,此处不再赘述。

这里重点说明控制变量的选择,也就是介绍表 4-1 中列出的控制变量的含义(乡村变量和政府变量)。

第一类是政府变量。在表 4-1 中,用转移收入占比来反映政策方面的变化。选择这个指标的原因是,在当前精准扶贫过程中,政府对贫困户的转移支付力度已经非常大。当前,为了巩固脱贫质量,政府部门多次增加保障水平,形成数条保障线,进一步提高了对贫困户转移支付的水平,提高了转移性收入占比。

从表 4-1 中可以看出,贫困户的转移性收入占比达到了 0.22,比非贫困户要高一倍有余,反映出精准扶贫对贫困户转移支付力度较高。需要说明的是,提升转移性支付水平,既存在降低脆弱性的可能,也存在加剧脆弱性的可能。转移性支付中包含着社会保障方面的内容,比如养老保障、医疗保障、教育保障等,这些保障资源的供给总是针对脆弱群体或者是贫困群体的,提升这类资源的保障水平,有利于降低贫困户的脆弱性。但与此同时,如果给予贫困户转移性支付的比例过高,出现"小病大治"的情况、"精英俘获"的现象或者激发更多的"等靠要"的行为,那么,贫困户的脆弱性就会随着转移支付占比的提高而加剧。有一部分学者的研究显示,转移支付水平的提高,挤占了私人资源,加剧了农村矛盾,也降低了贫困户的脆弱性。

与此相对应的是,贫困户的工资消费比①这个指标的数值也比非贫困户高。原因可能有:一是由于贫困户的勤俭节约惯性使其消费支出比较低,二是就业帮扶等政策的推进,提高了贫困户的工资水平。与此相对应,非贫困户的消费水平比较高,总消费额又较大,在工资水平没有得到明显提高的情况下,工资消费比就可能会比较低。工资消费水平的提高,有利于降低贫困户的脆弱性。转移性支出之比这个指标是反映政府帮扶力度的主要指标,而贫困户的工资消费比是政府指标的对应指标,用于反映贫困户自主发展的情况。若贫困户的消费依赖家庭工资收入,而不是转移性收入,则说明贫困户脱贫后能够持续脱贫。

第二类是乡村变量。在反映乡村因素方面,选择乡村的平均收入水平(简称"村平均收入")和乡村内部的收入差距两个指标。(1)乡村的平均收入水平或乡村发展水平越高,贫困户就越容易从邻居、能人大户那里得到更多的资源和帮助,也可以分享他们先进的经营理念和较好的基础设施(机械设备、农业外部服务、就业人脉资源网络等)。乡村发展水平是一个正向指标。(2)乡村内部的收入差距指标是负指标。假定乡村发展水平不变,但乡村的收入差距变大,则说明乡村发展的成果更多被非贫困户所获取,精英群体更加强势,贫困群体的生产生活的可选择范围更少,乡村收入差距加大还容易降低乡村内部的和谐合作程度、加重乡村内部矛盾,降低贫困户的相对收入水平。在市场条件下,穷人和富人的生产能力不同,他们的收入差距会随着市场竞争程度的加剧而逐渐增大,农村内部的收入差距存

---

① 该指标的计算方法是,工资总额除以家庭消费总额,即分析消费依赖于自身努力(工资)和外部帮扶(转移性收入)的程度。

在自然走强的趋势。如果收入差距过度,则不利于贫困户持续脱贫,维持和巩固脱贫成果。

表4-1　反映乡村性质和政策的控制变量的描述统计分析

指标符号	指标	调查问题与变量处理	贫困户		非贫困户	
			均值	方差	均值	方差
SZ1	转移收入占比	政策性转移收入占年收入之比(转移收入占比):用以分析扶贫政策对贫困户的支持力度。	0.22	0.46	0.089	0.23
SZ2	工资消费比	工资性收入占年生活消费支出比(工资消费比):用以分析贫困户家庭的收入结构,也是对转移收入占比的一个对比。	2.61	9.78	2.41	3.88
SZ3	村平均收入	村平均收入:贫困户所在村所有样本的收入对数的均值,用以表示乡村发展水平。	8.76	0.31	8.84	0.35
SZ4	村收入差距	村收入差距:贫困户所在村所有样本的收入对数的方差,用以表示乡村内部的收入差距。	1.18	0.34	1.17	0.33

注:贫困户和非贫困户的年工资和年生活消费都是分等级数据。
资料来源:本书调研数据整理所得。

(三) 计量分析

1. 分析传统效用和脆弱性的关系。使用计量方程(4-1)进行回归分析,分析结果见表4-2。根据表4-2计量结果,可以得出:

(1)传统效用对脆弱性产生显著的影响。在以 w4000、w19 为目标变量的两个方程中,传统效用的系数都通过了10%的显著性水平检验,而且两个系数都比较大,说明内生变量对脆弱性的影响也比较大。由此可以推测,内生变量对脆弱性具有重要影响。

但是在以 w32 目标变量的方程中,传统效用的系数没有通过10%的显著性水平检验。这说明内生变量对脆弱性的影响可能随着收入的增加而下降。换言之,在收入超过一定阶段后,通过内生变量的调整以降低脆弱性的可能性会下降,力度较小,从而在幸福和收入之间、效用和脆弱性之间就出现差距①。

(2)在控制变量中,转移收入占比的系数为正,而工资消费比的系数为负,说明转移性收入占比的提高增加了贫困户的脆弱性,而工资消费比的提高则降低了贫困户的脆弱性,结论符合理论预设②。在乡村因素中,乡村发展水平的提高降低了贫困的脆弱性,也符合理论预期,但是没有通过10%的显著性水平检验。村收入差距的提高起了降低脆弱性的作用,这个结论与理论预设不符合。乡村收入差距变大反而降低贫困户脆弱性的结论,可以进行如下解释:在某些乡村,有一些特别富的能人大户,这些能人大户有能力拿出上百万甚至上千万的资产来回馈父老乡亲,从而降低了贫困户的脆弱性。无论是政府因素还是乡村因素,都对贫困户的脆弱性产生了显著的影响。但是这个影响过程是复杂多变的,受到一些特定条件的限制。这个方面的问题将在第五章中进一步分析。

---

① 收入与幸福的差距原因可能有三个:第一,内生变量作用方向有正有负,使得其组合的效果与脆弱性之间存在一定程度的背离;第二,贫困户内生变量的改变意味着传统效用形式的改变,这种改变往往是艰难的,因此其效用水平会下降,脆弱性会提高;第三,幸福收入悖论理论说明,人的收入和幸福感之间是非线性关系,幸福和收入之间的转折点,在人均收入8000元以上,以此类推,脆弱性和幸福感之间也可能存在类似的关系,越是在较高阶段的脆弱性,这种非线性关系表现得越明显。从这个层面看,提高贫困户的满意度和幸福感是脱贫和扶贫的一个目标,但绝不是最终目标或唯一目标。这个方面的研究,对于2020年后如何解决相对贫困、如何进一步提高脱贫满意度具有重要意义,但该问题存在较大的复杂性,留待后续研究,此处不再赘述。

② 如何提高转移性收入对贫困户生产能力的促进作用,实际上是一个非常严肃的课题。如果转移性收入仅仅与消费进行联系,还不如发消费券以补充贫困户的营养缺口更有效,但是不能影响贫困户的生产和投资行为,因而对脱贫的帮助就非常有限。这个方面的话题,我们准备专门进行分析。这里不再赘述。

表 4-2　计量方程 1 的计量分析

目标变量	w4000		w19		w32	
	系数	t	系数	t	系数	t
（常量）	1.234	1.902	1.126	1.793	0.264	0.45
lnu	0.069	1.816	0.076	2.065	0.03	0.873
转移收入占比	0.121	3.387	0.135	3.911	0.177	5.471
工资消费比	−0.004	−2.425	−0.004	−2.297	−0.001	−0.824
村平均收入	−0.068	−0.99	−0.06	−0.908	0.024	0.395
村收入差距	−0.186	−2.947	−0.164	−2.686	−0.065	−1.133
R^2	0.052		0.056		0.058	

资料来源:本书调研数据整理所得。

2. 决策的内生变量和脆弱性的关系。这里分两个方面使用第三章的结论:第一个方面是同时考虑 4 类变量后的显著变量(共 4 个变量);第二个方面是将分类分析中显著的内生变量都作为自变量进行分析,为扩展的内生变量分析。之所以进行两个方面的分析,是出于传统效用分析和脆弱性分析之间是否存在差异的考虑。两个方面的计量分析都使用计量方程 2[公式(4-6)]进行。

(1)简化后的决策质量的内生变量分析(详见表 4-3)。在表 4-3 中,反映认知因素的"穷人类型"变量在三个方程中都通过了 1% 的显著性水平检验。这说明认知因素的变动对脆弱性的降低具有显著的影响,认知因素每提高一个单位,脆弱性就下降 0.07 个对数单位。代表决策技巧方面的独立意见变量也在两个方程显示出显著性。作用方向和"穷人类型"变量是一样的,但是作用的效果要低于认知因素。从这两个变量来看,激发贫困户的内生动力,确实能够降低脆弱性。

表 4-3　简化后的内生变量计量分析

变量	w4000		w19		w32	
	系数	t	系数	t	系数	t
（常量）	1.402	2.142	1.256	1.98	0.138	0.234
穷人类型	−0.071	−2.453	−0.069	−2.45	−0.065	−2.477
独立意见	−0.017	−1.787	−0.007	−0.731	0.013	1.555
风险决策	−0.006	−0.565	−0.015	−1.591	0.002	0.203
遭遇风险	−0.011	−1.097	−0.005	−0.52	−0.004	−0.444
工资消费比	−0.004	−2.515	−0.004	−2.373	−0.001	−0.727
转移收入占比	0.126	3.541	0.141	4.067	0.181	5.62
村平均收入	−0.051	−0.745	−0.043	−0.64	0.045	0.719
村收入差距	−0.189	−2.988	−0.165	−2.689	−0.047	−0.829
R^2	0.062	—	0.063	—	0.072	—

资料来源：本书调研数据整理所得。

（2）扩展的决策质量的内生变量分析（详见表 4-4）。与表 4-3 相比，在表 4-4 中，反映认知因素的"穷人类型"变量的系数和符号都没有发生较大的改变。改变贫困户的认知行为既是提高效用的有效手段，也是降低其脆弱性的根本途径。遗憾的是前两个方程中反映决策技巧的独立意见变量的系数没有通过 10% 的显著性水平检验，但是在第 3 个模型中却通过了 10% 的显著性水平检验。这可能是由于一些没有考虑到的其他变量对这个变量产生了影响，如果没有考虑到的变量对脆弱性的影响抵消了独立意见变量的影响，则该系数就会变得不太显著。相反，如果没有考虑到的其他变量能够强化独立意见变量的影响，那么该变量也可能变得更加显著。比如，此处没有考虑到富人对贫困户独立意见的反应，而这个反应关乎贫困户的合作收益。如果富人对贫困户独立意见表示赞许，则贫困户会得到富人的支持，从而获得较高的收益并降低合作风险和脆弱性，反之亦然。

在表 4-4 中，还发现了一些在表 4-3 中没有的信息，突出体现在两个方面:首先是认知方面,认知因素中的房屋攀比变量变得显著了,前两个方程中通过了 10% 的显著性水平检验,系数在 0.04 左右,说明房屋攀比增加一个单位就会提高 0.04 个脆弱性的对数单位。然后是决策内容方面,在前两个方程中,决策内容变量中的"致富行业"和"子女前途"两个变量也通过了 10% 的显著性水平检验。这说明改变贫困户的决策内容,引导贫困户的注意方向是降低其脆弱性的重要途径。一种"致富行业"变量的信息说明,通过"合作社+贫困户""基地+贫困户"等外部约束引导贫困户的注意力向农业生产方向转变,有利于降低脆弱性,也正是产业扶贫的重点任务。引导贫困户的决策内容从当前向长期转变,从"务虚"方向向上大学、学技术等"务实"方向转变,有利于降低其贫困脆弱性。

表 4-4　扩展的内生变量的计量分析

变量	w4000		w19		w32	
	系数	t	系数	t	系数	t
(常量)	1.073	1.602	0.975	1.502	0.121	0.199
风险态度	0.007	0.493	0.007	0.491	0.009	0.656
穿衣问题	−0.003	−0.247	−0.004	−0.392	−0.003	−0.297
穷人类型	−0.073	−2.523	−0.071	−2.515	−0.062	−2.34
房屋攀比	0.044	1.653	0.048	1.854	0.037	1.498
技术渠道	−0.012	−1.224	−0.01	−1.096	0.003	0.344
三权时间	0.014	0.96	0.015	1.087	0.007	0.531
理解能力	−0.017	−1.328	−0.019	−1.535	−0.012	−1.007
独立意见	−0.014	−1.415	−0.012	−1.225	0.016	1.756
风险决策	−0.01	−1.041	−0.01	−1.037	−0.001	−0.06
致富行业	0.02	1.957	0.018	1.849	0.011	1.122
遭遇风险	−0.011	−1.146	−0.008	−0.79	−0.005	−0.587
子女前途	0.051	2.503	0.048	2.432	−0.007	−0.387
工资消费比	−0.004	−2.534	−0.004	−2.381	−0.001	−0.745
转移收入占比	0.107	2.958	0.121	3.469	0.172	5.23

续表

变量	w4000		w19		w32	
	系数	t	系数	t	系数	t
村平均收入	−0.05	−0.718	−0.044	−0.652	0.038	0.596
村收入差距	−0.172	−2.682	−0.151	−2.424	−0.049	−0.842
R^2	0.087	—	0.089	—	0.08	—

资料来源:本书调研数据整理所得。

3. 同时考虑内生变量和外生变量对脆弱性的影响。仍然延续上面的分析方法,使用计量方程3[公式(4−7)]分别分析简化版内生变量和扩展版内生变量。

(1)简化内生变量和外生变量的计量方程(详见表4−5)。在表4−5中,反映认知因素的"穷人类型"仍然是显著的变量,符号和系数大小与表4−4相差较小,限于篇幅不再赘述。在外生变量部分,显著的变量主要集中在人力资本中的教育支出、社会资本中的制度因素以及生态资本中的生态环境变量。教育支出每增加一个单位,贫困户的脆弱性就提高0.03个对数单位,说明教育支出过重仍然是贫困户的一个负担。在一些偏远地区,乡村学校的合并使得贫困户家庭的孩子必须走出乡村就学。从居住的乡村到另外一个乡村就学,势必会提高他们的教育支出水平。比如,在本研究的调研区域内,仅仅是贫困户家庭孩子上小学的交通费用,每个学期就需要900元。土地流入和流出方面反映出的产权差异也与理论预期相符,贫困户流入的土地如果进行平整,可能会带来土地纠纷进而提高脆弱性,但是如果贫困户流出的土地能够得到平整,就说明他们能从能人大户获得有保证的工资和地租收入,就为降低脆弱性提供了可能性。生态环境的改变,缩小了贫困户生产经营的范围,比如,不能过多使用化肥农药,就会对贫困户的农业生产方式带来一些限制,间接提高了贫困户的脆弱性。

表4-5　计量方程3的计量分析

变量	w4000		w19		w32	
	系数	t	系数	t	系数	t
（常量）	1.186	1.803	1.081	1.69	0.279	0.463
穷人类型	-0.063	-2.178	-0.061	-2.183	-0.063	-2.392
独立意见	-0.013	-1.388	-0.012	-1.247	0.012	1.407
遭遇风险	-0.004	-0.453	-0.001	-0.141	-0.007	-0.746
风险决策	-0.008	-0.816	-0.006	-0.671	0.004	0.417
居住拥挤	-0.003	-0.172	-0.002	-0.134	0.017	1.269
教育支出	0.035	1.905	0.028	1.58	-0.031	-1.821
医疗补贴	2.02E-06	1.386	2.06E-06	1.46	2.43E-06	1.827
祝贺人数	0.019	1.485	0.018	1.476	0.009	0.77
流入平整	0.04	1.763	0.045	2.011	-0.01	-0.483
流出平整	-0.097	-2.283	-0.107	-2.584	0.011	0.284
生态环境	0.06	2.353	0.049	1.964	-0.015	-0.638
卧室整洁	-0.023	-1.587	-0.017	-1.246	-0.01	-0.729
自建消费比	-0.049	-1.548	-0.049	-1.6	-0.05	-1.726
信贷规模	0.005	1.298	0.004	1.077	-0.001	-0.189
转移收入占比	0.108	2.826	0.121	3.244	0.147	4.177
工资消费比	-0.003	-1.996	-0.003	-1.895	-0.001	-0.668
村平均收入	-0.04	-0.591	-0.033	-0.499	0.032	0.515
村收入差距	-0.173	-2.737	-0.147	-2.403	-0.057	-0.982
R^2	0.105	—	0.101	—	0.091	—

资料来源:本书调研数据整理所得。

表4-6　计量方程3的12个内生变量的计量分析

变量	w4000		w19		w32	
	系数	t	系数	t	系数	t
（常量）	0.725	1.077	0.671	1.027	0.247	0.398
风险态度	0.011	0.754	0.011	0.772	0.009	0.674
穿衣问题	-0.001	-0.125	-0.003	-0.281	-0.005	-0.469

续表

变量	w4000		w19		w32	
	系数	t	系数	t	系数	t
穷人类型	−0.065	−2.253	−0.063	−2.251	−0.06	−2.256
房屋攀比	0.053	1.963	0.054	2.061	0.029	1.17
技术渠道	−0.016	−1.605	−0.013	−1.405	0.003	0.293
三权时间	0.014	0.942	0.015	1.075	0.009	0.65
理解能力	−0.007	−0.513	−0.011	−0.841	−0.01	−0.754
独立意见	−0.011	−1.097	−0.009	−0.931	0.014	1.533
风险决策	−0.013	−1.272	−0.011	−1.166	0.002	0.195
致富行业	0.021	1.993	0.02	1.936	0.009	0.929
遭遇风险	−0.003	−0.349	−0.001	−0.072	−0.007	−0.817
子女前途	0.054	2.63	0.051	2.563	−0.009	−0.465
居住拥挤	0.001	0.064	0.002	0.114	0.018	1.313
教育支出	0.038	2.052	0.031	1.717	−0.031	−1.807
医疗补贴	1.84E−06	1.265	1.84E−06	1.301	2.27E−06	1.691
祝贺人数	0.019	1.538	0.018	1.482	0.008	0.709
流入平整	0.054	2.328	0.057	2.545	−0.007	−0.341
流出平整	−0.104	−2.42	−0.114	−2.725	0.005	0.138
生态环境	0.069	2.701	0.058	2.324	−0.012	−0.49
卧室整洁	−0.022	−1.475	−0.015	−1.061	−0.007	−0.483
自建消费比	−0.046	−1.451	−0.046	−1.493	−0.045	−1.545
信贷规模	0.004	1.161	0.003	0.95	−0.001	−0.198
工资消费比	−0.003	−2.031	−0.003	−1.931	−0.001	−0.714
转移收入占比	0.091	2.369	0.104	2.782	0.142	3.973
村平均收入	−0.04	−0.575	−0.035	−0.519	0.027	0.418
村收入差距	−0.151	−2.363	−0.129	−2.082	−0.058	−0.992
R^2	0.1	—	0.128	—	0.1	—

资料来源:本书调研数据整理所得。

（2）扩展内生变量和外生变量的计量方程（详见表4-6）。表4-6中的显著变量与表4-5基本相同,从表4-3到表4-6可知,内生变量和外生变量都对脆弱性有显著的影响。因此可以根据这些显著性变量,使用中介变量法分析。

4. 内生变量和外生变量之间的中介效应。根据表4-3到表4-6的计量结果,需使用公式(4-8)分析外生变量与内生变量的中介效果。这里假设外生变量是通过内生变量起作用的①。这里就只进行外生变量通过内生变量起作用的中介效应分析。

为了直观说明内生变量和外生变量的中介效果,将公式(4-8)的计量回归结果列入表4-7中,同时为了更清晰地分析需要,将表4-7中不显著的变量所对应的系数和显著性去掉,将每一类内生变量和外生变量的显著变量数进行归类,形成表4-8,用以直观地显示内生变量和外生变量中介效应的主要渠道。

在表4-7中,大致可以看出如下三个规律:(1)除了人力资本中的医疗补贴之外,每一种外生变量都有其对应的显著影响的内生变量,都有独立的传导渠道;(2)改变外生变量会通过不同的途径影响所有内生变量的改变;(3)外生变量对内生变量的影响范围和程度显示出较大的差异性。下面对表4-8中的研究结果进行简要分析:

(1)外生变量对内生变量的影响渠道。第一,物质资本对内生变量的影响主要显示在认知行为、信息渠道以及决策内容上。物质资本的提高,增加了贫困户房屋攀比的动力,提高了其与非贫困户合作的实力,贫困户也能够亲自参与经营和市场行为,从而提高其理解能力,就能够向更加务实和更具操作性的生产经营方向上去,达到改善决策内容的效果。第二,人力资本的提高可以对决策的四个方面都产生显著性的影响。对贫困户进行教育,有助于减弱其房屋攀比的心理,提高其对政策信息的理解程度,同时有助于贫困户正确识别外部风险并针对性地提出自己的意见,均有利于决策质量的内生变量发生作

———
① 根据公式(4-6),这里也存在内生变量通过外生变量起作用的情况,但这两个的分析方法相同。

表 4-7　内生变量和外生变量之间的中介效应

		风险态度	穿衣问题	劳人类型	房屋攀比	技术渠道	三权时间	理解能力	独立意见	风险决策	致富行业	遭遇风险	子女前途
居住拥挤	系数	-0.02	-0.06	-0.02	0.13	-0.02	-0.05	0.22	-0.02	-0.04	-0.06	0.04	-0.08
	t	-0.39	-1.80	-0.20	1.67	-0.78	-1.09	5.64	-0.55	-1.43	-1.85	1.30	-1.24
教育支出	系数	-0.04	-0.05	0.01	-0.10	0.02	0.07	0.04	-0.04	0.01	0.02	-0.05	-0.03
	t	-1.26	-2.10	0.16	-1.65	0.94	2.30	1.43	-1.91	0.30	0.74	-2.38	-0.55
医疗补贴	系数	-473.9	-11.99	-561.8	176.25	390.66	603.14	-518.2	158.80	-67.39	261.73	53.52	507.59
	t	-1.20	-0.04	-0.70	0.24	1.43	1.52	-1.44	0.58	-0.24	0.92	0.20	0.89
祝贺人数	系数	-0.05	-0.04	-0.22	-0.07	0.03	0.09	-0.07	-0.07	-0.04	0.01	-0.03	0.04
	t	-0.99	-0.97	-2.34	-0.78	1.01	1.88	-1.62	-2.09	-1.34	0.24	-1.03	0.62
流入平整	系数	-0.03	-0.04	0.04	-0.12	0.03	0.10	0.03	-0.06	-0.01	-0.07	-0.02	-0.13
	t	-0.87	-1.57	0.53	-1.97	1.34	2.94	0.93	-2.79	-0.49	-3.05	-1.07	-2.79
流出平整	系数	0.01	-0.03	0.02	-0.10	0.02	0.06	0.02	-0.03	0.00	0.00	0.00	-0.05
	t	0.61	-1.76	0.67	-2.88	1.18	3.50	1.27	-2.10	-0.06	-0.28	0.19	-1.89
生态环境	系数	0.04	-0.01	-0.05	-0.10	0.00	-0.06	-0.02	0.01	0.04	-0.01	-0.03	-0.02
	t	1.69	-0.69	-1.19	-2.42	0.05	-2.46	-1.11	0.61	2.55	-0.87	-1.86	-0.73
卧室整洁	系数	0.00	-0.09	-0.04	0.01	-0.09	0.08	0.34	-0.04	-0.07	-0.04	0.03	-0.09
	t	-0.09	-2.68	-0.44	0.13	-3.00	1.76	8.80	-1.25	-2.47	-1.40	1.03	-1.53

续表

		风险态度	穷衣问题	穷人类型	房屋攀比	技术渠道	三权时间	理解能力	独立意见	风险决策	致富行业	遭遇风险	子女前途
自建消费比	系数	-0.01	-0.01	-0.02	-0.02	0.00	0.01	0.02	-0.01	0.02	-0.04	0.01	0.02
	t	-0.32	-0.93	-0.55	-0.48	0.30	0.44	1.36	-0.43	1.63	-2.64	0.76	0.86
信贷规模	系数	-0.15	-0.17	-0.21	-0.14	-0.07	0.38	0.22	-0.34	0.03	0.06	-0.17	-0.06
	t	-0.95	-1.33	-0.66	-0.46	-0.67	2.39	1.55	-3.12	0.26	0.53	-1.57	-0.26

资料来源：本书调研数据整理所得。

表4-8　外生变量对内生变量影响程度

		认知因素（13）				信息渠道（5）			决策技巧（3）		决策内容（11）		
		风险态度	穷衣问题	穷人类型	房屋攀比	技术渠道	三权时间	理解能力	独立意见	风险决策	致富行业	遭遇风险	子女前途
显著变量个数		1	3	1	5	1	4	5	2	1	5	2	4
居住拥挤（2）	系数				0.13						-0.06		
	t				1.67						-1.85		
教育支出（5）	系数		-0.05		-0.10		0.07		-0.04			-0.05	
	t		-2.10		-1.65		2.30		-1.91			-2.38	
医疗补贴（0）	系数												
	t												

续表

		认知因素（13）				信息渠道（5）			决策技巧（3）		决策内容（11）		
		风险态度	穿衣问题	劳人类型	房屋攀比	技术渠道	三权时间	理解能力	独立意见	风险决策	致富行业	遭遇风险	子女前途
祝贺人数（3）	系数			-0.22							0.01		0.04
	t			-2.34							0.24		0.62
流入平整（5）	系数				-0.12		0.10		-0.06		-0.07		-0.13
	t				-1.97		2.94		-2.79		-3.05		-2.79
流出平整（4）	系数		-0.03		-0.10		0.06						-0.05
	t		-1.76		-2.88		3.50						-1.89
生态环境（6）	系数		-0.01		-0.10		-0.06			0.04		-0.03	
	t		-0.69		-2.42		-2.46			2.55		-1.86	
卧室整洁（1）	系数					-0.09							
	t					-3.00							
自建消费比（2）	系数	0.04									-0.04		0.02
	t	1.69									-2.64		0.86
信贷规模（0）	系数												
	t												

资料来源：根据表 4-7 简化形成。

用。第三,社会资本的提高对四类内生变量有显著影响。以认知类内生变量为例,这个变量中有三个变量可以通过社会资本进行调节。第四,生态资本的提高可以对四类内生变量产生显著影响。反映生态资本的两个变量就存在这样的传导中介途径。第五,金融资本对内生变量的影响范围要小得多,其对认知行为的调整仅通过 10% 的显著性水平检验。反映金融资本的两个变量的作用范围也存在显著的差别,自建占消费的变量作用途径是决策技巧和调节决策内容,而金融信贷变量的作用渠道主要是信息渠道和决策技巧。

(2)每一类内生变量及其包括的细分内生变量都可以被外生变量所激发。在"房屋攀比"变量、"理解能力"变量中,外生变量的作用方向有正有负。说明外生变量的调节既可以作为内生变量的正反馈变量,也可以作为负反馈变量。

(3)外生变量对内生变量影响程度的差异。在表 4-8 中,内生变量和外生变量之间形成稳定的中介效应有明显的区域性,从五类资本来看,主要的资本类型是社会资本和生态资本,两类资本中包含的稳定中介效应达到 18 个,占 28 个中介变量的 64.29%。另外,人力资本只有五个显著中介变量,金融资本有三个显著中介变量,分别占 17.86% 和 10.71%。

从内生变量的敏感程度来看,认知因素是最容易被外生变量所改变的因素。认知因素包括 13 个显著变量,占 28 个中介变量的 46.43%,其次是决策质量,有 11 个显著的中介变量,占 39.29%。这两个因素共有 24 个显著的中介变量,占 85.71%。

从这个结果可以清晰看出中国扶贫过程中的扶贫与扶志相结合的情况。在中国扶贫过程中,认知因素和决策变量是最重要的中介因素。促进这些显著的内生和外生变量的相互作用是中国扶贫和扶志得以成功的秘诀所在。具体而言,社会资本和生态资本的改变,影响认知因素和调整决策范围,从而对脆弱性产生影响。教育医疗等人力资本的因素也起了重要作用,但作用力度明显小于社会资本和生态资本。

　　由于社会资本和生态资本都与乡村性质和政府政策有着千丝万缕的联系。因此,要提高决策质量,还需要考虑这两个方面的因素。关于乡村性质和政府政策的分析将在第五章进行。

第五章　贫困户决策质量提升机制分析

当前,中国的精准扶贫和精准脱贫工作是在政府主导下进行的,而且主要是以乡村为空间展开的。由脱贫政策和乡村组成的外部条件的变化会对贫困户的行为选择产生重要的影响。因此,确定了贫困户的内生变量和外生变量及其相互作用机制之后,要提高贫困户的决策质量,形成提升机制,还需要考虑如何借助外力,以力打力,尤其是借助乡村和政府帮扶的力量推进扶贫脱贫工作。本章的主要任务是研究脱贫条件和决策质量之间的关系,重点阐述中国的贫困户将扶贫政策和乡村因素融合在生产和生活之中所做出的努力。

在现实生活中,确实有比较多的地区,通过激发乡村活力(比如协调贫困户的邻里关系,推动基层党建扶贫,等等)和改善政府行为(比如,如何提高扶贫资金的使用效率),使贫困户的资本存量得以增加,使其树立了积极向上的认知思维,同时为可能存在的认知偏差提供了保护机制,为巩固脱贫成果、提高脱贫质量提供了强大支撑。另外,作为农村的弱势群体,贫困户的行为和策略通常会受到周围大户和政府部门的影响,这些外部因素,既是贫困户进行决策的环境条件,也是其提升决策质量的外部动力。最后,无论是政府主导的脱贫政策和以乡村为基础的乡村帮扶①,还是"两不愁三保障"为目标的扶贫战

---

① 贫困户作为农村的弱势群体,经常受到大户或者精英行为的强烈影响。如果农村收入差距过大,就可以推测出贫困户的生活状态。但同时,贫困户可以通过邻里亲戚关系,从大户和精英那里获取外部信息和能量。用好自己的乡村因素既是贫困户决策的前提条件,也是其改善自己决策质量的外部动力。

略向乡村振兴战略对接和转变,都是在以农村为基础的符合中国国情的条件下展开的。因而,从贫困户决策质量视角分析中国的脱贫之路,应该对贫困户决策质量提升的外部条件的作用机制以及关键环节进行针对性的分析,也需要认真分析中国扶贫过程中对外部条件进行优化的规律和方式。

　　本章分三个部分进行研究①,第一个部分是研究乡村因素如何影响贫困户的决策质量,并进行计量分析,以确定具体的影响途径和方式;第二个部分是研究政府部门的一些帮扶措施如何影响贫困户的决策质量,并进行计量分析;第三个部分是同时对乡村和政府因素进行计量实证分析,寻找乡村和政府因素作用于内生变量和外生变量的中介途径,形成贫困户决策的时空图谱,为即将在第六章探讨金融工具创新提供一定的基础。

一、乡村因素对贫困户决策质量的影响

　　在精准扶贫过程中,乡村是贫困户决策的主要载体,也是贫困户决策的效率空间②。在《晏子春秋》中有句名言"橘生淮南则为橘,生于淮北则为枳",这句话表明相同的"橘",只要生长在不同的载体(是淮南还是淮北)上,就会出现明显不同的结果。

　　以此类推,相同条件的贫困户如果在不同性质的乡村谋求生存和发展,则他们决策的质量也会因为外部条件的变化而产生巨大差异。分析乡村因素相当于分析如何为贫困户决策构建更合适的载体,以作用于贫困户决策的内生

---

①　从计量分析的角度来看,本章的内容是分析(4-7)公式中 SZ 部分。本章技术设计安排是:首先根据精准扶贫的实际条件扩展 SZ 部分的内容,然后分析 SZ 与脆弱性的直接关系,再进一步分析 SZ 是如何通过影响内生变量和外生变量的中介环节进而间接影响到脆弱性的。从这个角度看,本章是第四章的一个扩展分析。

②　有的发展经济学著作中将乡村视为社区,认为社区是除了计划配置、市场配置之外的第三种资源配置方式,乡村或者社区的配置,依据的是乡村伦理互助关系。详见速水佑次郎(Yujiro Hayami):《发展经济学:从贫困到富裕》,社会科学文献出版社 2009 年版。

变量和外生变量,进而形成一种可以保障"橘"之为"橘"的机制。一旦建立起这样的载体,贫困户的决策就可以依据乡村因素从低效率的组合向高效率组合不断转型和升级,实现持久脱贫。

(一) 理论分析

首先将乡村决策集合 B 分为 B_1 和 B_2 两个子集,B_1 表示当地的党员干部、能人大户、合作社等(简称为大户,OD)的决策,B_2 是贫困户决策的集合。通常情况下,B_1 会对贫困户的决策产生重要影响,$B_2 = B - B_1$。前面提到,由于非贫困户的资源比较丰富,且他们资源的使用效率比贫困户高。如果贫困户可以共享主要由非贫困户控制的乡村资源,同时像非贫困户一样高效率使用这些资源,并与非贫困户形成相互合作关系,贫困户的决策质量就会进一步提高。为此,着重从三个方面进行分析:一是有多少乡村资源可以由贫困户共享(乡村发展水平和乡村产业条件),二是贫困户如何分享这些资源(互帮互惠的乡风文明,群策群力的乡村共治,等等),三是分享资源的机制如何得到保障(生态维护和基层组织建设)。下面就按照这个思路选择乡村因素并进行具体分析。

1. 乡村发展水平和产业基础。这是决定乡村有多少乡村资源可以共享或者乡村的经济基础有多雄厚。显然,在乡村发展水平(村平均收入)比较高的地区,基础设施和公共服务往往比较丰富、有效,有利于贫困户就近取材、树下乘凉,用乡村资源提高其决策总效用。另外,在发展水平比较高的乡村,总会出现比其他地区更多的、优秀的能人大户,他们具有丰富的市场经验和较多的财富。贫困户通过邻里之间的便利关系,与周围发展比较好的能人大户交流学习,容易获得更好的决策方法和决策程序,得到更多的资本禀赋。最后,乡村发展水平高的地区通常具有良好的产业基础,贫困户可以就近学习这些产业的基础知识并共享这些产业的基础设施,降低生产决策的风险,提高市场决策的收益。相反,在乡村发展水平比较低的地区,以上介绍的这些情况可能都不会出现。贫困户可能面临交通不便、信息不全的问题,他们的亲朋好友的市场经验也不丰富、家境也不富裕,对贫困户的帮扶能力也不高;贫困户对合作行为的认知往往更多依赖于传统习俗,更多地从事传统产业,获得的收益比较低、风险大,因此他们的决策质量难以在短时间内得到显著的提升。

乡村发展水平还涉及当地乡村与周围乡村的关系。如果周围乡村发展水平都比较高,他们就会从发展水平较低的乡村多渠道抽取资源,从而形成"虹吸现象"。反过来讲,对经济发展水平本就较低的乡村来说,一旦产生"虹吸现象",那么就会加重他们的发展困境,出现雪上加霜的状况。比如部分贫困村,尤其是深度贫困村,在精准扶贫之前,投入资源的使用效率比较低,也争取不到足够的财政资金,因而出现区域性的落后。精准扶贫政策实施之后,各个地区拿出专门的资金和资源,用于深度贫困村和重点贫困村的发展,使得乡村之间的竞争关系和逆向选择关系得到一定程度上的缓解。如果贫困村能够与周围乡村同步发展,甚至超过他们发展,就有可能进一步促进乡村之间的平衡发展,从而为贫困户提供一个良好的载体,贫困户就能够得到更充足的空间、时间和资源,去调节自身的认知空间,拓展各类资本条件,从而提高他们的决策质量。

2. 乡风文明和乡村共治。贫困户共享乡村资源(如果能够共享这些乡村资源,既可以提高内生变量的数量,也可以提高外生变量的数量)的途径主要有:一是基于乡村传统文化的互惠共利,比如相互捐赠、人情世故和邻里帮助;二是通过市场交易分享乡村资源,如承包、租赁以及入股参与农村合作社等新型市场经营主体,按劳/按资获得分红收益;三是通过完善村规民约和改善乡村治理条件,以保障贫困户分享公共资源和乡村发展成果的机会和合法性。

以上论述的这三种途径,在理论上存在互补的可能性。比如,贫困户可以通过亲情朋友和人情互惠来获得支持,通过入股合作社等获得分红收益,以及获得乡村设立的公益岗位等方式,实现"多层叠加"效应,降低脆弱性。然而,在农村社会中,收益与成本总是相扶相随,如果出现了"多层叠加"收益,也必然带来相关的"叠加"成本。在一定条件下,这些新增加的成本之间还可以在各类机制的缝隙中野蛮成长、循环累积,短时间内形成巨大的成本。

一般来说,在乡村内部,人情世故费用逐年升高,节庆消费的预期日益膨胀,已经挤占了大比例的消费资金。由于效率和机会不均等原因,贫困户和非贫困户之间的市场交易往往是不对等的,贫困户通常属于"卖啥啥便宜、买啥啥就贵"的那一方,因此贫困户参与市场交易容易出现亏损。贫困户与非贫困户在共享农村公共资源方面,由于农村财政等外部资源的短缺,导致那些能为农村带来更多公共资源的精英大户拥有更多的话语权,这些精英大户也就有较大的可能性得到较高比例的公共资源①。在精英治理的乡村,精英们通过制定不合理的村规民约,容易占据更多乡村公共资源的现象就更加普遍②,这便加大了贫困户被排斥、资源被俘获的可能性,降低了贫困户的资源竞争力。这些新增成本的不断累积,反映到收入层面,就是乡村内部的收入差距逐渐加大。

对于收入差距较大的乡村,如果长时间维持这种状态,容易形成一种对贫困户非常不利的文化或习俗。遗憾的是,当贫困户渐渐习惯这种文化或习俗,他们的贫困境遇会进一步强化。在认知模式的选择过程中,贫困户往往首先采用的是更符合传统文化和习俗的保守手段。当然,如果一些户籍在乡村的能人在城市经商"赚大钱",他们挣钱的能力越强,乡村收入差距也越大。但这种情况下的收入差距不一定会降低贫困户的脆弱性,反而会由于能人回乡创业或者反馈家乡使贫困户得到意外的关照,从而降低其脆弱性。乡村收入差距增加是否提高贫困户的脆弱性需要根据情形具体分析。

---

① 李祖佩:《项目进村与乡村治理重构——一项基于村庄本位的考察》,《中国农村观察》2013 年第 4 期。

② 在农村,经常可以发现乡村内部的道路是异常曲折的。仔细观察这些曲折之处可以发现,这些曲折是由于道路拐弯的结果。为了使得公共道路更适合精英的需要,笔直的道路就会出现曲折、拐弯的现象。提前安排足够的精力和资本来应对周围环境的变化,尤其是邻里纠纷以及周围大户发展所带来的负外部效应,比如垃圾和污染物。

3. 乡村组织和生态建设。这是贫困户得以分享乡村资源的保护机制。在这个机制上,有三个相互影响、彼此促进的因素,一是党员干部,二是乡村能人,三是基层组织。如果党员多且有力量,可以通过党员带动来维护贫困户的利益;如果乡村能人具有重要的家乡情结,愿意回乡投资和带动贫困户一起致富,那么贫困户也可以获得较好的外部生存环境;如果基础组织有力量、有方法,将贫困户拧成一股绳,也可以给贫困户增加乡村保障。如果三个方面的力量能够整合,贫困户分享乡村资源的保障能力就更强。

(1)党员干部。在农村,党员干部是一个非常特殊的群体。在这个群体中,有很多高龄党员,还有一些贫困户党员,他们不仅是农村乡风引领者和乡村治理的承担者,还是贫困户或远或近的、随时可能被请求帮忙的邻居亲戚。由于他们的社会影响力较大,他们的一举一动都会被贫困户看在眼里,落实在行为上,他们对贫困户的决策会产生重要的影响。在精准扶贫过程中,基层党组织往往可以通过"党建+合作社"等形式,将党员力量与能人大户联结起来,更好发挥党员的模范带头作用,成为贫困户决策的引领或者参照系,从而从主体和客体两个方面影响贫困户的决策。在一些地区,一些贫困户党员在工作中大公无私、乐观向上,在生活中积极与外界进行有效沟通,通过言传身教的方式对贫困户的行为改变起到了极大的推动作用[1]。在一些地区,党员干部会根据当地情况选择合适的形式来提升带动作用,比如将优秀党员的故事编成样板戏、三句半进行宣扬,带头传授传统武术、引领文明户评选等,强化了对贫困户的推动效果;党员干部还牵头成立各式各样的村湾便民服务队,设置环卫、设施、绿化、服务、协调等岗位,无偿上岗,就近解决贫困户面临的问题,引导贫困户的决策。

---

[1] 在湖南一个乡村,老支书就是一个贫困户,他有三个儿子,大儿子在集体经济时修水库把腿炸残了,二儿子开摩托车送乡亲去医院就医时摔坏了胳膊,小儿子外出打工不幸得了职业病(肺气肿),虽然他的生活艰难,但是他从来不占集体便宜,有人送点烟酒,他都充公到集体,作为集体活动经费。老支书的身体力行感染了众多乡民。在疫情期间,老支书带头送菜送饭,带领村民群策群力,把疫情阻挡在乡村之外,类似的例子还有很多。

（2）能人大户。能人大户大多具有雄厚的物质资本和人力资本,社会交往广泛,能说会道,资源丰富,也容易从其他地区得到资源,这些对贫困户决策都会产生直接或者间接的影响。能人大户的一些创新工作经常会成为贫困户喜闻乐道、刻意模仿的样本①。

能人大户常常可以"化腐朽为传奇",将一些贫困户不太看重的资源整合成价值很高的资源。比较典型的就是土地流转,在农村,很多荒着的土地和山林经常被认为是可有可无的资源,但通过能人大户的投资和开发,这些荒山或荒地就有了市场竞争力,带来了经济效益。在目睹了这些变化后,贫困户就会感叹,人与人的差别主要还是体现在思维上。这种真金白银的收益差距,会对贫困户的决策产生非常大的冲击作用。另外,能人大户与贫困户之间存在的利益联结关系,通过能人大户的引领和带动,可以同时影响贫困户的内生变量和外生变量,进而对贫困户的决策带来更为显著的影响②。

（3）农村基层组织。在改革开放后的一段时间内,农村基层组织老弱涣散,缺乏竞争力,干部待遇低,人才不愿意留在村内任职,村集体也没有收入来源,无法及时对农村公共事务进行实质性干预,农村事务的处理(包括扶贫在内),更多需要依靠党员干部的党性和人格魅力,依靠能人大户的善心,而不是基层组织的力量,因而农村基层组织对贫困户的决策影响较小,可持续性也比较弱。精准扶贫政策实施之后,有四个力量推动了农村基层组织建设:第一是村集体经济的恢复。目前大部分的基层组织,都有了 5 万元以上的村集体收入,基层组织可以利用这些收入设立公益岗位、红白理事会等,可以立竿见影地影响贫困户决策。需要说明的是,这些基层组织的收入大多是依靠光伏

---

① 梅继霞等:《经济精英参与对乡村治理绩效的影响机制及条件——一个多案例分析》,《农业经济问题》2019 年第 8 期。

② 在调研中发现,有一些乡村贫困户出外打工具有明显的区域性,大致可以分为北京团队、上海团队、贵阳团队、新疆团队等等。这些团队中主要领导人物都是乡村里面的能人大户,他们可以组建公司或者担保用工,提高贫困户的就业机会和工资水平。

发电分红等方式获得的,并不具有较强的持久性①。有的基层组织没有足够的能力去运行现有的集体资产,导致这些集体项目无法产生经济收益,则其对贫困户决策的影响就比较小。第二是创新了一些能够将能人大户、党员干部和贫困户力量融合的方式方法。例如,村集体倡导土地流转等经济行为,鼓励合作社、村集体公司发挥带头作用,推动贫困户开展生产活动。再例如,引导能人回乡任乡村干部②,将乡镇干部下沉,扩大乡村党员队伍,提高基层组织的战斗力,等等。第三是水电路网等基础建设,通过美丽乡村等项目的实施,提高了农村居民对乡村文化的再认识以及对建设乡村的热情,也促进了贫困户对乡村资源的重新认识和利用。第四是创新了一些组织机制,可以接纳扶贫工作队等外部资源③。

综上所述,村干部、基础组织的工作能力和工作内容都会对贫困户决策带来重要影响。

（二）　变量选择和一般统计分析

根据以上分析,从三个方面进行变量选择。

---

① 因为光伏发电这种集体经济的收入是在政府补贴情况下完成的,如果没有政府的补贴,这些光伏发电的企业会亏损,甚至倒闭。比如,光伏发电的成本价是 1.2 元/度,政府补贴 0.3 元/度,市场价是 1 元/度。如果政府不对光伏产业进行补贴(比如 0.3 元/度),那么发一度电就可能亏损 0.2 元。另外,一些光伏发电设备的管理水平较低,也会影响光伏扶贫的持续性。在一个乡村,光伏设备跳闸 6 个月后,还没人知道。一直到村支书去向电力公司收取电费时发现少了 6 个月,跳闸的事情才被发现。

② 《"红色头雁"展风采》,《光明日报》2018 年 7 月 4 日。

③ 2015 年 4 月,中央组织部、中央农村工作领导小组办公室、国务院扶贫开发领导小组办公室联合印发了《关于做好选派机关优秀干部到村任第一书记工作的通知》。在这个通知中强调,选派第一书记的重点范围是基层组织涣散软弱的乡村。第一书记的人选,要政治素质好、工作能力强、有相关工作经历,具有一定身体条件。这些派下去的第一书记在参加农办扶贫等部门开展的技能培训之后,在农村开展业务的能力将大大增强,而且他们思维敏捷,视野宽阔,极大提高了基层组织的工作能力。从政府部门来看,这是"六个精准"中的"因村派人精准",从贫困户的角度看,这是基础组织能力提升的表现,贫困户遇到问题有人管,管的人的能力也足够强,可以将所管理的事情管理好。

1. 在乡村发展水平和产业基础方面,选择村平均收入水平和乡村已有的扶贫项目(简称"扶贫项目")两个指标。村平均收入水平是乡村发展比较常用的一个指标,前文已使用过。显然,村平均收入水平越高,意味着乡村发展水平也越高。而扶贫项目的实施,均会不同程度地完善农村的产业基础以及水电路网都能固定资本投入规模。在扶贫过程中,各地先后出现了一批以扶贫车间、扶贫工厂等为标志的新产业,这些产业有的是材料加工,比如生产手套、衣服,也有的是对农产品进行深加工。扶贫项目也可以反映出一个乡村的产业基础。一般来说,种植养殖等扶贫项目开展地比较多,操作起来也比较容易。随着扶贫项目从旅游业和种养殖业向扶贫车间小额贷款逐步改变,可以说明当地的产业基础逐渐变好。在表5-1中,贫困户反映的村平均收入和非贫困户反映的村平均收入略有差异,这可能是样本选择导致的,因为在不同的乡村,贫困户的比例不一样,贫困户比较多的乡村,其均值就比较低。在扶贫项目上,贫困户参与的扶贫项目比非贫困户要多。可能是因为一些扶贫项目仅供贫困户参加,或者对贫困户的待遇比较高所致。

2. 在乡风文明和乡村共治方面。前文分析过贫困户在村民代表中的比例,该比例的高低能够反映出乡村共治方面的特征。如果该比例提高,贫困户在乡村共治中的参与程度也会因而提高。另外,前文分析到的人情互惠和人情比较也是乡风文明重要的方面。这里重点从村收入差距和利益联结两个方面选择指标。一个乡村的收入差距越大越容易引起贫富之间的矛盾和冲突,影响乡风文明的形成,另外乡村收入差距的变大也能反映出该地区市场活跃程度。市场活跃程度比较高的地区,收入差距就容易变大。贫困户与精英大户、党员干部、合作社等强势群体形成的利益联结,也可以作为乡风文明和乡村共治的一个重要度量变量。如果一个乡村能人大户和合作社能够发挥应有的作用,将为提高贫困户的决策质量、扩展行为方法带来重大帮助。

表 5-1　反映乡村性质变量的描述统计分析

指标	名称	调查问题与变量处理	贫困户		非贫困户	
			均值	方差	均值	方差
SZ3	村平均收入	贫困户所在村所有样本的收入对数的均值	8.76	0.31	8.84	0.35
SZ5	扶贫项目	就您所知,近两年村里发展了哪些扶贫项目?(多选,取先选的一个)1. 旅游;2. 种植;3. 养殖;4. 光伏电站;5. 扶贫车间;6. 小额贷款;7. 其他	2.28	0.91	2.23	0.79
SZ4	村收入差距	贫困户所在村所有样本的收入对数的方差	1.18	0.34	1.17	0.33
SZ6	利益联结	能人带动贫困户发展有多种方式,您认为哪一种最好?(单选)1. 通过"互联网+"来共享市场;2. 组建合作社联产共销;3. 信贷担保;4. 共用基础设施;5. 给贫困户订单;6. 其他(请注明)	3.05	1.47	2.98	1.553
SZ7	村干部能力	您觉得这一任村干部的工作能力怎么样?(单选)1. 非常好;2. 比其他村好一些;3. 差不多;4. 要差一些;5. 差不少	2.50	3.01	6.18	25.34
SZ8	村干部工作	这一任村干部的工作能力强主要体现在哪些方面?(多选,取先选的一个)1. 争取项目;2. 促进产业生产;3. 协调群众关系;4. 团结群众;5. 处事公平;6. 其他	2.58	1.42	2.36	1.51

资料来源:本书调研数据整理所得。

3. 在乡村组织和生态建设方面。从某种意义上讲,乡村组织和生态建设都是一种具有正外部性的商品,因此需要采取联合行动,才能增加有效供给。这个过程中,一个基层组织的活力和组织能力是采取联合行动的基本要求。上面提到,在一些地区,通过改善乡村干部的任命条件,将一些能人大户或合作社成员引入村干部的队伍中,提高了村干部的素质和工作能力。村干部工作能力的提高,一方面可以提高村集体收入,提供公益岗位等帮扶措施;另一方面可以提升村干部对贫困户的带动作用,促进乡村内部的合作。另外,村干部的主要工作内容能够反映出乡村组织和生态建设方面的进程或效率。在一些地区,垃圾分类处理以及退耕还林都是村干部的重要工作内容,也是贫困户新的收入来源(比如通过参与公益岗位得到工资收入),既促进了生态建设,还增加了贫困户的社会资本和物质资本。村干部的工作内容除了项目和收入之外,还应该按照团结和谐公平的方法,注重和群众的关系,时刻关注这些乡村资源是否能够倾斜到贫困户家庭,扎实推进扶贫资源进入贫困户的资本序列,提升贫困户的决策质量。

(三) 乡村因素的计量分析

在表 5-2 中,容易看出两个非常重要的结果。第一,以 w4000、w19 为目标变量的两个方程中,显著变量的个数和系数符号都是完全一致的,但是在以 w32 为目标变量的方程中,则没有发现显著变量。这说明乡村因素对农民的显著影响是有等级的,目前我们分析和看重的主要是 4000 元左右的贫困线级别。第二,在前文所述三个方面的乡村因素中,每一方面的因素都是显著的,说明每一种乡村因素的变化对贫困户决策质量都有显著影响,因此应该引起重视。

在扶贫项目这个变量中,从旅游项目向扶贫车间等项目转化一个等级,贫困的脆弱性就会上升 0.033 个对数单位,相反,如果扶贫项目多向旅游和种养植等传统农业项目倾斜,有利于降低脆弱性,提高贫困户的决策质量。具体原因可能是,贫困户的文化程度不够,市场经验匮乏,而扶贫车间本身的市场竞争力就比较弱,属于低收入行业,同时还对贫困户的进入门槛有一定的要求和限制。相反,对于种养殖这种贫困户比较熟悉的行业,更容易提高经营收入,扩展决策范围,提升资本使用效率。比如种植茶叶和生产服饰,贫困户更容易接纳种植茶叶,同时种植茶叶的盈利可能性也更大,对脆弱性的影响就提高了。

在村收入差距这个变量上,收入差距加大提高了脆弱性。这和前文的分析比较一致,这里就不再赘述。

在乡村生活互惠、生产互助的环境中,无论是从伦理价值,还是从市场竞争和入股合作来讲,贫困户是竞争力比较弱的群体,收入差距的增大意味着非贫困户从贫困户身上获得的收入和资源就比较多,回流给贫困户的收入和资源就比较少,容易增大贫困户的脆弱性。这个结论与大部分学者的研究一致。在利益联结上,如果贫困户采用"互联网+"或参加合作社等强经济联系的利益联结,会降低其脆弱性,当采用的是订单等弱经济联系的利益联结时,其脆弱性就会提高。在订单等弱经济联系的利益联结中,贫困户从能人大户和合作社中获得的收益比较少,享有的权利和分红比例也比较低,改善其生存状态的效果自然会小一些。

在村干部工作内容上,如果村干部每天忙于调解纠纷、维护公平等非营利性项目,会提高贫困户 0.02 个对数单位的脆弱性。相反,当他们的主要精力用于积极申请项目和进行产业发展时,贫困户的脆弱性就会降低。在实际情况中,农村的公平团结和矛盾纠纷往往与收入发展水平密切相关,与村干部解决纠纷的能力密切相关。如果乡村能够获得项目,得到产业知识,意味着乡村的发展状况有了保障,村干部解决纠纷的能力和资源就相应提高,对贫困户的帮扶力度和帮扶效果也会得到改善。

表 5-2　乡村因素的计量分析结果

	w4000		w19		w32	
	系数	t	系数	t	系数	t
（常量）	1.036	1.573	0.904	1.411	0.092	0.152
村平均收入	−0.046	−0.665	−0.033	−0.484	0.055	0.862
扶贫项目	0.033	1.76	0.033	1.809	0.02	1.158
村收入差距	−0.19	−2.977	−0.166	−2.668	−0.065	−1.114
利益联结	−0.022	−1.897	−0.022	−1.982	−0.014	−1.318
村干部能力	−0.006	−1.014	−0.005	−0.829	−0.005	−0.981

续表

	w4000		w19		w32	
	系数	t	系数	t	系数	t
村干部工作	0.029	2.441	0.02	1.74	−0.011	−0.997
R^2	0.04		0.03		0.02	

资料来源:本书调研数据整理所得。

二、政府部门对贫困户决策质量的影响

政府部门对贫困户决策的影响,可以简化为扶贫政策对贫困户决策的影响①。在精准扶贫过程中,政府的主导作用毋庸置疑。政府部门不仅提供了较多的外部帮扶资源,还会派遣第一书记和工作队到村里进行现场指导和管控,及时纠正贫困户的错误决策,提升贫困户的决策质量。因此,可以从三个方面分析扶贫政策对贫困户决策质量的影响:第一个方面是扶贫目标和脱贫目标,以此可以确定政府扶贫工作的主要内容;第二个方面是政府派遣的 200 多万专职扶贫干部、40 多万名驻村第一书记,在扶贫工作中,他们上门沟通,献计献策,直接影响贫困户的决策;第三个方面是扶贫政策通过乡村因素对贫困户产生的间接影响。这种间接影响有时也会表现得比较突出,在一些地区,作为第一书记的驻村工作队队长和村党支部书记、村干部一起组成尖刀队,尖刀队在落实扶贫政策的过程中,将扶贫政策以更紧密、更多样化的方式融入乡村日常工作中,潜移默化地影响着贫困户的决策过程和决策选择。

——————

① 政府部门对贫困户的影响方式和内容非常之多。比如,有政府干部接穷亲戚式的联结,也有政策宣传激发贫困户内生动力方面的工作,也有水电路网等基础设施等。这些政策虽然没有直接被称为"扶贫政策",但它们确实是贫困户决策的影响因素。而从影响力大小和范围来看,被直接称为"扶贫"的扶贫资源和派遣扶贫工作队这两项政策,对贫困户的影响更大。

（一）扶贫政策对贫困户决策质量的影响

第一章中已经对部分扶贫政策进行了相关介绍,表 5-3 对中国知网和百度搜索上的信息也进行了梳理。这两处的资料都显示,扶贫工作是近些年政府工作的热点,而且主要分为六个方面,每一方面都对应着很多子项目,每一子项目都有相应的政策文件支持。在"五级书记一起抓"的政治大格局下,社会扶贫、产业扶贫等多种扶贫方法都逐渐投入到扶贫实践过程中,扶贫工作已经渗透到社会的方方面面。部分地市甚至提出要以扶贫为重点,统筹当地经济发展,说明了扶贫工作的重要性和影响力。客观上讲,就扶贫的每一项政策对贫困户的影响进行全面的分析几乎是不可能的。为了抓住重点,这里仅从扶贫工作的目标、扶贫工作队以及扶贫工作对乡村的影响等三个方面进行理论分析。

1. 扶贫工作任务对贫困户决策质量的影响。扶贫工作是以"两不愁三保障"为基本目标展开的。在以"两不愁三保障"为目标的扶贫政策中,贫困户的吃穿不愁是首要问题。众所周知,饥饿和营养不良是贫困最常见的表现形式,也是各国扶贫领域极其关注的一个问题,但是由于贫困户的吃穿需求具有多样性和个体化趋势,由政府来解决这些个体化和多样化的需求,限于信息不对称等原因,效果往往不会很好。2010 年以来,中国农村地区的吃穿不愁这个"两不愁"问题已经基本解决,在 2019 年的湖北调研样本中,贫困户感觉"不愁吃"的比例达到 99.5%,2019 年自家生产的粮食达到 853.9 斤/人,贫困户粮食储备的均值是 4.9(1 是很少,7 是非常丰富),选择 1(储粮很少)的比重只有 0.8 %①。大部分贫困户家庭都有冰箱或者冰柜,且都在正常使用。吃粮方面基本不存在问题。在中国的精准扶贫中"两不愁"指标中还新增加了一个"吃水要不愁"这个亚指标。另外,各地区通过集中供水和分散供水相

---

① 在乡村交通条件改善后,有些家庭有现吃现买的习惯,觉得没有必要储存太多粮食,因此出现了 0.8%也不能说明当地没有完成"两不愁"的脱贫要求。

结合的方法,使贫困户使用自来水的比重达到 79.3%,做饭用水的水质处于很好和较好(常年有水但偶尔有浑浊)的比重达到 96.2%,贫困户的吃水问题已经得到了很大程度的缓解。无论是针对国际上的"两不愁"还是增加吃水不愁的扩展后的"两不愁"目标,现在都已经解决或得到根本性的缓解。那么,可以推测,这类政策的变化,对贫困户决策的质量就不会再产生显著影响,因此这里重点分析"三保障"方面的内容对决策质量的影响。"三保障"方面的扶贫投入在扶贫中的占比最大、重要性最高,也是当前社会普遍关注的主要问题,具有较高的扶贫目标的代表性。

表 5-3 政府工作的热点

两不愁三保障				内生动力				备注
影响因素	社会关注度	学术关注度（2019年）	扶贫政策取向	影响因素	社会关注度	学术关注度（2019年）	扶贫政策取向	
贫困户的收入	7600000	51		民族特色	12600000	74	开展扶志行动	
贫困户的吃水	388000	12		文化扶贫	9360000	82	开展扶志行动	
贫困户的吃油	516000	13		精神扶贫	13000000	75	开展扶志行动	
贫困户的医疗健康	2200000	33	深入实施	扶贫宣传	14250000	86	开展扶志行动	
贫困户的教育	3810000	63	着力实施	深度贫困			开展扶志行动	
贫困户的住房	3860000	29	加快推进					
产业扶贫				2020 年后的多维贫困				
文化产业	2330000	83	营造良好氛围	人力教育	7460000	39	支持	
发展旅游业	2730000	47	支持	社会关系能力	1150000	27		
政策倾斜	4180000	95	加大政策倾斜	相对贫困	9230000	29		

续表

两不愁三保障				内生动力				备注
影响因素	社会关注度	学术关注度（2019年）	扶贫政策取向	影响因素	社会关注度	学术关注度（2019年）	扶贫政策取向	
发展教育	3810000	77	着力实施	贫困治理	13500000	56		
特色农业	2800000	94	鼓励支持	城乡贫困互动	18200000	14		
创业扶贫	10900000	84	加大产业扶贫					
脱贫质量和可持续性				对接乡村振兴				
返贫	18000000	27		美丽乡村	8990000	55	加强生态扶贫	
脆弱性	256000	26		合作社	11600000	57	鼓励支持	
科技扶贫	7310000	37	实施科技扶贫计划	家庭农场	4460000	37	鼓励支持	
"互联网+"	5240000	24	加大支持	特色养殖业	5600000	109	鼓励支持	
基层组织建设				电商扶贫	5780000	40	支持	
基层党的建设	28200000	309	加强改善党的领导	土地管理	11200000	23	加强支持	
基层领导作为	29000000	153	加强改善	城乡一体化	3450000	33	推进	
乡村风气	27900000	37	改善	村集体组织	29000000	29	建强	
收入差距	28900000	18	缩小	国家治理	15100000	45		
				社会公益组织	28600000	279	激励、大力开展	
…	…	…	…	…	…	…	…	

资料来源：根据百度等搜索引擎和中国知网的数据整理所得。

分析"三保障"问题，需要对社会保障的性质进行简单说明。众所周知，社会保障制度的建立和完善，是人类社会的一大进步。相比于非贫困户，贫困户体弱多病的可能性更大，应对风险的能力更差，更有可能成为社会保障制度的主要帮扶对象和受益者。在现有的保障制度中，低保、五保、养老等保障手段可以缓解甚至抵消贫困户的各类风险冲击。虽然社会保障制度具有反贫困的性质,但是它本身并不是因为贫困而产生的,也不是当前扶贫政策所独创的。扶贫政策中的"三保障"政策,实际上是在现有保障基础上进行拓展后形成的,具体表现为面更宽、网更密、力更大。换句话说,"三保障"政策主要是在"更"上做文章,是"普惠"社会保障基础上的"特惠"型社会保障。

(1)教育保障。精准扶贫政策实施之前,教育保障主要是依据《义务教育法》进行的,贫困户得到的教育资源较少,学费等教育支出的比例较高,高昂的学费是贫困儿童上不起学、上不好学的重要制约因素,直接导致了贫困户家庭的孩子辍学、失学的现象。精准扶贫政策实施之后,教育保障形成了一个包括为贫困家庭的学生减免学费、提供营养早餐、免住宿费、进行精神鼓励,以及针对贫困户中成年人的产业培训和就业培训等完整的保障体系,特别是在以下几个方面还有重点强化:如针对学龄儿童的教育,如何防止辍学,如何让残疾儿童也能参加教育,如何降低学校对贫困户家庭孩子的入学条件,如何提高贫困户重视教育支出的程度,等等。在本研究的调研数据中,2018年贫困户家庭需要的教育培训费用的中位数位于1000—1万之间,此范围占比37.9%,而个人教育培训实际支出在1000元以下的比重达到43.6%,教育扶贫使得贫困群众的教育负担迅速下降,愿意送子女读大学的比重达到75.5%。

教育扶贫提高了贫困户适龄儿童的入学率以及贫困户的产业知识水平,增加了他们的人力资本存量,促进了人力资本与其他资本之间的联系,巩固了贫困户决策质量的资本基础。教育扶贫也对贫困户的内生变量产生影响,比较典型的是认知行为的调整。上过学的孩子无论成绩如何,都会使用手机和电脑,比较容易接触网络信息,这为贫困户家庭拓宽了信息获取渠道,为其了解周围的变化情况、扩大认知比较的范围、纠正决策内容等均提供了很大的帮助。教育扶贫同时也是隔断贫困代际传递的重要手段,部分地区把教育扶贫和产业扶贫相结合,作为扶贫工作的主要内容,由此可以看出其重要性。

当然,教育扶贫过程中也必然面临着一些问题,突出问题就是贫困户所在的乡村大部分都撤销了中小学设置,贫困户居住地一般都距离中心学校较远,这就新增加了包车上下学和住校等孩子的上学成本。教育支出的增加,相当于减少了贫困户的收入,可能会提高他们的脆弱性。另外,教育收益率的下降,也降低了贫困户弥补教育缺口的动力,容易出现教育贫困。

(2)医疗保障。重病、残疾是当前我国贫困群众中最主要的贫困致因,在贫困户中的占比达40%以上,部分县市甚至超过80%。高昂的医疗费用是贫困群体"小病扛,大病倒"的重要原因。医疗保障是解决这个问题的基本方法。首先,在医疗补贴下,现在的医疗费大幅度下降,贫困户患一般疾病可以正常医治,人力资本容易得到维持和改善,其他资本也不会被过度挤占。在本研究的湖北调研数据中,2018年农村贫困家庭年均医疗总花费维持在5000元左右;通过基本医保、大病保险、医疗救助、补充医保等报销之后,住院贫困户个人实际支付在1000元以下,提高医疗报销比例就节约了贫困户的医疗成本,从而为增加其他资本提供了便利。比如,2018年、2019年医疗报销费用超过1万元的贫困家庭,其人均可支配收入分别达到7490.5元、7496.5元,高于两倍贫困线标准。说明身体疾病和住院等支出不再成为影响收入波动的重要因素。另外,身体的健康程度是影响贫困户认知和决策改变的重要因素。比如,健康状况欠佳的贫困户容易产生恐惧心理,将更多的注意力都集中在自己的身体上,无暇去关心其他方面,缩减自己的决策范围,导致决策质量下降。"医疗有保障"在降低贫困户对疾病的恐惧、保持积极健康的心态上可以起到根本性的促进作用①。

在医疗扶贫或者健康扶贫中,也存在对贫困户的决策产生负面影响的可能。比如,住院报销比例高达90%以上的地区,容易出现"小病大治"现象,导致政府医疗资源的使用效率下降,降低了整个乡村的医疗服务能力,也减少了贫困户参与正常生产经营的时间,养成了"等靠要"的思想。从长期来看,过

---

① 积极心态也对身体健康有推动作用。有资料显示,一个人如果快乐,体内就会分泌出一种激素,提升身体状态。一个人如果抑郁、郁闷,那么身体状况就会随之下降。

度的医疗保障可能反而会降低贫困户的身体条件,导致其人力资本存量的下降。健康扶贫保证了每个乡村都有村卫生室,也保证了每个村至少有一名村医,但就调研情况来看,在如此大力度的医疗补贴条件下,贫困户很少有愿意去村卫生室看病的,宁愿花费一定路费和时间去镇上或市里的大医院去看病,导致很多村医疗资源的浪费。

(3)住房保障。在相当长的一段时间内,危房改造政策是中国农村主要的住房保障政策。危房改造政策一般是一个家庭一生中只能享受一次,规模在3000元—16000元不等。扶贫过程中贫困户享受到的危房改造的规模都有所增加,但是增加的比例和规模远远比不上易地搬迁政策。在一些地区,在易地搬迁上的投入可谓相当惊人。在2019年的调研县市中,仅在易地搬迁中的投入就高达几十个亿,而易地搬迁投入上亿元的乡镇不在少数。易地搬迁又分为两种形式,一是集中安置,政府统一规划,统一建设,周围几个乡镇的搬迁贫困户都集中居住,形成规模不等的安置点。二是分散安置,贫困户自主选择搬迁的地点和建筑风格,政府按每人25平方米的建设标准进行补贴。

住房扶贫对贫困户的决策质量会产生直接效应和间接效应。一些贫困群众由于地处荒僻,信息闭塞,交通不便,他们的决策空间和范围都比较小、比较传统,难以适应当前的市场环境。通过易地搬迁等住房保障政策,贫困户可以一次性解决交通、信息等诸多问题。相比于居住在原住址,住在宽敞明亮的新住址会使贫困户多一些决策的底气,使其重新考虑决策的内容,改变决策的成本,提升决策总效用。在不少地区,政府部门能够及时引入一些企业对村庄进行投资,重新装修乡村的传统村落和一些老旧房屋,使它们重新焕发生机,产生经济效益,从而使贫困户决策的范围和内容发生较大的改变。在这种情况下,贫困户在决策时会有意无意将自然环境以及减轻污染考虑其中,愿意与其他村民一起思考、一起行动,将个人行动转换为集体行动,群策群力提高住宅价值。另外,贫困户在新的地区住上新住房,他们的关注点和决策方式也会发生改变,甚至为人处世的态度都开始发生根本性的改变。住进搬迁房所带来的认知行为上的改变以及资源资本的变化,其影响是长久的。

最后,住房项目安排和监督的权力下放也为贫困户决策提供了练兵场。众所周知,决策质量的提高,有一部分依靠的是个人的经验和阅历。只有经历过类似问题,才会有切身的感受,在决策时才不至于手足无措、盲目决策。在当前的扶贫住房项目的安排过程中,政府部门通过权力下放,让更多的贫困户参与,鼓励他们在民主评议和班组会上讨论,从而提高了他们的观点转变为现实的可能性;驻村干部和工作队也为这种想法的改变提供了力所能及的帮扶。在驻村工作队和第一书记填写的扶贫手册以及他们的工作日志上,能够清晰地感受到这些贫困户的想法是如何由不成熟转变为成熟、由不熟悉转变为精通的。

需要特别说明的是,住房扶贫也会对贫困户的决策质量产生负面影响。以易地搬迁为例,贫困户普遍感到难以适应搬迁前后的生活变化。比如在原住房,整个山坡都是自家的,自己的物品可以随意堆放,但是到了安置点内的新住房,与邻居家的住房离得比较近,如果自家的东西随便放就会产生邻里纠纷,散漫的生活习惯也影响邻里关系,不利于社会资本的积累。另外,还存在住房债务问题,有些贫困户的建筑住房大大超过了易地搬迁 25 平方米/人的标准,超标的住房就需要自费搭建,这无形中就增加了贫困户负债的可能性。在没有新增收入来源的情况下,住房债务的提高,就会提高其脆弱性。

2. 驻村工作队和扶贫干部。上面提到过,当前驻村第一书记有 40 多万名,驻村工作队有 200 多万名,这些同志长期执行的是五天四夜的工作制度(也有的地区是六天五夜的工作制度)。他们长期驻守在农村,与贫困户朝夕相处,走家串户,及时捕捉到贫困户决策方面的不足,并给予具体的指导。当贫困户因为决策失败导致血本无归,丧失了继续投资、继续奋斗的勇气时,工作队和帮扶干部就会主动进行劝解和指导,提供必要的保险等手段,为贫困户的生产经营、产业发展免除后顾之忧。

与此同时,严格的考核制度督促着扶贫干部,加快了他们融入农村、融入贫困户的决策过程。为了提高扶贫效果,驻村工作队和帮扶干部还会利用自己的人脉和社会关系,为贫困户争取更多的政策支持、项目支持,提高贫困户的社会资本和生态资本①。

一些研究也为驻村工作队和扶贫干部工作方法提供了理论依据。当然,如果部分驻村工作队和扶贫干部承诺给贫困户的帮助过高,调高了贫困户得到不劳而获收益的预期,也会提高贫困户的脆弱性。

3. 扶贫政策对乡村的影响。扶贫政策从以下几个方面对乡村产生影响:首先,贫困问题本身就是乡村工作中必须面对但又难以解决的问题,而扶贫工作是乡村建设中最薄弱的环节。从这个角度看,扶贫政策也是乡村发展的政策。现在有比较多的学者关注精准扶贫和乡村振兴的对接问题。按照对接的字面理解,既然是对接,肯定说明两者之间存在一定关联。在这类研究过程中,扶贫和乡村振兴的对接,就包括了扶贫政策对乡村事务的拓展方面的研究。目前来看,扶贫政策影响乡村的判断是一致的,扶贫政策对乡村产生了实质性的正向影响,影响程度可以用翻天覆地来形容,比如基础设施的改善、乡村治理的巩固、农村干部素质的提高以及其他公共服务的均等化水平等。其次,在一些贫困乡村,村支书和驻村工作队经常被戏称为"夫妻",用以说明驻村帮扶人员已经融入到村集体的工作之中,与村支书等村干部一起为乡村的发展出谋划策。帮扶干部和驻村工作队成员同时兼具了强工作能力和高行为素质,他们在农村基础组织建设中的参与,无形中就提升了乡村的人力资本和吸引扶贫项目的能力,也保证了服务贫困户的水平。最后,扶贫工作开展以来,村部等基础设施得到改善,村干部的办事效率和工作方式也得到较大的提高。

扶贫政策对乡村也存在负面影响。由于扶贫政策过度向贫困户倾斜,容

---

① 一些研究也为驻村工作队和扶贫干部工作方法提供了理论依据:让扶贫干部到贫困户家中坐一下,这种帮扶方法可能要优于单纯给予金钱的帮扶。因为扶贫干部到家里坐一下,既能显示家庭的社会地位,还能给那些准备欺压贫困户的人带来一定威慑,贫困户能够通过与干部的座谈来调整自己的思维方式和看待问题的方法,从而产生更大的勇气去努力改善生活。这种既有真金白银的付出,又能够让贫困户感到帮扶干部的关心的复合的帮扶手段效果更好。

易导致"争当贫困户"现象频繁出现,影响了乡村稳定;扶贫政策过程中不透明、精英俘获现象的出现,扩大了贫困乡村的收入差距,也会提高贫困户的脆弱性等。

(二)　指标选择与一般统计分析

1.指标选择。根据上文的理论分析,扶贫政策方面主要选择"三保障"的指标。具体而言,选择一个总量指标以分析政策帮扶的总力度,使用的指标是政策转移性收入占总收入的比重。这个指标在第四章中已进行了说明,转移性收入占比上升,增加了贫困户应对外部风险的能力。与此同时,转移性收入占比越高,意味着其他方面的生产性收入占比越低(转移性收入这种不劳而获的收入越高,勤劳致富的收入就随之下降)。长此以往,转移性收入占比过高会对整个生产和经营带来消极的影响。这个指标的系数是否显著、方向如何,取决于正负两个方面的力量对比。在"三保障"方面,选择三个负向指标:教育保障方面选择教育支出中自身支出的占比,医疗保障方面选择医疗总支出中自身医疗支出的占比,住房保障方面选择房屋建设总投入中自建住房的支出占比。显然这三个指标的提高都会提高贫困户的脆弱性。

在驻村工作队和帮扶干部方面,选择干部帮扶和扶贫手册是否完整两个指标。在扶贫过程中可以发现,一些贫困户并不善于对外沟通,常以朴素的方式对帮扶干部的工作表示感激和信任、愤怒和排斥,在决策中使用比较认知的情况比较多。如果贫困户开始依靠合作社和扶贫干部,而不是家庭成员和亲戚关系,可以说明扶贫工作和工作队方面的努力有成效。另外,驻村工作队和帮扶干部有义务完善扶贫手册,而扶贫手册的完善程度也是扶贫干部工作的考核内容之一。扶贫手册越完整,也就意味着驻村工作队和帮扶干部的制度性和程序性较强,工作效率也就会更高。驻村工作队和帮扶干部工作效率的提高会体现在贫困户的决策内容和方法上,最终通过贫困户的脆弱性反映出来。

2. 政府因素变量的一般统计分析(详见表5-4)。在表5-4中,非贫困户的教育支出明显高于贫困户,说明当前农村教育支出仍然偏高。在自身支出的教育费用上,贫困户支出的下降幅度并不比非贫困户高很多,说明我国当前的教育补贴、住宿费减免等政策并没有显著降低贫困户的教育支出水平。在医疗支出方面,贫困户的医疗支出明显高于非贫困户,但是自费的比例却明显低于非贫困户,说明医疗补贴的幅度比较大。在住房扶贫方面,在易地搬迁的政府帮扶补助上,贫困户要比非贫困户高了将近十倍,贫困户的自建费用也比非贫困户低700元左右,说明易地搬迁政策对贫困户的倾斜力度非常大。

表5-4 政府因素的变量选择与一般统计分析

指标	名称	调查问题与指标说明	贫困户		非贫困户	
			均值	方差	均值	方差
SZ1	转移收入占比	政策性转移收入占年收入之比(转移收入占比):用以分析扶贫政策对贫困户的支持力度	0.22	0.46	0.089	0.23
SZ9	教育自费比例[B1/(A1+1)]	A1教育支出:您家一年的教育和培训费用大约需要多少钱?(单位:元,单选)1.1000以下;2.1000—1万;3.1万—5万;4.5万—10万;5.10万以上	1.68	0.91	1.99	1.13
		B1自身教育花费:您家一年的教育培训开支中自己出了多少钱?(单位:元,单选)1.1000以下;2.1000—1万;3.1万—5万;4.5万—10万;5.10万以上	1.66	0.99	1.97	1.19

指标	名称	调查问题与指标说明	贫困户		非贫困户	
			均值	方差	均值	方差
SZ10	医疗自费比例〔B2/（A2+1）〕	A2 医疗支出:您家一年的医药开支（包括住院、吃药、理疗）大约花费了多少钱?（单位:元,单选）:1.1000以下;2.1000—1万;3.1万—5万;4.5万—10万;5.10万以上	2.13	0.96	1.99	0.93
		B2 医疗自支出:您家一年的医药开支中自己出了多少钱?（单位:元,单选）1.1000以下;2.1000—1万;3.1万—5万;4.5万—10万;5.10万以上	1.7	0.87	1.78	0.84
SZ11	住房自费比〔3/（A3+b3+b4+1）〕	A3 政府搬迁补助（单位:元）	21809.08	42689.67	2396.12	13502.1
		B3 搬迁自建支出（单位:元）	1041.73	9405.89	1724.14	18569.5
		B4 领取危房款（单位:元）	3925.56	7993.26	863.95	3631.01
SZ12	干部帮扶	近几年,对您家帮助最大的是?（选两项,取第一项）1.扶贫干部;2.扶贫工作队;3.技术人员;4.企业合作社;5.邻居亲戚;6.家庭成员的努力;7.银行和信用社;8.其他	6.48	1.48	5.83	1.42
SZ13	扶贫手册是否完整	受访户的扶贫手册等材料的完备情况:很少--1--2--3--4--5--6--7-->很丰富	4.81	1.36		

资料来源:本书调研数据整理所得。

与此同时,贫困户得到的危房改造资金大约是非贫困户的四倍,危房改造资金也明显倾向于贫困户。在干部帮扶变量上,贫困户选项的均值在亲戚朋友和家庭成员之间,说明扶贫干部和扶贫工作队以及合作社还没有形成合力,根本性地进入贫困户的生产生活之中,但是精准扶贫之后,贫困户遇到问题,找扶贫干部帮忙解决的比例要高得多。在扶贫手册是否完整这个指标上,贫困户的比例是 4.81,处于中等偏上的水平,说明扶贫干部工作的程序性和制度性较好。

(三) 政府因素对贫困户决策质量影响的计量分析

在表 5-5 中,在以 w4000 和 w19 为目标变量的两个模型中,六个自变量中有三个变量的系数通过了 10% 的显著性水平检验,分别是政府转移收入占比、教育自费比和干部帮扶变量。政府转移收入占比这个变量在三个方程中都是显著,系数的大小和符号都保持一致。政府扶贫力度的增加,对贫困户脆弱性产生显著的影响。政府转移性收入占比的提高,意外地提高了贫困户的脆弱性,转移性收入占比每提高一个单位,贫困户脆弱性就提高 0.13 个对数单位,这个比例是非常大的。其中的原因可能是,转移性收入占比的提高相当于降低了生产性收入占比,安逸性收入的比例越高,对生产积极性的消极影响越大;另外,转移性收入占比的提高是由于一些转移性项目的收入过高,使得贫困户发生了相反的预期,导致转移性收入占比的指标并没有像预期那样降低贫困户的脆弱性。在"三保障"的三个变量上,只有教育自费比这个指标通过了 5% 的显著性水平检验,而且也符合预期,即自费的比例提高一个单位,贫困户的脆弱性就提高 0.13 个单位。在教育支出普遍压力比较大的情况下,贫困户的自费比例越高,脆弱性自然越高。结合教育保障和转移性支付占比的关系来看,对正系数的转移性支出占比可以作如下解释:教育扶贫使贫困户的子女可以被录取到更好、更远的学校上学,进而就会大幅度增加贫困家庭的教育支出,即便是减免了学费和学杂费等费用,贫困户自费的比例还是有可能上升,因而就会提高贫困户的脆弱性。医疗扶贫也具有类似的效果,遗憾的是医疗自费比这个指标并没有通过显著性检验。可能的原因是,贫困户享受医疗保障后,降低了贫困户的脆弱性,但是享受的比例过高也会导致他们出现小病大治的行为,从而提高了脆弱性,两个力量相互比较,使得医疗保障不再显著了。在住房保障方面,建房自费比变量的系数是负数,由此说明,搬迁住房中贫困户自费比例的提高,贫困户建设了比政策要求标准更好的房子,更好的住房可以通过抵押途径形成物质资本等,增加了贫困户的资本存量,扩大了决策范围,从而能够降低贫困户的脆弱性。

干部帮扶这个变量通过了10%的显著性水平检验。由此可知驻村工作队越是被贫困户所看重,贫困户的脆弱性就越小(每提高一个单位,脆弱性就下降0.02个对数单位)。这个事实也与理论预期相符。扶贫手册是否完整这个变量上,在三个方程中的系数不一致,说明制度性和程序性的工作有一个拐点。但是这个判断没有通过显著性检验,是否成立还需要进一步研究。

表5-5　政府因素的计量回归分析

	w4000		w19		w32	
	系数	t	系数	t	系数	t
(常量)	0.12	1.01	0.168	1.461	0.376	3.526
转移收入占比	0.13	3.603	0.146	4.169	0.186	5.719
教育自费比	0.253	2.984	0.214	2.606	-0.032	-0.416
医疗自费比	0.056	0.65	0.059	0.709	0.048	0.622
建房自费比	-0.434	-1.583	-0.415	-1.563	-0.35	-1.417
干部帮扶	0.02	1.745	0.018	1.652	0.012	1.139
扶贫手册是否完整	0.005	0.367	-0.001	-0.078	-0.009	-0.781
R^2	0.044		0.047		0.058	

资料来源:本书调研数据整理所得。

综上所述,扶贫政策和扶贫组织都对贫困户的脆弱性产生显著的影响,其中教育保障和驻村工作队的帮扶对降低贫困户的脆弱性产生了显著影响,但是贫困户获得较高的转移性收入占比会提高其脆弱性。

三、乡村和政策因素对脆弱性的联合影响

在现实生活中,如同扶贫干部与村支书被看作是"夫妻"一样,扶贫政策和乡村因素对贫困户的影响也是难以分开的。从贫困户角度向家庭外面看,乡村因素和扶贫因素都是"他人"/外部条件。为了详细分析乡村因素和政府因素的联合效果,分三个方面进行研究:一是将所有的乡村因素和政策因素一并放入模型中进行计量分析,以分析这些因素相互融合的程度,以及这些因素的显著性;二是使用中介变量法分析乡村和政策因素是如何影响贫困户的内生变量和外生变量的,借此确定乡村因素和政策因素的作用方式和作用渠道;三是分析扶贫政策影响乡村因素的作用方式和渠道。最后将这三个方面的因素综合起来分析,探讨乡村因素、扶贫政策以及贫困户内生变量和外生变量的相互关系,以得到全面准确的乡村—政策—贫困户(内生变量和外生变量)相互变化的逻辑关系,为随后的帮扶政策的设计提供理论依据。

(一) 乡村和政策因素对贫困户决策质量的联合作用

表5-6 政府和乡村因素对贫困户决策质量联合影响的计量回归分析

	w4000		w19		w32	
	系数	t	系数	t	系数	t
(常量)	0.618	0.916	0.555	0.848	0.194	0.317
村平均收入	−0.04	−0.575	−0.029	−0.436	0.034	0.544
扶贫项目	0.031	1.716	0.032	1.822	0.023	1.358
村收入差距	−0.166	−2.603	−0.142	−2.299	−0.059	−1.02

续表

	w4000		w19		w32	
	系数	t	系数	t	系数	t
利益联结	−0.023	−1.989	−0.023	−2.066	−0.015	−1.467
村干部能力	−0.001	−0.17	0	−0.078	−0.005	−0.952
村干部工作	0.028	2.386	0.019	1.688	−0.012	−1.151
转移收入占比	0.124	3.459	0.14	4.044	0.183	5.616
教育自费比	0.248	2.867	0.208	2.48	−0.056	−0.714
医疗自费比	0.029	0.335	0.036	0.433	0.034	0.439
建房自费比	−0.481	−1.765	−0.449	−1.697	−0.305	−1.229
干部帮扶	0.02	1.731	0.019	1.714	0.013	1.29
扶贫手册是否完整	0.003	0.245	−0.002	−0.159	−0.008	−0.727
R^2	0.077	—	0.074	—	0.071	—

资料来源:本书调研数据整理所得。

对比分析表5-2、表5-5和表5-6可以看出,在表5-2和表5-5中显著的变量在表5-6中依旧显著,而且符号保持一致(系数的大小略有变化)。在表5-6中,表示住房保障的系数通过了10%的显著性水平检验。住房自费比例的提高意味着房屋质量和规模的上升,说明贫困户积累了更多资本,社会地位也在提高,脆弱性也就降低了。

(二) 乡村和政策因素对贫困户决策质量的中介变量法分析

计量结果见表5-7和表5-8。在表5-7中,乡村因素和扶贫政策因素中只有代表教育保障的教育自费比变量没有通过10%的显著性水平检验,其他变量的显著性和符号都和表5-6保持一致。在贫困户的内生变量中,认知因素和决策内容因素的变量通过了10%的显著性水平检验,与第二章的结论保持一致。在外生变量中,代表社会资本和生态资本的变量通过了10%的显著性水平检验。由此说明,乡村因素和扶贫政策因素,很可能是通过影响内生变量中的认知因素和决策内容因素,以及外生变量中的社会资本和生态资本,来达到影响贫困户决策质量的效果。

将乡村因素和扶贫政策因素作为目标变量,对贫困户的内生变量和外生变量进行计量回归分析,回归结果见表5-8。为了简化对表5-8的分析,仅仅保留通过10%显著性水平检验的变量,为表5-9。

表5-7　政府和乡村因素对决策质量的内外生变量的计量回归分析

	w4000		w19		w32	
	系数	t	系数	t	系数	t
(常量)	0.315	0.453	0.281	0.414	0.09	0.139
风险态度	0.007	0.479	0.008	0.542	0.009	0.659
穿衣问题	−0.001	−0.061	−0.003	−0.271	−0.007	−0.616
穷人类型	−0.063	−2.178	−0.061	−2.176	−0.059	−2.211
房屋攀比	0.053	1.947	0.054	2.05	0.031	1.244
技术渠道	−0.013	−1.261	−0.011	−1.088	0.003	0.357
三权时间	0.012	0.821	0.014	0.981	0.008	0.626
理解能力	−0.01	−0.728	−0.013	−0.946	−0.008	−0.611
独立意见	−0.009	−0.861	−0.007	−0.749	0.013	1.465
风险决策	−0.012	−1.179	−0.011	−1.108	0.001	0.081
遭遇风险	−0.003	−0.306	−0.001	−0.054	−0.008	−0.831
致富行业	0.021	1.962	0.019	1.829	0.007	0.706
子女前途	0.051	2.47	0.048	2.423	−0.01	−0.509
居住拥挤	0.002	0.149	0.003	0.205	0.021	1.474
教育支出	0.032	1.492	0.023	1.112	−0.033	−1.638
医疗补贴	2.08E−06	1.426	2.01E−06	1.416	2.34E−06	1.73
祝贺人数	0.021	1.627	0.019	1.497	0.008	0.684
流入平整	0.053	2.276	0.056	2.466	−0.01	−0.47
流出平整	−0.089	−2.046	−0.1	−2.364	0.017	0.419
生态环境	0.069	2.673	0.057	2.276	−0.014	−0.573
卧室整洁	−0.022	−1.481	−0.016	−1.102	−0.01	−0.691
自建消费比	−0.044	−0.951	−0.044	−0.972	−0.037	−0.845
信贷规模	0.005	1.391	0.004	1.115	−0.001	−0.209

续表

	w4000		w19		w32	
	系数	t	系数	t	系数	t
村平均收入	-0.031	-0.451	-0.022	-0.326	0.04	0.61
扶贫项目	0.025	1.339	0.025	1.415	0.025	1.489
村收入差距	-0.147	-2.27	-0.121	-1.926	-0.053	-0.877
利益联结	-0.015	-1.324	-0.017	-1.464	-0.017	-1.578
村干部能力	-0.007	-1.074	-0.005	-0.729	0	-0.059
村干部工作	0.028	2.376	0.019	1.654	-0.01	-0.865
转移收入占比	0.088	2.278	0.104	2.754	0.147	4.07
教育自费比	0.128	1.307	0.114	1.195	-0.02	-0.219
医疗自费比	0.013	0.156	0.021	0.25	0.011	0.134
建房自费比	-0.127	-0.322	-0.107	-0.278	-0.078	-0.212
干部帮扶	0.019	1.69	0.019	1.677	0.016	1.468
扶贫手册是否完整	0.008	0.659	0.003	0.263	-0.008	-0.671
R^2	0.17	—	0.14	—	0.11	—

资料来源:本书调研数据整理所得。

在表5-9中,乡村因素和扶贫政策因素都对贫困户的内生变量和外生变量产生了显著影响。在表5-9中最后一行,分别将每一种乡村因素和扶贫政策因素对应的显著变量的个数进行了统计,乡村因素显著的变量是26个,其中显著的内生变量有11个,显著的外生变量有15个。相比而言,扶贫政策的显著变量是20个,其中显著的内生变量有8个,显著的外生变量有12个。总体来看,乡村因素对贫困户决策质量的影响力度和范围要大于扶贫政策因素。

另外,乡村因素和扶贫政策因素对每一类内生变量和外生变量都有显著性影响。根据表5-7和表5-9,可以确定的中介途径有四条:村收入差距—房屋攀比(-0.046)、村收入差距—流入平整(-0.041)、村干部工作—致富行业(-0.06)、干部帮扶—子女前途(0.14)。具体解释为:(1)乡风文明和治理因素显著影响贫困户认知因素的调整(决定贫困户与谁比、如何比)和社会资本

表5-8 政府和乡村因素对内外生变量的计量回归分析的中介关系

	村平均收入		扶贫项目		村收入差距		利益联结		村干部能力		村干部工作		转移收入占比		教育自费比		医疗自费比		建房自费比		干部帮扶		扶贫手册是否完整	
	系数	t	系数	t	系数	t	系数	t	系数	t	系数	t	系数	t	系数	t	系数	t	系数	t	系数	t	系数	t
风险态度	0.02	1.58	0.005	0.172	-0.001	-0.063	0.04	0.87	0.12	1.20	0.12	2.33	0.02	1.45	-0.01	-1.35	0.00	-0.01	0.00	-0.25	0.04	0.82	0.00	-0.058
穿衣问题	0.01	0.87	-0.015	-0.595	-0.004	-0.407	0.00	0.07	0.09	1.10	-0.06	-1.60	0.03	2.29	-0.01	-1.30	0.01	1.02	0.00	-0.70	0.05	1.30	0.04	1.069
穷人类型	0.03	1.51	-0.017	-0.259	-0.006	-0.257	0.10	1.00	0.15	0.76	0.01	0.13	0.03	1.08	-0.02	-1.14	0.00	-0.20	0.00	0.67	0.01	0.13	0.02	0.248
房屋攀比	0.06	2.71	-0.036	-0.609	-0.046	-2.073	0.20	2.07	-0.18	-0.98	0.04	0.40	0.04	1.49	0.02	1.30	0.02	1.61	0.00	-0.35	0.10	0.99	-0.11	-1.187
技术渠道	-0.01	-0.98	0.006	0.276	0.029	3.569	-0.03	-0.92	0.11	1.68	-0.01	-0.32	-0.01	-1.13	-0.01	-3.00	0.00	0.36	0.00	-1.52	-0.07	-1.99	0.07	2.081
三权时间	0.00	-0.13	-0.009	-0.287	0.006	0.494	-0.05	-0.98	0.07	0.64	0.02	0.47	0.01	0.43	-0.01	-1.40	-0.01	-0.67	0.00	-0.37	-0.01	-0.09	0.09	1.915
理解能力	0.00	-0.12	-0.034	-1.111	-0.005	-0.395	-0.02	-0.46	-0.03	-0.31	0.07	1.54	-0.02	-1.46	-0.01	-0.73	0.01	0.69	0.00	1.60	0.08	1.54	0.16	3.475
独立意见	0.00	0.09	0.027	1.229	-0.017	-2.088	0.07	1.90	-0.09	-1.25	-0.09	-2.53	0.00	0.36	0.01	1.23	0.00	-0.26	0.00	0.09	0.02	0.43	-0.03	-0.945
风险决策	0.01	1.71	0.023	1.025	-0.005	-0.635	0.04	1.06	-0.02	-0.22	-0.07	-1.90	0.00	-0.19	0.00	-0.11	-0.01	-1.41	0.00	0.67	0.03	0.93	0.02	0.574
遭遇风险	0.01	0.61	0.073	3.371	-0.01	-1.252	0.06	1.62	-0.01	-0.07	0.01	0.42	-0.01	-0.43	0.00	0.97	0.00	-0.41	0.00	2.06	-0.03	-0.73	-0.07	-2.03
致富行业	-0.01	-1.28	0.036	1.557	-0.013	-1.544	-0.06	-1.60	0.09	1.22	-0.06	-1.68	0.01	1.10	0.01	1.52	0.00	0.68	0.00	1.61	0.00	0.04	0.01	0.198
子女前途	0.01	0.44	-0.001	-0.011	-0.004	-0.244	0.06	0.75	-0.17	-1.19	0.04	0.50	0.02	1.07	0.00	0.07	0.01	1.25	0.00	-0.30	0.14	1.88	0.00	0.042
居住拥挤	0.00	-0.05	0.021	0.622	0.017	1.376	0.07	1.39	-0.12	-1.13	-0.05	-0.86	0.03	2.06	0.02	2.72	0.00	-0.61	0.00	1.48	-0.11	-2.02	0.02	0.439
教育支出	0.01	0.95	0.091	2.215	-0.009	-0.58	-0.10	-1.49	0.89	6.86	-0.01	-0.16	-0.03	-1.44	0.08	9.62	0.00	0.44	0.00	1.05	-0.04	-0.55	-0.09	-1.422
医疗补贴	0.00	1.58	-3.18 E-06	-1.059	-1.62 E-06	-1.441	0.00	-0.14	0.00	0.05	0.00	-0.60	0.00	9.91	0.00	1.24	0.00	-0.05	0.00	0.14	0.00	-0.98	0.00	-0.043

续表

	村平均收入		扶贫项目		村收入差距		利益联结		村干部能力		村干部工作		转移收入占比		教育自费比		医疗自费比		建房自费比		干部帮扶		扶贫手册是否完整	
	系数	t	系数	t	系数	t	系数	t	系数	t	系数	t	系数	t	系数	t	系数	t	系数	t	系数	t	系数	t
祝员人数	0.01	0.47	-0.026	-0.938	0	-0.035	-0.10	-2.18	0.04	0.49	-0.10	-2.27	0.01	0.36	0.02	3.16	0.02	3.76	0.00	0.58	-0.07	-1.44	0.06	1.312
流入平整	0.01	0.30	0.159	3.107	-0.041	-2.158	-0.10	-1.25	0.38	2.37	0.05	0.59	0.02	0.79	-0.01	-0.70	-0.01	-1.06	0.00	-0.12	-0.07	-0.78	0.09	1.143
流出平整	-0.02	-0.50	-0.231	-2.424	0.075	2.11	0.34	2.24	0.14	0.46	-0.10	-0.65	-0.01	-0.17	0.02	0.88	0.03	1.58	0.00	-0.35	-0.12	-0.74	-0.12	-0.832
生态环境	0.03	1.27	0.105	1.83	-0.011	-0.534	-0.01	-0.07	0.30	1.66	0.09	1.02	0.01	0.46	-0.01	-1.01	-0.01	-0.94	-0.01	-1.97	-0.04	-0.41	-0.05	-0.581
卧室整洁	0.01	0.63	-0.007	-0.2	-0.006	-0.445	-0.02	-0.31	-0.03	-0.31	-0.07	-1.40	-0.01	-0.59	-0.02	-2.30	0.00	0.58	0.00	-2.22	0.05	0.89	0.00	0.08
自建消费比	-0.02	-0.73	-0.018	-0.261	0.003	0.127	-0.05	-0.43	0.42	1.89	0.07	0.60	-0.03	-0.77	0.02	1.55	-0.01	-0.58	0.09	26.33	-0.03	-0.23	0.27	2.557
信贷规模	-0.01	-3.77	0.005	0.63	0.007	2.308	-0.03	-2.12	0.04	1.36	-0.01	-1.05	0.00	-1.11	0.00	0.98	0.00	-1.32	0.00	1.01	-0.03	-2.03	-0.01	-0.596
R^2	0.07	—	0.05	—	0.07	—	0.08	—	0.15	—	0.05	—	0.18	—	0.19	—	0.05	—	0.50	—	0.06	—	0.07	—

资料来源：本书调研数据整理所得。

的积累。(2)乡村基层组织建设影响贫困户决策内容的变动。基层组织越倾向于拉项目搞产业,贫困户的决策内容就越向种养殖业等传统行业靠拢。(3)扶贫干部的工作效率越高,对贫困户的引导作用越强,贫困户的决策内容就更加充实,子女也会将公务员、商人等职业纳入对未来的预期中。

最后,乡村因素和扶贫政策因素对决策质量的内生变量的影响具有明显的差异性。(1)在内生变量的认知因素方面,乡村因素明显优于扶贫政策因素,其中,乡村发展水平、乡村治理水平对贫困户的认知调整更为明显。(2)在贫困户的信息因素方面,扶贫政策的因素明显优于乡村因素,扶贫政策的制度化和程序化(扶贫手册是否完善),可以促进扶贫工作队和帮扶干部及时提供给贫困户准确和有效的外部信息,教他们如何读懂这些信息,这些都有利于贫困户增加信息渠道、提高信息处理能力。(3)在贫困户的决策技巧方面,乡村因素明显优于扶贫政策因素。乡村发展水平、乡村治理能力和村干部的工作内容都是显著影响贫困户决策技巧的变量。贫困户决策技巧的改善需要一定的外部环境,乡村发展水平越高,乡村治理能力越强,意味着乡村中贫困户和非贫困户之间的利益联结和社会联系比较多,村干部工作也相对全面和公正,均有利于鼓励贫困户积极发表自己的意见,并形成独立自主的判断。(4)在决策内容方面,乡村因素和扶贫政策因素各有优势。乡村因素中主要通过村干部的工作方法来改变贫困户的决策内容,而在扶贫政策方面,主要通过扶贫干部和驻村工作队的工作来改变贫困户的决策内容。显然贫困户决策内容的改变主要是通过"人"的互动沟通来完成的。

在外生变量方面,情况与内生变量相似,乡村因素和扶贫政策因素的作用区域存在明显差异:(1)在物质资本积累方面,扶贫政策因素的作用力度明显高于乡村因素,这与两种因素的资源多少是有直接关系的,扶贫政策的资源丰富,而乡村资源往往比较少,前者对贫困户物质资本积累的推动力量就比较大。(2)在人力资本方面,乡村因素和扶贫政策因素都有显著影响,但是扶贫政策因素的影响明显优于乡村因素。虽然说乡村因素中,通过发展扶贫项目

表5-9　乡村因素和扶贫政策因素对贫困户内外生变量的中介关系简表

	村平均收入	扶贫项目	村收入差距	利益联结	村干部能力	村干部工作	转移收入占比	教育自费比	医疗自费比	建房自费比	干部帮扶	扶贫手册是否完整
风险态度												
穿衣问题							0.03					
穷人类型												
房屋攀比	0.06		-0.046	0.20								
技术渠道			0.029		0.11			-0.01			-0.07	0.07
三权时间												0.09
理解能力												0.16
独立意见			-0.017	0.07		-0.09						
风险决策	0.01					-0.07						
遭遇风险		0.073			0.89					0.00		
致富行业						-0.06						
子女前途											0.14	
居住拥挤							0.03	0.02				
教育支出		0.091						0.08				
医疗补贴							0.00					
祝贺人数				-0.10		-0.10	0.01	0.02				

续表

	村平均收入	扶贫项目	村收入差距	利益联结	村干部能力	村干部工作	转移收入占比	教育自费比	医疗自费比	建房自费比	干部帮扶	扶贫手册是否完整
流入平整		0.159	-0.041		0.38							
流出平整		-0.231		0.34								
生态环境		0.105			0.30					-0.01		
卧室整洁								-0.02		0.00		
自建消费比					0.42					0.09		0.27
信贷规模			0.007	-0.03							-0.03	
显著变量个数	2	5(1+4)	5(3+2)	5(3+2)	5(1+4)	4(3+1)	4(1+3)	5(1+4)	0	4(1+3)	3(2+1)	4(3+1)

资料来源：本书调研数据整理所得。

194

和提高村干部的能力均可以提升贫困户的工作水平,增加他们的人力资本,但是人力资本的增加量不及扶贫政策推动下的教育保障等手段所形成的人力资本量。(3)在社会资本方面,农村因素具有独特的优势,在九个显著变量中,乡村因素占到七个。在农村这个熟人社会中,乡村人际关系、村规民约以及制度规范对贫困户社会资本的形成起到主要的推动作用。(4)在生态资本方面,扶贫政策的因素优于乡村因素,这主要是由于生态资本具有一定的外部性,扶贫政策可以调控更多的资源在更大范围内进行干预,比如易地搬迁安置点的建设和选址方面所体现的政府力量,是乡村因素所不能比拟的。(5)在金融资本方面,乡村因素和扶贫政策因素对贫困户决策质量的影响大致相同。六个显著变量中各占三个。由此可知,使用金融的工具来影响贫困户的决策,可能需要同时考虑乡村和扶贫政策两个方面的因素。

(三) 政策与乡村关系的进一步分析

在当前的行政体制下,扶贫政策对乡村的影响要大于乡村对扶贫政策的影响。换言之,扶贫政策是影响贫困户决策的更有力量的外部条件,那么就需要进一步分析扶贫政策是如何影响乡村因素的。以扶贫政策为目标变量,分别对乡村因素的各个变量进行回归,详细结果见表5-10,简化后的结果见表5-11。

表5-10 政府和乡村因素相互关系进一步分析(中介关系)

	转移收入占比		教育自费比		医疗自费比		建房自费比		干部帮扶		扶贫手册是否完整	
	系数	t	系数	t	系数	t	系数	t	系数	t	系数	t
(常量)	-0.44	-0.59	1.52	4.99	0.93	3.03	0.18	1.92	7.68	3.33	1.76	0.82
村平均收入	0.083	1.07	-0.09	-2.81	-0.02	-0.83	-0.02	-1.93	-0.19	-0.79	0.27	1.20
扶贫项目	-0.011	-0.54	0.008	0.888	-0.01	-1.37	-0.00	-0.18	0.03	0.463	0.074	1.224
村收入差距	-0.04	-0.62	-0.08	-2.66	-0.08	-2.71	-0.01	-1.41	-0.18	-0.82	0.143	0.686
利益联结	0	-0.04	-0.01	-1.14	-0.01	-1.45	0.01	0.48	0.155	3.852	0.05	1.327

续表

	转移收入占比		教育自费比		医疗自费比		建房自费比		干部帮扶		扶贫手册是否完整	
	系数	t	系数	t	系数	t	系数	t	系数	t	系数	t
村干部能力	-0.001	-0.12	-0.01	-5.16	-0.00	-0.76	0.001	1.54	-0.03	-1.52	-0.01	-0.68
村干部工作	0.007	0.513	-0.004	-0.779	0	-0.085	0.002	1.172	0.094	2.27	0.076	1.964
R^2	0.09		0.06		0.02				0.04		0.02	

资料来源:本书调研数据整理所得。

在表5-11中,六个表示扶贫政策的变量,有五个变量的系数通过了10%的显著性水平检验,因此它们都具有一定的中介效应。同时分析表5-6和表5-11,可以确定有三个中介路径(八个显著变量):教育保障—乡村治理(-0.08)、驻村工作队和帮扶干部—乡村治理(0.155)、驻村工作队和帮扶干部—基层组织建设(0.094)。在三条中介路径中,驻村工作队和帮扶干部占到了两条,说明驻村工作队和帮扶干部的工作起到了比较好的效果;关于乡村治理的因素也有两条,说明乡村治理因素在乡村因素中也具有重要的地位。

表5-11 政府和乡村因素相互关系的进一步分析(简表)

	转移收入占比		教育自费比		医疗自费比		建房自费比		干部帮扶		扶贫手册是否完整	
	系数	t	系数	t	系数	t	系数	t	系数	t	系数	t
(常量)												
村平均收入			-0.09	-2.81			-0.02	-1.93				
扶贫项目												
村收入差距			-0.08	-2.66	-0.08	-2.71						
利益联结									0.155	3.852		
村干部能力			-0.01	-5.16								
村干部工作									0.094	2.27	0.076	1.964
R^2	0.09		0.06		0.02				0.04		0.02	

资料来源:本书调研数据整理所得。

下面对这三条中介路径进行解释:(1)教育保障—乡村治理(-0.08)。贫困户的教育自费比例提高,意味着有更多的学生到更远、更好的学校去上学,而非贫困户则会投入更多的教育资源(比如陪读和培优),以便能考取更好的学校,导致非贫困户的教育支出的比例更快地增长,从而降低了贫困户和非贫困户之间的收入差距。(2)驻村工作队和帮扶干部—乡村治理(0.155)。驻村工作队和帮扶干部的工作效率越高,贫困户和非贫困户之间的沟通就越容易,利益联结方式越利于向深度合作的方向转变。(3)驻村工作队和帮扶干部—基层组织建设(0.094)。贫困户对帮扶干部的依赖程度越高,帮扶干部便会承担更多产业项目申报和发展的工作,减轻了村干部的工作压力,村干部就有更多的精力处理乡村的日常事务,更大程度保证公平公正,大大提升了村基层组织建设的效率。

通过第二章至第五章的分析,得出了贫困户决策过程中的内生变量和外生变量的作用方式和范围,找到了内生变量和外生变量之间的相互关系,并进一步分析了乡村因素和扶贫政策因素对贫困户内生变量和外生变量的影响,以及扶贫政策与乡村因素之间的相互影响。毫无疑问,这些影响都会围绕着贫困户发生作用。为了简化研究结论,以图5-1表示如下:

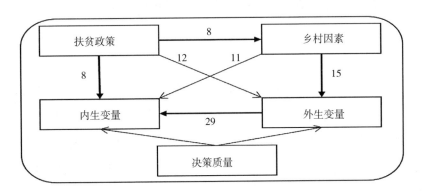

图 5-1　贫困户内生变量、外生变量以及乡村因素、
扶贫政策因素的相互关系

图5-1标示出了贫困户的内生变量、外生变量、乡村因素、扶贫政策因素相互关系的渠道数。从中可以看出:(1)扶贫政策起到根本性的推动作用。

扶贫政策对内生变量和外生变量的直接关系共有 20 个,并且有 8 个变量影响到乡村因素。(2)乡村因素对贫困户内生变量和外生变量的影响共存在 26 种关系。(3)贫困户内生变量和外生变量之间的相互关系在所有关系中占据中心地位(有 29 个相互关系)。

从相互关系的内容上看,(1)扶贫政策主要是通过其对贫困户的倾斜性来影响乡村治理的,并通过派遣工作队的方法来增强乡村组织的建设能力;(2)乡村因素主要是通过提高贫困户的社会资本和生态资本来影响贫困户的外生变量,通过贫困户的认知调整和决策内容的扩展来影响贫困户的内生变量;(3)外生变量对内生变量的影响主要是通过贫困户的认知调整和决策内容的扩展来实现的。

由此可知,提高贫困户决策质量的途径可以分为三大类:第一类是依靠贫困户内生变量和外生变量之间的关系,来提高贫困户的决策质量;第二类是将内生变量和外生变量和乡村因素结合在一起,依靠相互促进关系来提高贫困户的决策质量;第三类是同时考虑扶贫政策的调整、乡村性质的改变以及贫困户内生变量和外生变量的相互关系,提高贫困户的决策质量。虽然第三类途径容许的设计空间大、潜力大,并且将扶贫资源和扶贫政策均涵盖其中,具有明确的政策含义,但是这种工具跨度大,连接多而复杂,短时间内不容易达到预期的政策效果。

从长期来看,第三类策略具有独到的优势。在市场经济中,第一类方法最容易实施,但这类方法容许的策略变化空间较小,与乡村和扶贫政策的距离较远,长期的政策效果有限。第二类方法具有更高的可操作性,当前一些致力于提高贫困户决策质量的方法,多少都与第二类方法有关系,金融扶贫过程中,小额贷款的创造和推广,可以看作是第二类方法的一种应用。根据本章的结论,创新金融工具就可以依据这三类方法进行。为此,接下来的第六章将重点阐述第一类和第二类的工具创新,第七章重点阐述第三类的工具创新,第六章和第七章可以看作是本理论成果的一个应用。

第六章 贫困户决策质量提升的
金融工具创新

在分析了贫困户决策质量的内部机制和外部条件之后，如何提升贫困户的决策质量，仍然是一个待解的问题。因为身处贫困陷阱中的贫困户，并无自我脱贫的能力，即便是离开贫困陷阱的脱贫户，他们的返贫可能性也比较大。本章重点论证在什么样的金融工具支持下，贫困户利用好决策质量的内部机制和外部影响机制，就可以继续提高其决策质量。这是广义上的金融工具创新问题。

根据图 5-1，为了研究可以在市场条件下在乡村范围内运行的金融创新工具，需要借助金融工程学的一些基本思想，以使图 5-1 中的主要环节能够持续发生作用。

金融工具创新的基本思路见图 6-1。金融工具创新的起点是外生变量，目的是通过市场手段、乡村因素提高某一类或者几类外生变量，进而激活外生变量和内生变量的相互机制，促进内生变量的改变，最后再由内生变量反过来增强外生变量，从而形成一种反馈机制，达到在金融工具帮助下决策质量可以能够自我提升的目的。

在本章的金融创新工具中，主要考虑工具内容和工具价格两个方面、内生和外生两个维度、理论和实证两个手段（即 2×2×2 型的分析框架）进行分析。

在这个分析框架中,将以保险工具(金融资本)为起点的金融创新工具称为保险类金融工具,将以信贷和抵押工具(物质资本和金融资本)为起点的称为信贷金融工具,将以人情费使用(社会资本)为起点的称为人情类金融工具。相比现有的扶贫工具,本书的创新之处在于金融创新工具可以同时作用于贫困户的外生变量和内生变量,而不是仅限于外生变量或者促进内生变量。从这个方面看,本书的研究试图在一定程度上弥补缺乏促进内生变量和外生变量相互作用的金融工具这个缺陷,并增加了执行步骤,使得创新工具更容易推广使用。

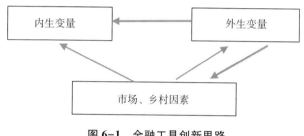

图 6-1　金融工具创新思路

一、保险类金融工具设计

(一) 保险类金融工具创新的基本思路

在现代化的市场经济中,依靠市场竞争及其市场利益调整提高贫困户决策质量可能是所有提升方式中"最省事""效率最高"的一种。如果贫困户能够充分与市场打交道,而不过度依赖于周围群众以及村干部、驻村工作队等"外部人",就可以有效规避困境,使整个决策调整有迹可查,强大的市场竞争将倒逼贫困户去熟悉市场运行的方法和策略,调整认知行为,改善决策内容,积累和配置各类资本,从而使其决策水平尽快向市场平均水平靠拢。在市场条件下,保险类金融工具的创新,在保险人和贫困户之间形成利益联系,不需要乡村部门和扶贫部门的深层次、多方位的参与,仅仅凭借市场条件和市场竞争机制来实现。在这种机制中,贫困户还可以根据自身条件从多种费率中选择适合的费率,构建多种合约形成利益联结,因此具有广泛的社会和经济基础。

另外,保险类金融产品本身具有扶贫救弱的属性,保险也是社会保障制度的核心工具之一。这些工具的运行本质上是由"幸运""有实力"的个体购买保险产品(支付保费)来帮助"不幸""没有实力"的个体。常见的养老保险(年轻人帮助老年人)、失业保险(有工作的人帮助没有工作的人)等社会保障项目均是如此。

保险类金融工具创新的思路也是如此,即"有经济实力"和"幸运"的非贫困户/社会群体支付保费来帮助"无经济实力"和"不幸"的贫困户(获得赔偿)。这些保险类产品创新的关键是以什么理由从"幸运"者那里将资源转移出来,形成贫困户的资金保障。贫困户主要关注的保险类金融工具的属性,分别是从幸运者那里转换了什么(保险什么、如何保险)以及支付什么代价(支付保费)等两个主要方面。贫困户愿意参加的扶贫保险(参保意愿)和支付保费意愿之间存在一定的相互关系,参保意愿越强,也越愿意支付较高水平的保费,但是决定参保意愿和支付水平的因素并不总是保持一致,尤其是考虑贫困户认知行为调整的情况更是如此。保险类金融工具的创新思路详见图 6-2。

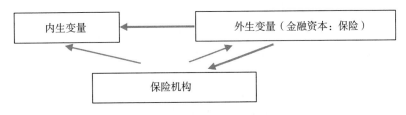

图 6-2　保险类金融工具创新思路

根据第五章的分析,贫困户决策质量涉及如何转变贫困户的认知行为方式,拓展贫困户的决策内容,以及提高贫困户的人力资本、生态资本和社会资本积累等相关内容。金融创新工具就能够将这些显著变量组合成可以运行、前后相继的保险工具。在图6-2中,贫困户决策变量之间的相互关系是:贫困户的外生变量中的金融资本与保险机构之间形成市场交易关系。通过市场交易和竞争关系,贫困户从市场中增加金融资本,进而通过金融资本影响某一类或者两类的内生变量的提升,最后达到提高贫困户决策质量的目的。

(二) 现有的扶贫保险工具分析

在图6-2中给出了保险类金融工具机制的设计思路。如何将这些思路转变为实际可操作的金融产品,各地区都需要结合实际条件进行创新性使用。目前,有两类保险类金融工具创新的使用比较普遍,经过各地区的创新性拓展,适应性较强,得到了贫困户的普遍认可。

1. 当前保险类扶贫工具的典型案例及其述评

(1)防贫保险。用保险方式调整贫困户对灾、对病等意外风险的预期,满足贫困户的应急资金需求,并且通过保险人的监管和赔付条件认知,逐渐让贫困户明确其市场权则利关系以及市场运行规则,可以实现一举多得的作用效果。通俗一点讲,防贫保险就是在贫困户的收入等关键福利指标低于制定的贫困标准(如贫困线)时就可以得到相应补偿从而使收入保持在贫困线以上的一种保险。例如,一位贫困户,由于外部冲击使得收入下降到2000元/年,贫困线设定为4000元/年,如果他有防贫保险的保障,就可以领取到2000元(4000-2000=2000元)的补偿,从而使得他的收入水平不低于贫困线标准。

比较典型的例子有:2017年10月,河北省魏县县委、县政府联合太平洋产险河北分公司推出了"防贫保",对因病、因学、因灾等致贫因素和返贫因素的变化进行保险保障。2017年湖北省扶贫办等印发了《关于印发〈湖北省人保财险"扶贫保"工作实施方案〉的通知》(鄂政扶发[2017]13号),并在湖北数个县市进行推广。2018年10月,江西省定南县与太平洋财产保险股份有限公司签订"防贫保"项目协议,受益对象覆盖全县 16 万非贫困户群众。2018 年 12 月,人保财险单县支公司和单县扶贫办签署《精准防贫保险框架协议书》。就本研究调研的情况看,江西省实施防贫保险的普及性和认可度要高于湖北省,而湖北省又高于河北省。

（2）意外保险。贫困户对意外事故的应对,经常表现为无能为力的状态,每次应对意外事故都会耗损贫困户不少的资本积累。贫困户在多次预防和经历意外的过程中又会强化自身的保守行为。在大部分情况下,防贫保险中包括意外保险,但是意外保险又可以独立使用,需要单独分析在湖北恩施地区,将人均年收入在农村扶贫标准 2 倍以下的人群都设为可能资助对象,将因病因灾、因意外伤残等出现的返贫因素都设立在保险范围内,每人每年保费是 20 元,只要个人申请、乡镇核实、民主评议通过就可以去保险公司办手续,最高赔付比例可达到 50%（总额达到 1 万元）。截至 2019 年 11 月 21 日,宣恩县的保险公司已经赔付贫困户 3.54 万元。在湖北的崇阳县,在保灾的基础上,还增加了"保价"内容,实现的是"保灾+保价"扶贫双保险方案。其他一些可能导致贫困家庭生活水平下降的因素,也都包括在保险范围内,比如农房保险、社会治安农村组合保险、精神病人伤人政府救助保险、在校生人员伤亡保险等。

（3）产业防贫保险。相比非贫困户,贫困户的投资经营风险也是其遇到相对较多的一类风险,还经常由于其他原因引发更多风险、造成亏损,形成次级灾害。在湖北省,部分县市实施了产业防贫保险,可以有效降低生产经营中的风险。比如,湖北省宣恩县实施的是"农业产业扶贫一揽子保险",将种植一亩以上的农作物和养殖的畜禽作为保险标的物,具体包括中药材（一年保费 1500 元）、育肥猪（一年保费 1000 元）等 13 种。一旦因病因灾出现一定程度（中药材是 30% 损失率以上,育肥猪是 20 公斤以上）的损失就开始赔付,保证种植养殖能够不失本、不"失血"。截至 2019 年 11 月 21 日,宣恩县的保险公司赔付给贫困户的金额已累计达到 164.77 万元。

2. 现有保险类金融扶贫工具述评

根据图6-2,当前的保险类扶贫金融工具主要是保险机构—金融资本(贫困户买的保险)之间进行市场交易,在产业保险和意外保险中将市场交易关系扩展到(金融资本—物质资本)范畴,涵盖部分物质资本(住房、中药材等)。在扶贫实践中,扶贫部门垫付了部分或者全部的保险类产品的保费,贫困户参加并主动交保的比例还不算高,而且扶贫部门和保险部门推广这种产品的积极性也不太高。在本研究调研的湖北九个县市中只有两个县市推广了这类保险类金融创新工具。

究其原因,在实际运行中,这类保险扶贫产品没有有效联系到贫困户决策质量的内生因素和外生因素,因而容易产生一系列的问题,可能是这类保险类扶贫工具不受欢迎的重要原因。这些问题包括:(1)"养懒汉"问题。在一些地区,大部分防贫保险费用,是由政府部门来支付的,不需要贫困户支付多少成本或者履行多少义务,出现了意外和失败都可以获得保险收入。那么,在一些扶贫干部看来,这种保险具有明显的"养懒汉"的趋向。因为贫困户努力与否都可以获得收入,自然就有一些心存侥幸者不愿意参加生产劳动。推广这类保险不利于激发贫困户的生产积极性。(2)保险过程中的逆向选择和道德困境问题。保险公司是追求盈利的机构,需要考虑风险和成本的对应关系。对一些具有较高风险的贫困户,保险公司并不乐意接受他们的投保,因此一些地区的保险公司要求政府垫付比例超过60%,以减少可能的亏损,而这笔垫付资金并不符合中央财政资金管理办法,从而导致保险公司和地方政府协商失败。(3)保险类产品的保值增值问题。对贫困户来说,仅仅提供各类保障和转移支付是不够的,还需要提供能够持续提高收入和资本的机制和方法,以保证未来有收入可以偿还目前的保险收益。这就必然要求保险对象的保值增值。保险类创新能否成功,最终取决于保险所对应的资本能否逐渐产生新增收益。就当前的防贫保险产品而言,主要是针对风险防范的,对保值增值的贡献不大,而贫困户遇到的风险又比较多,如果一直没有保值增值收益,那么这种保险创新工具的可持续性就会越来越小,受到贫困户欢迎的概率就会下降。(4)保险类产品脱离扶贫实际,这个问题可能更具有根本性。在调研中发现,贫困户并不积极参与防贫保险,说明这种金融工具没有贴近现实,而且现有的保险产品多是从现有保险产品进行适当"优惠"而形成的,也缺乏现实性思考,至今没有发现规范的文献研究保险类防贫保险产品是如何影响到贫困户的决策内容和决策过程的,因此有必要对保险金融工具创新进行再创新、再设计。

（三）　计量分析

1. 设计思路

当前的金融创新工具建立起了贫困户的金融资本和保险公司之间的市场关系。贫困户生产经营和生活中遇到的一些风险都可以用保险的方式进行一定程度的化解,起到了一定的扶贫效果。但由于当前的金融工具没有考虑到贫困户的内生变量与外生变量及其相互关系,导致该工具的应用有限和未达到预期效果,因此,需要将贫困户的内生变量和外生变量及其相互关系置于金融工具的设计之中,以形成更好的金融扶贫工具。为此有必要使用计量分析工具找出该保险类产品中有哪些内生变量、外生变量在起作用,作用方向和力度如何,进行保险类金融工具创新,以完善保险类工具的扶贫效果。

2. 变量选择与一般统计分析

（1）目标变量。为了描述扶贫金融工具,特别设计两个问题进行调查,这两个问题是:

防贫险意愿:当贫困户的人均收入低于4000元/年,保险公司会补多少,使得人均收入总是高于4000元/年。您认为推行这种防贫保险,贫困户每月

愿意支付多少保险费？（单选）

1.5 元以下；2.5—10 元；3.10—20 元；4.20—50 元；5.50 元以上

防贫险激励：如果政府每人每年给防贫险保费补贴 50 元（不买返贫保险就没有补贴），您愿意选择哪一种保费支出（每月支付的金额）？（单选）

1.5 元以下；2.5—10 元；3.10—20 元；4.20—50 元；5.50 元以上

用第一个问题分析购买意愿，以揭示贫困户和金融保险机构之间的关系，用第二个问题分析财政激励后贫困户对保险扶贫工具的购买意愿，以表示贫困户购买意愿价格和市场价格之间的相互变动关系。从经济学上讲，第二个问题相当于移动了预算约束方程。预算约束方程的变动，会影响到贫困户各类资本之间的调整，因而影响范围要比第一个问题大。①

在表 6-1 中，贫困户对防贫保险的购买意愿明显高于非贫困户。原因可能是一些非贫困户普遍感觉 4000 元的档次比较低。他们认为无论遇到什么样的风险，他们家庭的人均收入都不会掉到 4000 元的收入水平以下，不值得花时间、花精力去购买此类保险，因而非贫困户的保险购买意愿比贫困户要低。对于防贫险激励这个变量，非贫困户的数据仍然低于贫困户。

（2）自变量。自变量是第二章和第三章中决策质量的内生变量和外生变量。

（3）控制变量。为了控制保险需求和供给的因素，选择四个变量进行控制：第一，户主年龄；第二，家庭成员中伤残人数；第三，致贫原因；第四，家庭人均收入水平（简称"收入水平"）。一般来说，伤残人数越多，越愿意购买保险类产品以抵消健康风险，而户主的年龄越大、收入水平越低，越不容易应对生产和生活中可能存在的风险，因而也对保险的需求加大。

在表 6-1 中，贫困户户主年龄的平均值高于非贫困户，但是两者的均值相差较小，而且贫困户户主年龄的方差高于非贫困户，说明贫困户确实存在年

---

① 如果保险公司附加保费系数下降，贫困家庭购买保险后的陷贫概率可能提高。详见孙武军等：《保险保障、家庭资本增长与贫困陷阱》，《管理科学学报》2016 年第 12 期。

龄偏大的现象。在致贫原因变量中,贫困户的致贫原因中因病、因残、因学比例还是比较高。从病残人数来看,每两个贫困户家庭就有一个是在调研期间生过病或者是有残疾的。与此相对应的是,非贫困户家庭,这个比例要低得多,五个家庭中只有一个家庭是在调研期间生过病或者是有残疾的。

表6-1　保险类金融创新工具选择变量及一般统计分析

变量符号	变量	问题与处理	贫困户		非贫困户	
			平均值	标准差	平均值	标准差
FPE	防贫险意愿	当贫困户的人均收入低于4000元/年,保险公司会补多少,使得人均收入总是高于4000元/年。您认为推行这种防贫保险,贫困户每月愿意支付多少保险费?(单选)1.5元以下;2.5—10元;3.10—20元;4.20—50元;5.50元以上	1.93	0.84	1.55	1.06
FPA	防贫险激励	如果政府每人每年给防贫险保费补贴50元(不买返贫保险就没有补贴),您愿意选择哪一种保费支出(每月支付的金额)?(单选)1.5元以下;2.5—10元;3.10—20元;4.20—50元;5.50元以上	2.66	1.52	2.29	1.77
AGE	户主年龄		59.48	11.19	59.41	10.69
PCO	致贫原因	1.因病;2.因残;3.因学;4.缺土地;5.缺水;6.缺技术;7.缺劳力;8.缺资金;9.因灾;10.交通落后;11.内生动力不足	3.49	3.42		
ILN	病残人数	大病人数+伤残人数	0.59	0.79	0.22	0.55
RINCOME	人均收入(单位:元)		9535.71	9450.23	20525.35	27612.43

资料来源:本书调研数据整理所得。

表 6-2　保险类金融创新工具影响因素的计量分析

	防贫险意愿		防贫险激励	
	系数	t	系数	t
（常量）	2.398	5.166	3.17	3.82
风险态度	−0.022	−0.751	−0.09	−1.73
穿衣问题	−0.057	−2.432	−0.08	−1.896
穷人类型	−0.082	−1.385	0.002	0.023
房屋攀比	0.069	1.245	−0.002	−0.021
技术渠道	−0.036	−1.776	0.051	1.421
三权时间	−0.079	−2.599	−0.161	−2.955
理解能力	0.056	1.93	0.156	3.027
独立意见	−0.025	−1.227	−0.068	−1.877
风险决策	−0.019	−0.898	0.035	0.95
致富行业	0.006	0.285	−0.031	−0.803
遭遇风险	−0.004	−0.222	0.025	0.689
子女前途	0.051	1.215	0.101	1.337
居住拥挤	0.039	1.272	0.052	0.938
教育支出	−0.016	−0.406	0.116	1.675
医疗补贴	$4.63E{-}06$	1.554	$6.73E{-}07$	0.126
祝贺人数	0.03	1.154	0.041	0.883
流入平整	0.032	0.669	0.134	1.57
流出平整	−0.144	−1.617	−0.198	−1.242
生态环境	0.029	0.541	−0.063	−0.659
卧室整洁	−0.042	−1.371	−0.096	−1.729
自建消费比	0.017	0.253	−0.098	−0.83
信贷规模	−0.011	−1.439	−0.032	−2.326
户主年龄	−0.003	−0.904	−0.005	−0.829
致贫原因	−0.006	−0.6	−0.008	−0.429
病残人数	−0.079	−1.721	−0.159	−1.939
人均收入	−0.003	−0.093	−0.003	−0.044
R^2	0.07	—	0.08	—

资料来源：本书调研数据整理所得。

3. 计量回归分析

在表 6-2 中,影响贫困户购买防贫保险意愿的内生变量,是信息获取和加工方面的内生变量。三个信息获取和加工方面的变量都通过了 10% 的显著性水平检验。显然,贫困户越是能够从自学和培训等方面获得信息,并且具有较好的理解能力,那么他对保险类金融产品的购买意愿就越强。另外,认知行为因素中,也有变量通过了 10% 的显著性水平检验。在认知行为因素中,"房屋攀比"和"穷人类型"两个变量都没有通过显著性水平检验,说明贫困户在面对保险类金融工具创新时,使用的认知行为模式主要是自我认知,而不是相互比较。与此相对应的是,防贫险激励的显著性影响的变量就比较多,给贫困户的各类财政补贴相当于给他们提供了一类信息和一类物质激励,贫困户会在认知行为因素、信息处理、人力资本(教育)、社会资本、生态资本等方面做出反应。

(四) 保险类金融工具的重新设计与运行

根据表 6-2 的研究结论,可以设计出更符合现实、更符合贫困户内生和外生变量相互关系的金融工具。在图 6-2 中,保险类金融工具不仅包括外生变量,还包括信息获取和认知行为调整等内生变量。根据这个结论,我们将保险类金融工具的运行步骤设计为:

1. 确定保险范围。相比于一般商业保险,防贫保险的保障对象并不是特定的"某个人",而是"某一类人",保险收益由符合条件的群体共享。坚持不事先识别防贫对象,不重新建档立卡的原则,所有处在贫困边缘的低收入人口、收入不高不稳的脱贫户都可以享有此类保险保障,同时,这一群体是需要进行动态调整的,以便将可能的低收入和贫困人口全部纳入保险范围之内,增加保险的覆盖面。

2. 确定贫困档次。在表 6-2 中设立的贫困线标准是 4000 元/人/年,这也是当前我国执行的贫困线标准,大致相当于 1.9 美元标准。这个标准需要根据各地恩格尔系数进行调整。可以参考部分地区的实践,设立 8000 元的档次线(与国际上的3.2美元/日大体相当),以吸引非贫困户参与,提高此类保险的市场规模。

3. 根据贫困户外生变量确定不同防贫保障标准。现有的多维贫困测算标准可以满足这个方面的需求。具体而言,可以根据健康、教育、医疗等方面的贫困程度划定保险金的起付线、赔付档次和赔付标准。

4. 根据内生变量调整赔付标准的变化幅度。根据贫困户认知调整和信息处理方面的变化,确定赔付的上限和下限。将本次赔付的上限和下限的记录作为下一次保险产品费率计算的依据。

5. 构建高效的理赔流程。按照"简化手续、优化流程、快捷赔付"的工作要求,从个人申报、调查核实、结果转交、公示评议、审批备案到支付补偿,将整个理赔流程的时间控制在十个工作日以内。

二、人情类金融工具设计

(一) 人情类金融工具创新具有必然性

图6-3表明,人情类金融工具创新的起点是社会资本等外生变量。在一些乡村,人情费支出在当前乡村社会中家庭支出中占据重要地位。部分家庭的人情费甚至超过贫困户人均收入的数倍,甚至数十倍。由此可知,人情类资金的供给比较充足,人情费在乡村除了具有深厚的情理基础和历史基础之外,还受到如下几个因素的推动。

(1)互助传统的延续。中华民族一直有着团结互助的传统,即所谓"一方有难八方支援",一户人家出现困难都会得到亲朋好友的帮助。每当家里有喜事或丧事的时候,亲朋好友更会送来一份礼金,以帮助有婚丧嫁娶任务的家庭能够顺利过关,不至于由于这些事件的出现而导致消费断档。随着经济社会的发展水平提高,亲朋好友送来礼金的次数和规模逐步提高。根据礼尚往来的要求,喜事或是丧事的场面自然也越来越大、越来越隆重,经常超出自己可接受的财力的范围。对于部分经济条件不好的家庭来说,人情费支出的压力会超过其收入能力,但是他们也表示会"咬牙硬撑"。

(2)互助背后的"面子"问题。当前,农村"面子"问题已随处可见,比如嫁女儿时索要天价彩礼,仿佛彩礼越高意味着自己家的女儿越有"面子";办豪华丧葬,仿佛丧葬的规模越隆重,越代表了对逝者的尊重;走亲访友随高额人情礼,仿佛人情礼的金额就代表着亲友之间的亲密程度,等等。"面子"问题越严重,人情费就会越高。

(3)社会保障的缺乏。农村的社会保障水平不高,农村通过人情交往来弥补社会保障不足,也成为人情费增长的重要因素。另外,利用隆重的宴席或是高额人情礼来积累社会资本、拓展社会关系网,以应对未来可能遭遇的风险。臧敦刚等(2018)研究了人情费与保险之间的替代关系,认为人情费与保险需求是正相关的。换句话说,人情费是贫困户保障[①]。

(4)非法敛财现象的存在。在国内部分地区,可能存在着少量人员依靠办喜事或丧事来牟取高额人情礼的现象,这也是值得注意的一个原因[②]。

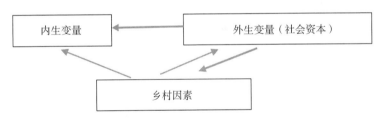

图6-3 人情类金融工具创新思路

(二) 计量分析

为了创新人情类金融工具,需要根据第五章中已经阐明的乡村因素与内

---

① 臧敦刚等:《人情消费、认知程度与农业保险需求——基于四省藏区调研数据的实证分析》,《农村金融研究》2019年第8期。在该文中,作者认为,风险认知及补贴认知均发挥部分中介效应。

② 崔永江等:《农村人情及礼俗消费行为研究文献综述》,《经济研究导刊》2018年第22期。

生变量、外生变量之间的关系,利用计量分析工具,寻找人情类金融工具中所需要的乡村因素、内生变量、外生变量之间的关系。这里分析的关键是人情类金融工具如果发生作用,将与哪些内生变量、外生变量发生关系,这些变量的作用方向和作用力度如何,进而根据这些结论,确定金融工具创新的运行步骤。

1. 变量选择与一般统计分析

(1)目标变量。为了描述人情类扶贫金融工具,特别设计两个问题进行调查,这两个问题是:

①人情转股:如果政府部门出面将您家送出去的人情费转变为村集体的扶贫股份,送人情变成送股份(股份都有分红),您觉得是否可行?(单选)

1. 非常可行;2. 可行;3. 可以考虑;4. 看情况再决定;5. 不可行

②增益分配:如果实行人情转股份,应该给多少比例的股份以鼓励送礼人?(单选)

1. 送出方占 10% 以下;2. 送出方占 10%—40%;3. 送出方占 40%—60%;4. 送出方占 60%—80%;5 送出方占 80% 以上

用第一个问题分析贫困户对于人情类扶贫金融工具的意愿程度,第二个问题用于分析人情类扶贫金融工具的价格变动。

在表 6-3 中,贫困户人情转股的意愿平均值要低于非贫困户,但大部分贫困户和非贫困户的家庭属于可以考虑、看情况再决定的范围内。这说明两类家庭都对这类金融创新工具有一定的偏好,至少不反感这类创新。从表6-3 中,可以看出贫困户的购买意愿相对低,主要的理由是"没有听说过",也就是说他们没有想过将这类因素放入其决策内容之中。还有一些非贫困户对这类创新还是持支持态度,他们觉得传统的人情费用主要以吃喝方式消费掉,确实存在浪费的成分,他们希望将这些"浪费"的人情费转变成有用的生产资源。在增益分配变量上,贫困户平均数低于非贫困户。

（2）自变量。自变量是决策质量的内生变量和外生变量。

（3）控制变量。选择四个变量进行控制：第一，家庭人口数；第二，民族特性；第三，待人接物的礼貌水平（简称"待人礼貌"）；第四，人均收入水平。之所以选择这几个变量，主要考虑的是：人情费支出比例有民族差异，有些民族更为好客，所以人情费支出的比例可能就比较高；有的民族将婚丧嫁娶等人情活动视为民族特色，其人情费支出也会因特殊偏好发生变化。家庭人口多，亲戚、朋友、同学、同事等社会关系也就多，人口多的家庭付出的人情费用一般要高于人口规模少的家庭。一些乡村，人情费支出往往与义礼等传统文化糅合在一起，成为"面子"的重要组成部分，因此待人接物礼貌程度也成为人情转成股份的重要控制变量之一。人均收入水平反映的是乡村内部家庭的发展阶段，家庭的人均收入水平越高，家庭越富裕。

在表6-3中，贫困户的家庭人口普遍小于非贫困户，因为贫困户中单身的比例较高，家庭规模比较小。贫困户和非贫困户在民族特性这个变量上的平均数据也相差较小，样本总体上仍以汉族为主。非贫困户比贫困户的待人礼貌程度要高0.3个等级。相比人均收入的巨大差距来看，贫困户的家庭规模、民族特性和待人礼貌程度相差较小。

表6-3　人情类金融创新工具选择变量及一般统计分析

符号	变量	问题与处理	贫困户		非贫困户	
			平均值	标准差	平均值	标准差
FPE	人情转股	如果政府部门出面将您家送出去的人情费转变为村集体的扶贫股份，送人情变成送股份（股份都有分红），您觉得是否可行？（单选）1. 非常可行；2. 可行；3. 可以考虑；4. 看情况再决定；5. 不可行	3.71	1.46	3.21	1.76

续表

符号	变量	问题与处理	贫困户		非贫困户	
			平均值	标准差	平均值	标准差
FPA	增益分配	如果实行人情转股份,应该给多少比例的股份以鼓励送礼人?(单选)1. 送出方占10%以下;2. 送出方占 10—40%;3. 送出方占 40—60%;4. 送出方占 60—80%;5 送出方占 80%以上	1.44	1.70	1.48	1.71
AGE	家庭人口	户籍人口数	3.74	1.67	4.09	1.58
PCO	民族特性	1. 汉族;2. 土家族;3. 其他民族	1.18	0.50	1.19	0.66
ILN	待人礼貌	受访者的待人接物水平或者礼貌程度:很差－－1－－2－－3－－4－－5－－6－－7－－〉很好	5.6	1.03	5.89	0.90
Ry	人均收入(单位:元)		9535.71	9450.23	20525.35	27612.43

资料来源:本书调研数据整理所得。

2. 计量回归分析

在表6-4中,有三类内生变量成为人情转股变量的显著影响因素。其中,三个决策内容方面的变量都通过了10%的显著性水平检验,说明能否将人情转股因素纳入决策内容当中,是人情类金融创新能否实施的重要因素。另外认知行为维度也有两个变量通过了10%的显著性水平检验。但是这两个变量的作用方向与保险类金融工具并不相同。表6-2中,风险态度的变量系数为负,说明与保险类金融工具相比,越为保守的农村家庭越愿意买防贫保险等保险类金融工具,而由于人情类金融工具是一种新产品,因此具有一定的冒险精神的贫困户才可能接纳。另外,人情类金融工具中受到社会资本等外生变量的直接影响,也是这类金融创新工具的基本特色。

在增益分配变量上,几乎所有的内生变量和外生变量都参与其中。越具有冒险精神的贫困户,对送出方所持有的比例就要求越低;决策内容越偏向种植养殖等行业的家庭,对送出方所持有的比例就要求越高;社会资本越多,社会关系越复杂的家庭,对送出方所持有的比例就要求越低。

表 6-4　人情类金融创新工具影响因素的计量分析

	人情转股		增益分配	
	系数	t	系数	t
(常量)	3.259	4.434	2.895	3.392
风险态度	0.096	1.951	−0.191	−3.358
穿衣问题	−0.067	−1.713	0.048	1.046
穷人类型	0.01	0.1	0.139	1.2
房屋攀比	−0.056	−0.609	0.143	1.326
技术渠道	0.033	0.984	−0.046	−1.165
三权时间	0.013	0.253	0.146	2.449
理解能力	0.018	0.34	−0.042	−0.665
独立意见	−0.017	−0.496	−0.01	−0.244
风险决策	0.038	1.078	−0.037	−0.907
致富行业	0.101	2.807	−0.165	−3.94
遭遇风险	−0.141	−4.136	0.03	0.771
子女前途	0.162	2.279	−0.131	−1.587
居住拥挤	0.007	0.141	−0.107	−1.786
教育支出	−0.192	−2.802	0.213	2.678
医疗补贴	1.99E-06	0.395	7.12E-06	1.216
祝贺人数	0.075	1.726	−0.12	−2.365
流入平整	0.218	2.706	−0.097	−1.036
流出平整	0.273	1.829	−0.123	−0.708
生态环境	−0.219	−2.441	0.157	1.509
卧室整洁	−0.055	−1.064	0.035	0.577
自建消费比	0.042	0.376	−0.025	−0.195

续表

	人情转股		增益分配	
	系数	t	系数	t
信贷规模	−0.013	−1.026	0.039	2.588
户籍人口	−0.019	−0.519	0.02	0.472
民族	−0.108	−0.933	−0.121	−0.901
待人礼貌	−0.004	−0.064	0.023	0.287
人均收入	−0.009	−0.148	−0.109	−1.533
R^2	0.13	—	0.13	—

资料来源:本书调研数据整理所得。

(三) 人情类金融工具的设计与运行

根据表6-4的结论,可以将人情类金融工具的运行步骤设计为:

第一步,宣传。在人情转股的工作中,有一些地方政府持完全赞成的态度,愿意付诸实施,但大部分人却摇头表示不愿意,认为这种金融工具像是"天方夜谭",难以实施。因此在实行前,首先要普及股份知识,提高乡镇政府村集体背书的权威性和公正性,让人情费转化为股份可以在阳光下运行,增加社会的认可度。

第二步,派遣政府工作部门担任婚丧嫁娶的主持人,负责将收到的人情费积累起来,记账并转交给当事人。由于现在大部分乡村的政府工作人员已经承担了这部分工作,这个步骤实施起来并不困难,关键是记账准确,账目符合现代化的会计制度的要求,账目的结算结果能够得到人情费的支出和收入双方的认可。

第三步最为关键,一般需要两年时间。该步骤的关键是要获得村民的支持,就需要使每个村民都觉得人情转股是有价值的,转换过程是公正和合理的。这个步骤要将工作地点(将婚丧嫁娶的办事地点)转移到村部设立的会议厅,仍然由村干部负责记账收账,账目合并到村级账务中,为村级债务账务的编外账户,收入仍然100%转给人情费接受人。在这一步骤实施过程中只要将乡村的会议厅进行简单的装修,并付给其一定的社会地位,还要增加社会宣传,比如使用公用喇叭等形式来倡导,以提高实施人情转股家庭的社会声望,使村民都愿意到会议室会议厅举办婚丧嫁娶活动。

第四步,请当事人选择是收取现金还是记账单位,记账单位是村集体资产收益增量的一个比例,相当于一张村集体经济的股票,它是保底收益的,由村集体成员联合担保。这个工作要通过民主评议活动,让每个村民都认可参与到村集体经济中的重要性,最后还需要将工作法制化处理,必要时引入第三方评估公司,以评估人情转股进程以及村集体收入的分配情况。

第五步,降低当事人选择现金支付的比例,提高记账单位比例。政府部门只需要给村集体经济一个担保或者少量的投资即可运行。目前一些地区已经开始在这个方面进行了尝试,比如集体"错季承包"农民的闲置土地,使用规模化和机械化的方法来获得村集体的资产,投资收益率都超过了10%。被承包土地的村民更愿意收取可以带来增值的记账单位而非现金。

第六步,集体经济的收益分配要倾向于贫困户,分配比例要与贫困户的认知调整和决策内容的变化相匹配。补充部分公益岗位名额给积极参与人情转股的贫困户。同时,还需要为农村贫困户增加精神和物质奖励。

第七步,充分利用政策大背景,增加或修订文明乡风的相关内容,加强对农村婚介机构和农村"媒婆"的管理,同时对于利用婚丧嫁娶敛财等违法犯罪行为进行重点整治。2019年10月,农业部等相关部门联合出台《关于进一步推进移风易俗　建设文明乡风的指导意见》,明确提出要减轻人情支出负担,因此此类金融工具创新具有一定的必要性。

三、信贷类金融工具设计

（一）当前信贷类金融工具创新

自从孟加拉人尤努斯获得诺贝尔经济学奖之后,金融扶贫和金融信贷类扶贫工具增长很快。我国各个地区也有自己独特的金融扶贫工具。这类金融扶贫工具,主要是依据金融资本增加物质资本、人力资本等其他资本,而其他资本的增加反过来也有利于金融资本的贷款归还,从而形成一个良性的循环过程。在小额贷款类金融工具中,团体之间的相互担保是非常重要的一个环节。因为通过团体或群体内部的相互担保和相互监督降低了监督成本,提高了资金使用的效率和归还贷款动力。随后的金融扶贫创新工具,多少都与尤努斯创立的小额信贷工具有关系,比如"银行+合作社""银行+基地+农户"等等。由于小额信用贷款工具的使用比较普遍,这里就不再赘述,重点介绍当前扶贫过程中比较常见的"户贷企用""信贷批发""政+保+银"三种工具上。

1. 户贷企用。在精准扶贫过程中,贫困户可以享受 10 万元以内的无息/贴息信用贷款。所谓的"户贷企用",就是贫困户依据贫困户资格先向银行贷款得到资格贷款,企业吸收贫困户的资格贷款,将贫困户资格贷款转换为企业的股份,然后贫困户根据贷款数额按股分红。考虑到企业对资金使用的效率比较高,贷款产品的收益也比较高,因此可以将这些贷款资金转移给企业使用,企业使用这些贫困户的资格贷款资金来扩大生产金额,以分红的形式返还给贫困户,一举两得。这种形式在 2018 年之前大力推广,普遍被认为是一种代替贫困户市场决策的好方法,贫困户可以就此获得多个方面的收益,比如按股分红、就近就业以及跟随能人大户学习市场经验等等。企业每年返还贫困户的利息大约是 3000 元。该产品的信贷额初步估计在 1 万亿元左右①。

2. 信贷批发。信贷批发的运行方式是以乡村的名义到当地信用社或指定银行获得数额较大的贷款,然后依据贫困户的特点和需要批发给贫困户。对银行来说,只负责与需要信贷的乡村进行金融交易,规定其信贷条件和还款标准,然后根据还款情况滚动确定下一年度授信额和信贷条件。而乡村和贫困户之间则依据各户申请贷款的需要和条件进行分配,一般是将 80% 左右的

---

① 每一个县 5 亿元,中西部 22 个省,每一个省按照 100 个县计算,总量超过 1 万亿元。

贷款发放给一些盈利能力强的能人大户（单笔贷款可能超过100万元），比如茶叶加工厂，这些能人大户获得的信贷额与带动贫困户的程度相关。将剩下的20%的贷款以每户0.3万—5万元的贷款额发放给贫困户。贫困户获得这些贷款后增加物质资本、人力资本以发展生产（比如种植茶叶），然后再将产品卖给大户或者其他市场主体。

3. 政+保+银。这种金融工具的运行方式，主要是通过政府和保险公司的担保和预付，来提高贫困户从银行获得信贷的可能性。首先，政府部门将扶贫资金的一部分转换为贫困户信贷担保公司的成立基金。该担保公司可为贫困户信贷提供一部分信贷担保，虽然成立担保公司的注册资金比较少，但是由于有政府的隐形担保，以及政府工作人员的沟通协调，这类担保公司仍然可以正常运行。其次，保险公司对贫困户的贷款进行保险，如果发生贷款无法收回的情况，保险公司、政府、银行就会按照一定的比例共同承担风险（就调研情况来看，保险公司、政府、银行三者之间的风险分配比例有8：1：1，也有5：4：1，政府和保险公司的风险比例，取决于信贷的内容以及政府部门的谈判能力）。通过这些机制设计，银行信贷的风险就会下降，贫困户得到的信贷产品就会比较多。

在市场经济中，所有的短缺都可以表示为价格高涨或者流动性缺乏（在收入一定的情况下出现"缺钱"）。贫困就意味着短缺，贫困程度越高，短缺现象就越明显，"缺钱"（钱慌）问题便与贫困如影随形，因此信贷类金融扶贫产品得到社会各界的重视。综合分析以上信贷工具，从信贷市场的运行角度看，贫困户本身并不是合格的信贷主体，他们的还款能力和信用水平不高，针对他们的金融信贷面临着较大的风险，加之他们的信贷额度也不高，小额贷款数量的增加势必增加了银行工作的难度和运行成本。户贷企用和信贷批发类的金融创新工具克服了贷款额度过小的困难，与贫困户相比，农业企业和合作社可能更受到银行部门的欢迎。但是，农业企业和合作社本质上还是小微企业，盈利能力低、经营风险大，因而贷款风险仍然比较大。"政+保+银"工具虽然能够将贫困户的信贷风险转移一部分到政府部门和保险部门,鼓励贫困户用1份资金获得10份收益,贫困户的投资冒险精神容易被激发,但贷款需求过度旺盛,则不利于银行和保险部门的后续跟进,因为为了降低贫困户信贷投资方面的风险,银行和保险部门需要经常进入田间地头收集信息,工作难度较大。有的地区会鼓励村两委附加一个新的担保,以稳定贫困户的投资方向和规模,但是村集体资产较少,不足以形成有效的担保。

那么,为了克服这个方面的风险,用好金融信贷工具,就需要在现有的信贷类金融扶贫创新的基础上进行再创新。这就需要熟悉贫困户的喜好及其原因,也就是要在增加贫困户信用资格筛选和评估的基础上,确定贫困户的内生变量、外生变量和乡村因素如何相互结合,提高贫困户的决策质量,从而提高决策收益(详见图6-4)。

图 6-4 信贷类金融工具创新思路

(二) 计量分析

信贷类金融工具中乡村因素、内生变量、外生变量之间的关系中,对乡村因素与内生变量、外生变量之间关系的分析可以利用第五章的研究结果。这里重点分析信贷类金融工具如果发生作用,将与哪些内生变量、外生变量发生关系,其作用方向和作用力度如何,据此设计实施步骤。

1. 变量选择与一般统计分析

(1)目标变量。使用抵押(即便不是全价值抵押)增加贫困户的信用等级是一个常用的方法。精准扶贫政策下,贫困户并非一无所有,他们总是有些资产可以用以抵押。通过分析贫困户愿意用什么作为抵押来获得信贷资源,就可以根据抵押内容形成金融产品。另外,贫困户对金融信贷的价格作何反应,是金融信贷创新工具所必须依据的内容,因此设计了如下问题作为目标变量。

①资产抵押:您愿意将哪些资产抵押或者入股给合作社或者家庭农场?(单选)

1. 土地承包权;2. 宅基地使用权;3. 大棚、猪圈等农业设施;4. 信贷资格;5. 其他

②贷款贴息:就您看来,扶贫的小额信贷利率(现在的市场利率是10%),政府应该补贴多高为好?(单选)

1.1%以下;2.1%—4%;3.4%—8%;4.8%—9%;5.10%

在表6-5中可以看出,无论是贫困户还是非贫困户,更希望使用土地承包权、宅基地等资源作为抵押物,不希望使用已有资产或信贷资格。非贫困户的这种信贷倾向更为普遍,资产抵押的平均值只有1.18,低于贫困户0.4个单位。由此说明,无论是贫困户还是非贫困户,土地森林等生态资本以及依附于生态资本之上的社会资本,是他们非常看重的资本类型。在贷款贴息变量上,贫困户希望的补贴额度要高于非贫困户,贫困户希望的补贴额度几乎是市场贷款利率的100%,这与当前精准扶贫过程中贫困户信贷贴息的政策有关。

(2)自变量。自变量是决策质量的内生变量和外生变量。

(3)控制变量。选择四个变量进行控制:第一,贷款需求;第二,身体健康水平;第三,收入水平;第四,网络支付。选择这四个控制变量的原因是:信贷金融工具应该依据贫困户的贷款需求设计新型金融产品,金融创新工具也应该优先满足贷款需求高的贫困户。贷款与保险不同,保险并不一定得到赔付,贷款是一定要归还的,因此信贷部门对贫困户的身体状况要求较高,因为一旦贷款人去世,贷款责任就会消除,增加了信贷部门的信贷成本。网络支付这个变量主要用来分析贫困户是否具有使用金融工具的基本能力。如果贫困户网

络支付的使用频率比较高,规模比较大,则说明他们可以熟练使用现有的金融工具。收入水平也是信贷金融创新工具的一个控制变量,因为家庭的人均收入水平越高,信贷需求也应该越大。

在表6-5中,非贫困户的贷款需求比贫困户要高,但是贫困户和非贫困户的贷款比例均在20%左右,说明信贷产品在他们心目中并不占据重要地位(其他信贷缺口主要由家庭内部信贷和民间借贷来完成),或者说这些金融工具的推广还有很大的发展空间。贷款需求和人均收入呈正相关关系,服务水平高的家庭贷款需求也高,这符合经济学常识。在网络支付变量上,贫困户的网络支付水平要低于非贫困户,因为一部分贫困户没有手机,还有一些贫困户的手机没有网络支付功能。在健康水平上,非贫困户的健康水平明显高于贫困户大约0.5个等级,贫困户和非贫困户的健康水平都在4以上,说明健康程度中等偏上。

表6-5 信贷类金融创新工具选择变量及一般统计分析

符号	变量	问题与处理	贫困户		非贫困户	
			平均值	标准差	平均值	标准差
zcd	资产抵押	您愿意将哪些资产抵押或者入股给合作社或者家庭农场?(单选)1. 土地承包权;2. 宅基地使用权;3. 大棚、猪圈等农业设施;4. 信贷资格;5. 其他	1.62	1.38	1.18	1.18
dkt	贷款贴息	就您看来,扶贫的小额信贷利率(现在的市场利率是10%),政府应该补贴多高为好?(单选)1.1%以下;2.1%—4%;3.4%—8%;4.8%—9%;5.10%	4.25	1.14	3.80	1.28
dloan	贷款需求	得知一个需要10万元投资的投资机会,您准备借款多少?(单位:元,单选)1.2万以下;2.2万—5万;3.5万—8万;4.8万以上	1.11	1.48	1.29	1.66

续表

符号	变量	问题与处理	贫困户		非贫困户	
			平均值	标准差	平均值	标准差
wpay	会网络支付	是否会使用手机进行网络支付:1. 会;2. 否	1.54	1.16	1.11	1.45
health	身体健康	受访者的身体健康状况:很差--1--2--3--4--5--6--7--〉很好	4.98	1.31	5.57	1.38
Ry	人均收入(单位:元)		9535.71	9450.23	20525.35	27612.43

资料来源:本书调研数据整理所得。

2. 计量回归分析

在表6-6中,在资产抵押变量作为目标变量的模型中,内生变量中决策技巧变量全部通过了10%的显著性水平检验,且"穷人类型"以及"房屋攀比"这两个变量也通过了10%的显著性水平检验。这与前面两类创新工具具有明显的差异。在保险类创新工具中,信息获取和处理变量全部显著;在人情类创新工具中,决策内容变量全部显著。这说明,当前的农村金融环境中,要满足借贷还款的全部条件,需要独特的决策技巧才能够实施。换句话说,贷款是一种专业性业务,非一般人所能胜任。在外生变量部分,生态资本和金融资本也通过了10%的显著性水平检验。

表6-6　信贷类金融创新工具影响因素的计量分析

	资产抵押		贷款贴息	
	系数	t	系数	t
(常量)	0.228	0.341	2.505	4.778
风险态度	-0.004	-0.095	0.142	3.843
穿衣问题	0.041	1.074	0.009	0.305

续表

	资产抵押		贷款贴息	
	系数	t	系数	t
穷人类型	−0.236	−2.47	0.077	1.024
房屋攀比	0.156	1.76	0.204	2.936
技术渠道	−0.028	−0.854	−0.004	−0.176
三权时间	0.071	1.474	−0.011	−0.298
理解能力	−0.033	−0.643	0.031	0.768
独立意见	0.063	1.927	−0.017	−0.652
风险决策	0.092	2.771	0.029	1.098
致富行业	−0.022	−0.642	0.01	0.387
遭遇风险	0.086	2.664	−0.007	−0.279
子女前途	0.008	0.122	0.151	2.84
居住拥挤	0.079	1.584	0.07	1.797
教育支出	−0.074	−1.2	−0.125	−2.57
医疗补贴	−1.01E−06	−0.21	−2.03E−06	−0.536
祝贺人数	0.055	1.321	−0.036	−1.113
流入平整	−0.121	−1.576	0.207	3.429
流出平整	−0.083	−0.586	−0.177	−1.587
生态环境	0.145	1.697	−0.039	−0.581
卧室整洁	−0.077	−1.558	−0.009	−0.23
自建消费比	0.207	1.967	0.059	0.718
信贷规模	0.018	1.437	−0.069	−6.957
信贷需求额	−0.049	−1.265	0.12	3.961
会网络支付	0.054	1.077	0.044	1.131
身体健康	0.085	1.674	0.087	2.163
人均收入	−0.126	−2.141	−0.001	−0.014
R^2	0.13	—	0.2	—

资料来源:本书调研数据整理所得。

在信贷价格变量上,信贷价格与五类外生变量都有显著关系。这说明金融和信贷各类外生变量其实有叠加的效果,并受到它们的反作用。信贷价格的高低仍然与认知因素有密切联系,越是与富裕户和大户攀比的贫困户,对高利息的认可程度越高,越偏向于冒险的决策方法。

(三) 信贷类金融工具的重新设计与运行

根据表6-6的研究结论,可以设计出更符合现实、更符合贫困户内生和外生变量的变化规律,更好地使用外部条件的金融工具。在图6-4中,信贷类金融工具不仅包括认知行为因素、决策技巧因素,还包括生态和金融资本因素(负债变量)。根据这个结论,将信贷类金融工具的运行步骤设计为:

第一,确定信贷小组。根据认知方式和信贷需要编制信贷小组,信贷小组中信贷额最大的户为小组长,每一个信贷小组中不仅包括贫困户还包括一定数量的非贫困户。

第二,信贷小组将小组内的贷款需求汇集成项目,将这些项目与乡村规划对接,提高小组信贷项目档次。

第三,信贷小组的项目经过乡村民主评议会讨论,确定小组信贷的总额度和具体项目(内容)。在民主评议会上为信贷小组讲授成果案例,形成贫困户信贷的参照物。

第四,在信贷小组内部进行风险管理的知识培训(主要是形成有效的决策技巧),根据培训结果,进行信用评级。

第五,由信贷小组与银行对接,形成信贷小组的信贷合约。信贷合约分为大合约和小合约。大合约是普遍的银行信贷合约,小合约为大合约的附属表格。

第六,信贷小组签署合约后,到乡村备案,融入乡村振兴规划中,确定前后项目的链接,形成系统合力。

第七,信贷小组在小组内分配信贷资源。重点依据土地资源、金融经历和项目前后衔接情况进行分配,并确定小组内第一担保人、第二担保人和小组最后责任担保人。

第八,信贷小组将分配方案报给银行,将分配方案附于大合约后,作为信贷合约的执行文件。

第九,银行放款,信贷小组收款。

第十,信贷小组按照计划分配贷款。

第十一,项目按照计划进行,定时寄送项目进展情况。

第十二,召开信贷小组内部信贷会,确定小组项目的参照项目,统一项目完成情况,汇集到乡村组织。

第十三,信贷小组分批还款。

第十四,小组内部评级,小组信贷评级。

第十五,乡村项目安排调整和完善。

第七章 贫困户决策质量提升的巩固机制

在第六章分析创新金融工具的基础上,本章将以联合生产理论为基础,进一步将创新的金融工具,与决策的内生变量、外生变量和乡村因素结合在一起,设计出更有针对性的贫困户决策质量的提升策略。本章重点阐述贫困户是否可以依托乡村因素而不是主要依靠财政帮扶构建"自力更生"的生产生活体系。在后脱贫阶段,财政扶贫投入力度会逐步回归到正常范围之内。2020 年之后,在少倾斜政策/弱扶贫倾斜政策的情况下,通过对乡村因素、金融工具创新和贫困户决策质量内生变量和外生变量有效组合,继续推进脱贫质量的提高,对于如何设计和展开随后的减贫政策具有一定的借鉴意义,对于从实践上把握我国决策扶贫的消减方向以及精准脱贫前后的变化趋势也具有一定的启发意义。这项工作在脱贫巩固期尤其具有重要的地位,因此称之为巩固机制创新。

从全书的安排上,本章是对第二章至第六章结论的一个创造性应用。这一章的研究按照理论分析(联合生产理论)——实证分析——工具创新的逻辑框架展开。

一、联合生产分析

结合公式(7-1)和公式(7-2),一般来讲,贫困户、乡村和政府部门三类主体①的效用函数是不一样的。中国的减贫过程,可以看作是他们联合生产并供给以削减贫困这种负公共产品 y。y 的减少都会增加三者的效用 u,三者的效用 u 与贫困 y 之间是减函数关系。为了减少贫困,三者都投入了一定的资源 x。投入资源越多,可供消费等用途的资源就越少,因此投入资源与效用之间是负相关关系。三者投入资源总量 Σx 与 y 是递减关系或者从成本函数来看存在规模报酬递增。

(一) 三者的效用函数

根据上述假设,可以设定三者的效用函数为:

$$u_i = u(y_i, x_i) \quad i = 1, 2, 3 \tag{7-1}$$

在(7-1)式中,有 $\partial u_i / \partial y_i \leqslant 0, \partial u_i / \partial x_i \leqslant 0$。

(二) 贫困户、乡村和政府部门联合生产函数

在农村,贫困户、乡村和政府部门三类行为主体的联合生产,可以看作是单个行为主体生产的复制,一个单位的生产增量并不影响其他单位的生产增加。换言之,无论哪个行为主体增加投入资源以削减贫困,其他两个行为主体都可以享受到贫困减少所带来的全部收益。如果两个部门都生产,则他们可以相互促进,相互补充,从而出现 1+1≥2 的效果。这个过程类似于清洁空气的生产。只要有一个单位生产清洁空气,其他两个单位都可以免费享用;当多个单位同时参与到生产清洁空气的过程中,清洁空气就更多、质量更高,那么三个行为主体享受到的空气会越来越清洁。于是有:

$$(y, x) = \theta \Sigma(y_i, x_i) \tag{7-2}$$

---

① 现有文献中,也有四类主体的分法,比如贫困主体、社会主体、国家主体和人民命运共同体等(详见牟成文等:《论建立解决 2020 年后中国相对贫困的长效机制——基于马克思主义主体论的视角》,《贵州社会科学》2020 年第 7 期)。这种分类忽略了特别重要的乡村因素,却增加了社会因素和人类共同体等间接因素。本章的后半部分,又增加了能人大户这个行为主体,便于将乡村中的能人和基层组织区分开,以研究贫困户决策中这两个主体的作用差异。

在(7-2)中,$\theta \geq 1$,表示规模报酬递增的程度。

（三） 用效用最大化求得三者的联合生产下的投入和产出的配置

$$\max(y,x) = \theta\Sigma(y_i,x_i) \tag{7-3}$$

S.t.$py_i \leq x_i + t, \Sigma x_i \leq kg, g$ 是贫困户的资源总量。

在(7-3)式中,需要做一些说明:

(1)投入和产出的关系:$\Sigma x_i = c(\Sigma y_i)$,c 是成本函数,表明产出和投入的关系是可行的。

(2)预算约束:$py_i \leq x_i+t, y_i \geq 0$,p 是消除贫困的影子价格,三者面临的价格是一致的,t 是消除贫困过程中除了三者之外其他人的投入和三者希望得到的总利润,$t \geq 0$。这个条件是传统的预算约束条件。在此预算约束条件下,每一个行为主体都可以求得自己的效用。

(3)三个行为主体的生产收益情况:$py - x \geq \max(py_i - x_i)$

(4)总预算约束:$\Sigma x_i \leq kg$, g 是贫困户的资源总量,可以看作是社会扶贫资源投入是贫困户投入资源的倍数,kg 是政府、乡村等所有部门联合投入的扶贫资源。这个资源是经济发展阶段的一个函数,经济发展水平比较低的时候,k 就比较大,政府和乡村投资的比例比较大,在经济发展水平提高后,k 就会逐渐减少。

继续假定,三者的原始投入都大于 0(因为贫困户也并非一无所有)。另外,继续假定三者之间是出于平等协商的关系,三者投入份额是他们协商的结果,那么三者之间最终的投入配置,可以表示为:

$$(p,t,kg,(y_i,x_i)) \tag{7-4}$$

在(7-4)式中,给定 p、t、kg 等数据,然后假定效用函数是凸的,要达到任何人 i 和任何时间 t 都能够实现如下目标:

$$w_i((y_i,x_i)\,|\,(p,\bar{kg},\bar{t})) \geq \bar{w} \tag{7-5}$$

在(7-5)式中,不等号右边的变量为社会认可的最低决策总效用(可以用脆弱性度量这种情况发生的概率),$\bar{k}$ 是社会普惠制度下的社会对个体的帮扶力度,在当前阶段,$\bar{k}$ 是扶贫政策和乡村因素共同提高的人力、财力和物力。

对贫困户而言,一定存在:

$$g_i(IN_i, IX_i) = g(y_i, x_i) \tag{7-6}$$

在(7-5)式中,IN_i 和 IX_i 表示贫困户决策中的内生变量和外生变量。

根据(7-5)式和(7-6)式,贫困户如果要提高决策质量,就需要在 IN_i、IX_i、k、p、t 之间进行组合,形成创新工具,以得到符合条件的(y_i, x_i)配置。

由于在第六章中已经创新了一些金融产品,这些金融产品将决策的外生变量和跨期因素考虑进去,以此作为扶贫帮扶、乡村因素之外的第三种因素进行考虑,将工具设计的方向简化为贫困户在联合决策中决策总效用最大,即:

$$Max(IN_i, IX_i, k, (p, t)) \tag{7-7}$$

二、巩固创新工具的可行区域

为了确定公式(7-7)中的主要逻辑关系,仍然使用计量分析方法进行寻找。

(一) 计量模型设定

根据长期均衡的思想,如果贫困户的决策质量,能够长期稳定在一定水平之上,那么其决策水平可以看作是一种稳态。令 FT 表示第六章中的金融创新工具,w_{ts} 为稳态效用时的效用,$FT = F(p, t)$,因此,长期稳态效用的均衡可以表示为:

$$\lim_{t \to t_s}(w_{t_s} - w_t) = \varphi(IN, IX, \bar{k}, FT) = 0 \tag{7-8}$$

将(7-8)式转换为线性计量方程:

$$LY = \beta_0 + \sum \beta_i IN_i + \sum \beta_j IX_j + \sum \beta_l (kg)_l + \sum \beta_m FT_m + \varepsilon \qquad (7-9)$$

在(7-9)式中,LY 为贫困户的扩展效用向稳态效用的趋近程度。在趋近稳态时,这个近似程度将会趋向于 0。等号右边的第二项表示内生变量,第三项表示外生变量,第四项表示扶贫政策变量和乡村变量,第五项表示第六章的金融创新工具①。

在稳态时,当扶贫政策变量从"特惠"(贫困户)转型为"普惠"时,贫困户的 LY 不应该发生改变。换言之,扶贫政策变量只有水平效应,没有增长效应②。证明方法是:在市场经济条件下,是否能够设计出帮扶政策被移除后仍然能够得到贫困线以上效用水平的工具或者策略。

如果能够设计出符合要求的巩固脱贫工具,就说明稳态时贫困群体中能够形成一种"自生机制"。该机制的运行可以使得贫困户能够自我提升其决策质量,从而产生脱贫工作的主体性功效,同时也能够说明外部条件的改善没有增长效应。一旦这样的巩固机制运行,通过乡村内部甚至贫困户的内部变量组合,贫困户决策质量提升的增长效应就可能持续发生。反之,如果设计不出这样的工具或者策略,则说明外部帮扶条件既存在收入效应也存在增长效应。换言之,如果存在扶贫政策同时产生这两种效应,则说明一旦政府、制度等外部条件不充分,贫困户决策质量的提升就会滞缓甚至停止不前。在这种情况下,即便是贫困户用更长的时间、花费更艰巨的成本,也不可能走出一条通过组合内生变量、外生变量和乡村因素等而创造出的自我脱贫之路。贫困户的主体性作用依附于主导性作用,不能单独存在。如果真是这样,中国的脱

①　内生变量、外生变量、乡村因素、政府因素以及金融创新工具之间,存在一些交互关系。这里先忽略这些变量之间的交互关系,后面再专门分析这些相互关系形成的中介效应。

②　这种思考的依据是,在普惠制的情况下,贫困户并不是针对某个具体的人,而是具有一定特征的人;在市场经济中,无论贫困户还是非贫困户,在普惠制度下,都有同等机会享受相同的政策帮扶。因而,贫困户和非贫困户 LY 的均衡结果是一致的,而贫困户和非贫困户的主要行为差异在于贫困户享受了"真金白银"的精准扶贫政策而非贫困户则没有享受到。

贫攻坚工作可能就类似于伊斯特利所说的扶贫捐赠无效论,这无疑不符合当前的中国扶贫实践。

基于此,根据理论和计量分析,找到(7-9)式相等且能够显著的变量,就是巩固机制的支撑变量,将这些显著变量组合起来,且符合逻辑,自然就容易形成可执行的方法策略①。下面就按照这个思路进行研究,选择当前的贫困户在扶贫政策消除后仍能够保持现有福利水平作为巩固机制的目标变量,进而使用前面已经分析过的内生变量、外生变量、乡村变量、政策变量、金融工具创新变量等与目标变量的关系,设计可以落地的机制或者方法。

(二) 变量选择与一般统计分析

1. 目标变量。LY 为贫困户的扩展效用向稳态效用的趋近程度。使用调研问题的方式,得到 LY 变量的具体数据。具体设计如下问题进行调研:

2020 年后,如果扶贫帮扶力度减少,您的生活条件会如何改变?(单选)

1. 越来越好;2. 比现在好一点;3. 与现在差不多;4. 比现在差;5. 越来越差

2. 自变量。(1)将四类内生变量、五类外生变量、四类乡村变量、六类扶贫政策变量以及三类金融创新变量作为自变量进行分析。(2)为了进一步显示财政政策的变化对 LY 的影响,新增加三个财政变量:补贴类型、补贴增量(补贴是否增加)、补贴增加额(补贴增加多少)。显然,如果财政扶贫政策持续走强,这三个自变量的数值都是会增加的。对这三个新增加的财政政策的自变量的一般统计分析,详见表7-1。

---

① 当然,如果找不到显著变量,或者显著的变量之间缺乏逻辑关系,则可以认为巩固脱贫机制无法找到或者难以形成。

表7-1　巩固决策机制部分新增加六个变量的一般统计分析

符号	变量	问题与处理	贫困户		非贫困户	
			平均值	标准差	平均值	标准差
SB1	补贴类型	相比去年,今年您家领取的财政补贴的类型如何变化?(单选)1. 增加;2. 不变;3. 减少	1.84	0.517	1.66	0.759
SB2	补贴增量	相比去年,今年您家领取的财政补贴的金额如何变化?(单选)1. 增加;2. 不变;3. 减少	1.62	0.672	1.43	0.713
SB3	补贴增加额	如果您家领取的财政补贴增加了,每一个月大约增加了多少?（单选)1. 100 元以下;2. 100—200 元;3. 200—300 元;4. 300—400 元;5. 400 元及以上	1.57	1.096	1.51	1.051
HN	家庭属性	1. 低保、五保、贫困户;2. 一般贫困户;3. 脱贫户;4. 非贫困户;5. 低收入户;6. 其他户(比如富裕户);7. 村干部(处理方式:1 为 1,2、3 为 2,4、5 为 4,6、7 为 6)	1.68	0.566	4.41	0.814
PC	脱贫方式	1. 发展生产;2. 易地搬迁;3. 生态补偿;4. 发展教育;5. 保障兜底;6. 其他	1.98	1.67	—	—

资料来源:本书调研数据整理所得。

在表7-1中,从补贴类型和补贴金额来看,贫困户和非贫困户的补贴整体都有所增加,但是增加并不十分明显。从补贴增量变量看,贫困户明显高于非贫困户,这说明临近2020年的最后脱贫期限,部分贫困户得到了较多的补贴。但是其他已经脱贫的贫困户的补贴增加较小甚至下降①。从财政类三个

——————

① 在一些地区,推行一种退贫补贴的政策。该政策规定,如果贫困户当年承诺脱贫,就奖励3000—5000 元不等的金额。这项政策对于提高贫困户在脱贫承诺书上签字具有直接的推动作用。但是,这项奖励政策,每一个贫困户都只能用一次。临近 2020 年,随着更多的贫困户脱贫,退贫补贴额就会出现"季节性"波动。

变量的数据能够说明,贫困户享受到的财政补贴的种类和数额都在增加。与此同时,由于我国的养老保障等制度的不断完善,非贫困户享受到的财政补贴的金额和数量也在增加,说明非贫困户享受到的财政补贴有向贫困户靠拢的趋势,即随着我国保障制度的逐步完善,特惠力度将会减少,普惠程度将会增加。

3. 控制变量。新设立两个控制变量,一个是家庭属性变量,另一个是脱贫方式变量,统计数据见表7-1。之所以要控制这两个变量,目的是控制一些家庭和个体方面的因素以及生产方式选择方面的因素。在中国有90%以上的建档立卡贫困户得到了产业扶贫和就业扶贫支持的情况下[1],贫困户的选择应该靠近1。

在表7-1中,在家庭属性这个变量中,在贫困户部分低保和五保贫困户所占的比例较高,说明低保和五保类保障政策有向贫困户倾斜的趋势。家庭属性的数据增加,反映出贫困户的家庭经济条件和社会地位逐步变好。在非贫困户部分,他们认为的脱贫方式上,倾向于支持生产方向而远离保障方向,由此说明社会担心的社会保障“堆大户”的现象不是十分严重,产业扶贫在脱贫中的作用仍然是非常强劲的。

(三) 计量分析

根据本章的研究内容,以 LY 为目标变量进行回归分析,但是为了区分短期效用(lnu)以及脆弱性的关键因素,进而明确巩固机制的独特环节,需要区分稳态效用下的 LY、lnu 和 w4000 的决定因素之间的差异,通过比较稳态效用、传统效用和扩展效用作用方式以显示这种差异性。为此,设立分别以 LY、lnu 和 w4000 为目标变量的方程进行对比分析。

另外,增加全部样本的回归数据与贫困户数据进行对比,来看增加非贫困

---

① 习近平:《在决战决胜脱贫攻坚座谈会上的讲话》(2020 年 3 月 6 日),《人民日报》2020 年 3 月 7 日。

户样本后稳态效用的支撑变量是否有显著变化（实际上，在普惠制度下这些变量的系数不应该有显著变化）。计量结果见表 7-2，计量结果的简表见表 7-3（简表就是将不显著的变量去掉后剩下的变量）和表 7-4（仅仅表达 LY 为因变量的方程系数）。这里主要依靠表 7-3 和表 7-4 来寻找支撑稳态效用的变量，以便分析扶贫政策消减后，哪些变量能够支撑贫困户的生产生活维持不变甚至会变得更好。

表 7-2　巩固决策质量的计量分析

	LY	lnu	W4000	LY	Lnu	W4000
	系数	系数	系数	系数	系数	系数
风险态度	0.06 （1.853）	0.003 （0.113）	0.009 （0.609）	0.049 （1.615）	0.013 （0.979）	0.012 （0.928）
穿衣问题	0.028 （1.082）	0.015 （0.62）	−0.003 （−0.25）	0.04 （1.574）	0.012 （1.08）	0.004 （0.369）
穷人类型	−0.07 （−1.077）	0.034 （0.552）	−0.068 （−2.332）	−0.064 （−1.052）	0.036 （1.356）	−0.05 （−1.888）
房屋攀比	0.01 （0.167）	0.019 （0.335）	0.052 （1.896）	−0.055 （−0.956）	−0.01 （−0.381）	0.045 （1.818）
技术渠道	0.034 （1.496）	−0.042 （−1.998）	−0.014 （−1.372）	0.041 （1.896）	−0.015 （−1.607）	−0.02 （−2.165）
三权时间	−0.006 （−0.172）	−0.059 （−1.888）	0.004 （0.255）	0.009 （0.301）	−0.023 （−1.626）	0.013 （0.92）
理解能力	−0.052 （−1.636）	−0.025 （−0.836）	−0.007 （−0.51）	−0.064 （−2.119）	−0.016 （−1.198）	−0.013 （−0.992）
独立意见	−0.034 （−1.518）	−0.089 （−4.232）	−0.009 （−0.931）	−0.045 （−2.151）	−0.042 （−4.478）	−0.014 （−1.507）
风险决策	−0.008 （−0.348）	−0.07 （−3.291）	−0.012 （−1.174）	0.006 （0.287）	−0.023 （−2.426）	−0.003 （−0.294）
致富行业	0.01 （0.4）	0.036 （1.614）	0.026 （2.402）	−0.011 （−0.467）	0.019 （1.898）	0.017 （1.673）
遭遇风险	0.006 （0.277）	0.036 （1.646）	−0.007 （−0.65）	0.015 （0.669）	0.022 （2.248）	−0.008 （−0.792）
子女前途	0.077 （1.679）	0.106 （2.443）	0.06 （2.891）	0.043 （0.985）	0.059 （3.055）	0.046 （2.436）

续表

	LY	lnu	W4000	LY	Lnu	W4000
	系数	系数	系数	系数	系数	系数
居住拥挤	−0.055 (−1.613)	−0.027 (−0.84)	0.006 (0.384)	−0.043 (−1.343)	−0.01 (−0.674)	0.003 (0.232)
教育支出	−0.071 (−1.446)	−0.044 (−0.951)	0.027 (1.231)	−0.011 (−0.259)	−0.006 ( )	0.026 (1.354)
医疗补贴	3.02E−06 (0.928)	6.42E−07 (0.209)	2.34E−06 (1.603)	4.00E−06 (1.199)	−4.64E−07 (−0.32)	2.32E−06 (1.594)
祝贺人数	0.024 (0.838)	−0.031 (−1.134)	0.021 (1.602)	0.014 (0.513)	−0.007 (−0.556)	0.015 (1.236)
流入平整	−0.022 (−0.409)	0.02 (0.403)	0.056 (2.323)	0.017 (0.341)	0.031 (1.387)	0.041 (1.889)
流出平整	0.012 (0.121)	−0.115 (−1.238)	−0.097 (−2.2)	0.016 (0.166)	−0.066 (−1.569)	−0.084 (−2.052)
生态环境	0.154 (2.649)	−0.01 (−0.186)	0.071 (2.744)	0.134 (2.481)	0.001 (0.047)	0.051 (2.159)
卧室整洁	0.069 (2.04)	0.03 (0.947)	−0.026 (−1.692)	0.075 (2.302)	0.015 (1.018)	−0.028 (−1.951)
自建消费比	−0.091 (−0.868)	−0.084 (−0.853)	−0.033 (−0.713)	−0.085 (−0.872)	−0.056 (−1.285)	−0.043 (−1.01)
信贷规模	−0.005 (−0.563)	−0.011 (−1.321)	0.004 (1.091)	0 (−0.053)	−0.008 (−2.309)	0.005 (1.518)
转移收入占比	0.123 (1.385)	0.008 (0.098)	0.073 (1.822)	0.149 (1.683)	0.034 (0.878)	0.087 (2.264)
教育自费比	−0.023 (−0.103)	0.274 (1.301)	0.165 (1.641)	−0.169 (−0.839)	0.065 (0.732)	0.152 (1.729)
医疗自费比	−0.019 (−0.096)	0.262 (1.426)	0.047 (0.536)	−0.237 (−1.261)	0.133 (1.591)	0.039 (0.468)
建房自费比	0.918 (1.035)	2.08 (2.493)	−0.172 (−0.433)	0.897 (0.984)	0.877 (2.162)	−0.188 (−0.47)
干部帮扶	−0.025 (−0.99)	0.008 (0.319)	0.021 (1.786)	−0.015 (−0.637)	−0.002 (−0.152)	0.016 (1.562)
扶贫手册是否完整	−0.005 (−0.182)	−0.037 (−1.394)	0.009 (0.747)	0.003 (0.109)	−0.024 (−1.984)	0.008 (0.651)
村平均收入	−0.009 (−0.055)	0.396 (2.679)	−0.013 (−0.185)	−0.203 (−1.423)	0.099 (1.556)	−0.06 (−0.959)

续表

	LY	lnu	W4000	LY	Lnu	W4000
	系数	系数	系数	系数	系数	系数
扶贫项目	-0.047 (-1.115)	-0.027 (-0.689)	0.021 (1.105)	-0.054 (-1.36)	-0.005 (-0.302)	0.021 (1.188)
村收入差距	-0.075 (-0.514)	0.267 (1.958)	-0.152 (-2.342)	-0.134 (-0.99)	0.078 (1.301)	-0.146 (-2.464)
利益联结	0.01 (0.398)	0.04 (1.639)	-0.013 (-1.134)	-0.019 (-0.768)	0.021 (1.925)	-0.02 (-1.917)
村干部能力	0.03 (2.025)	0.022 (1.591)	-0.011 (-1.635)	0.006 (1.717)	0 (0.226)	-0.004 (-2.327)
村干部工作	-0.052 (-1.946)	-0.038 (-1.536)	0.025 (2.091)	-0.037 (-1.468)	-0.012 (-1.075)	0.015 (1.341)
防贫险意愿	0.034 (0.631)	-0.065 (-1.28)	-0.045 (-1.881)	0.055 (1.133)	-0.019 (-0.871)	-0.038 (-1.814)
防贫险激励	-0.075 (-2.512)	-0.004 (-0.16)	-0.001 (-0.083)	-0.05 (-1.831)	-0.002 (-0.196)	0.003 (0.277)
扶贫入股	0.006 (0.202)	-0.06 (-2.293)	-0.005 (-0.436)	0.007 (0.265)	-0.038 (-3.19)	-0.006 (-0.498)
人情转股	-0.069 (-2.196)	-0.03 (-1.013)	0.008 (0.554)	-0.041 (-1.495)	-0.002 (-0.204)	0 (-0.031)
增益分配	-0.031 (-1.116)	-0.023 (-0.878)	0.015 (1.196)	-0.003 (-0.116)	0.007 (0.598)	0.012 (1.096)
贷款贴息	0.099 (2.601)	0.056 (1.572)	0.003 (0.156)	0.081 (2.34)	0.015 (0.99)	0.012 (0.815)
补贴类型	0.043 (0.489)	0.146 (1.75)	0.061 (1.537)	0.076 (0.988)	0.091 (2.667)	0.011 (0.329)
补贴是否增加	0.018 (0.262)	-0.07 (-1.077)	-0.012 (-0.4)	0.06 (0.907)	-0.037 (-1.285)	0.004 (0.146)
补贴增加	-0.017 (-0.438)	0.019 (0.504)	0.035 (1.99)	-0.042 (-1.153)	0.008 (0.49)	0.021 (1.291)
家庭属性	-0.052 (-0.735)	-0.119 (-1.783)	0.038 (1.197)	-0.248 (-6.698)	-0.051 (-3.077)	0.021 (1.299)
脱贫方式	0.087 (3.535)	-0.015 (-0.644)	0.016 (1.471)	0.096 (3.918)	-0.003 (-0.269)	0.018 (1.687)
R^2	0.145	0.195	0.18	0.217	0.18	0.145

资料来源：本书调研数据整理所得。

表 7-3 巩固决策质量的计量分析(简表)

	贫困户样本			全部样本		
	LY	**lnu**	**w4000**	**LY**	**lnu**	**w4000**
	系数	系数	系数	系数	系数	系数
风险态度	0.06 (1.853)	—	—	—	—	—
穿衣问题	—	—	—	—	—	—
穷人类型	—	—	−0.068 (−2.332)	—	—	−0.05 (−1.888)
房屋攀比	—	—	—	—	—	0.045 (1.818)
技术渠道	—	−0.042 (−1.998)	—	0.041 (1.896)	—	−0.02 (−2.165)
三权时间	—	−0.059 (−1.888)	—	—	—	—
理解能力	—	—	—	−0.064 (−2.119)	—	—
独立意见	—	−0.089 (−4.232)	—	−0.045 (−2.151)	−0.042 (−4.478)	—
风险决策	—	−0.07 (−3.291)	—	—	−0.023 (−2.426)	—
致富行业	—	—	0.026 (2.402)	—	0.019 (1.898)	0.017 (1.673)
遭遇风险	—	—	—	—	0.022 (2.248)	—
子女前途	0.077 (1.679)	—	0.06 (2.891)	—	0.059 (3.055)	0.046 (2.436)
居住拥挤	—	—	—	—	—	—
教育支出	—	—	—	—	—	—
医疗补贴	—	—	—	—	—	—
祝贺人数	—	—	0.021 (1.602)	—	—	—
流入平整	—	—	0.056 (2.323)	—	—	0.041 (1.889)
流出平整	—	—	−0.097 (−2.2)	—	—	−0.084 (−2.052)

续表

	贫困户样本			全部样本		
	LY	**lnu**	**w4000**	**LY**	**lnu**	**w4000**
	系数	系数	系数	系数	系数	系数
生态环境	0.154 (2.649)	—	0.071 (2.744)	0.134 (2.481)	—	0.051 (2.159)
卧室整洁	0.069 (2.04)	—	−0.026 (−1.692)	0.075 (2.302)	—	−0.028 (−1.951)
自建消费比	—	—	—	—	—	—
信贷规模	—	—	—	—	−0.008 (−2.309)	—
转移收入占比	—	—	0.073 (1.822)	0.149 (1.683)	—	0.087 (2.264)
教育自费比	—	—	0.165 (1.641)	—	—	0.152 (1.729)
医疗自费比	—	—	—	—	—	—
建房自费比	—	2.08 (2.493)	—	—	0.877 (2.162)	—
干部帮扶	—	—	0.021 (1.786)	—	—	—
扶贫手册是否完整	—	—	—	—	—	—
村平均收入	—	0.396 (2.679)	—	—	—	—
扶贫项目	—	—	—	—	—	—
村收入差距	—	0.267 (1.958)	−0.152 (−2.342)	—	—	−0.146 (−2.464)
利益联结	—	—	—	—	0.021 (1.925)	−0.02 (−1.917)
村干部能力	0.03 (2.025)	—	−0.011 (−1.635)	0.006 (1.717)	—	−0.004 (−2.327)
村干部工作	−0.052 (−1.946)	—	0.025 (2.091)	—	—	—
防贫险意愿	—	—	−0.045 (−1.881)	—	—	−0.038 (−1.814)

续表

	贫困户样本			全部样本		
	LY	**lnu**	**w4000**	**LY**	**lnu**	**w4000**
	系数	系数	系数	系数	系数	系数
防贫险激励	-0.075 (-2.512)	—	—	-0.05 (-1.831)	—	—
扶贫入股	—	-0.06 (-2.293)	—	—	-0.038 (-3.19)	—
人情转股	-0.069 (-2.196)	—	—	—	—	—
增益分配	—	—	—	—	—	—
贷款贴息	0.099 (2.601)	—	—	0.081 (2.34)	—	—
补贴类型	—	0.146 (1.75)	—	—	0.091 (2.667)	—
补贴是否增加	—	—	—	—	—	—
补贴增加	—	—	0.035 (1.99)	—	—	—
家庭属性	—	-0.119 (-1.783)	—	-0.248 (-6.698)	-0.051 (-3.077)	—
脱贫方式	0.087 (3.535)	-0.015 (-0.644)	—	0.096 (3.918)	—	0.018 (1.687)
R^2	0.145	0.195	0.18	0.217	0.18	0.145

资料来源:本书调研数据整理所得。

1. 稳态效用的影响因素分析。从表7-3和表7-4中能够看出,贫困户稳态效用的支撑力量与非贫困户有很大的相似性,大致可以得到如下四条结论:

(1)所有财政扶贫政策的变量都不太显著。无论是贫困户还是非贫困户样本,新增加的三个财政扶贫指标都没有通过10%的显著性水平检验,财政转移性收入这个变量,也只在10%的显著性水平上显著,但没有通过5%的显著性水平检验。这说明,在提高决策总效用的过程中,金融创新工具存在替代政府的扶贫投入的可能性(如果金融创新工具是显著变量的话)。另外,如果使用金融创新工具进行贫困帮扶,金融工具变量是可以随市场价格的变化而变化的,而且市场均衡比较容易实现,与财政工具相比较,可操作性更强。

(2)三类金融工具变量基本上都是显著的,其中两个工具在贫困户和非贫困户中都是显著的。这说明,相比继续增加财政帮扶资金,创新的金融工具变量可能更容易成为稳态效用的支撑力量。换言之,在政府投入不增加或者稍微增加的情况下,金融帮扶可以起到较好的外在减贫作用。

(3)稳态效用支撑力量,从显著变量的类型上来讲可以归纳为认知因素(风险态度)——决策内容因素(子女前途)——生态资本(生态环境和卧室整洁)——乡村因素(村干部能力和工作方式)等五类变量[①]。这五类变量是符合逻辑关系的,依据村干部能力的提升和工作方式的完善,贫困户可以通过组合内生变量和外生变量与乡村因素形成匹配关系和相互促进关系,从而使得他们的决策质量向稳态靠近。

(4)脱贫方式的数据说明,社会兜底的脱贫方式下,LY 的数据越大,贫困户维持现有生活不下降的可能性就越小,这也是情理之中的事情,符合我国脱贫攻坚的实践经验[②]。

由此可知,在后脱贫阶段,扶贫投入力度会逐步回归到正常范围之内,以及扶贫倾斜力量变小的政策背景下,通过对乡村因素、金融工具创新和贫困户决策质量内生变量和外生变量有效组合,确实可以继续推进脱贫质量的提高。简言之,在脱贫过程中,贫困群体中确实存在自我强化的机制,能够保证其实现主体性功能。

[①]　与非贫困户数据对比后可以发现,生态资本(生态环境)—乡村因素(村干部能力)在贫困户样本和全样本中都是显著的,而且符号一致,说明这两个因素对于巩固机制具有更高的价值。

[②]　习近平总书记在 2020 年 3 月 6 日决战决胜脱贫攻坚座谈会上的讲话中就提到巩固脱贫成果的困难,其中就包括"政策性收入占比高"这个事实,详见习近平:《在决战决胜脱贫攻坚座谈会上的讲话》,《人民日报》2020 年 3 月 7 日。

表7-4　LY计量分析的简化表格

	LY（贫困户样本）		LY（全样本）	
	系数	t	系数	t
风险态度	0.06	1.853	—	—
技术渠道	—	—	0.041	1.896
理解能力	—	—	−0.064	−2.119
独立意见	—	—	−0.045	−2.151
子女前途	0.077	1.679	—	—
生态环境	0.154	2.649	0.134	2.481
卧室整洁	0.069	2.04	0.075	2.302
转移收入占比	—	—	0.149	1.683
村干部能力	0.03	2.025	0.006	1.717
村干部工作	−0.052	−1.946	—	—
防贫险激励	−0.075	−2.512	−0.05	−1.831
人情转股	−0.069	−2.196	—	—
贷款贴息	0.099	2.601	0.081	2.34
补贴类型	—	—	—	—
补贴增量	—	—	—	—
补贴增加额	—	—	—	—
家庭属性			−0.248	−6.698
脱贫方式	0.087	3.535	0.096	3.918
R^2	0.145	—	0.217	—

资料来源：根据表7-3整理所得。

2. 乡村因素对第六章构建的金融创新工具的影响（详见表7-5）。根据前面的分析已经明确，贫困户决策质量的内生变量、外生变量之间的关系，乡村因素和政策因素对贫困户决策的内生变量和外生变量之间的关系，以及第六章金融创新工具对决策的内生变量和外生变量的影响,还需要进一步明确乡村和政策因素对金融创新工具的影响,以便形成逻辑一致的分析。由于倾斜性的扶贫政策因素在巩固机制中被认为是逐步消除的①,因此这里重点分析乡村因素对金融创新工具的影响。

在表7-5中,村干部能力和村干部工作两个变量对创新1(保险类)和创新2(人情股份类)影响显著,对创新3(信贷类)的影响较小。村干部能力变量对创新1和创新2的影响系数则出现相反的情况。这说明两类金融工具有一定的替代关系或者竞争关系。换言之,贫困户依托使用人情股份的创新(非正规保险)和依托正规保险的保险类创新之间具有一定的替代关系。乡村收入差距或者乡村治理因素对创新2和创新3具有显著影响,但是符号相反。由此说明乡村治理的完善可能有助于人情股份工具的实施(减少抵制),降低了农村信贷的风险,因而对以管理风险为目标的信贷空间的增长有所制约。

表7-5　乡村因素对金融创新工具的影响

	创新 1		创新 2		创新 3	
	系数	t	系数	t	系数	t
(常量)	0.474	0.637	−3.414	−2.038	1.442	0.917
村平均收入	−0.036	−0.469	0.461	2.631	−0.058	−0.351
扶贫项目	0.007	0.338	−0.049	−1.025	−0.012	−0.267
村收入差距	0.009	0.126	0.36	2.212	−0.292	−1.912
利益联结	−0.005	−0.405	0.006	0.205	−0.024	−0.856
村干部能力	−0.016	−2.466	0.101	6.935	0.003	0.232

①　在我们的前期研究中,分析过农村的财政和金融政策对农民增收效果的对比分析,结论是金融比财政更有效。详见李志平:《公共财政、金融深化对农户增收绩效的对比分析——基于对河南省338份问卷》,《华中农业大学学报(社会科学版)》2011年第6期。

续表

	创新 1		创新 2		创新 3	
	系数	t	系数	t	系数	t
村干部工作	0.022	1.682	−0.046	−1.526	−0.021	−0.753
家庭属性	0.053	1.514	−0.075	−0.939	−0.033	−0.44
脱贫方式	0.028	2.344	−0.075	−2.762	−0.009	−0.363
R^2	0.025	—	0.094	—	0.011	—

资料来源:本书调研数据整理所得。

最后,根据第三章至第五章的结论以及表7-5的计量结果,支撑稳态效用的四类变量可以组成一个逻辑关系(详见图7-1)。

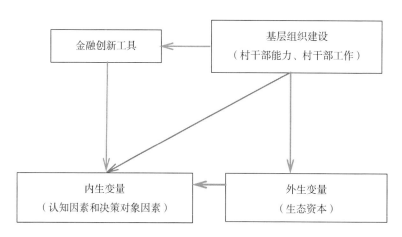

图 7-1　贫困户决策机制的自我推动机制示意图

如图7-1所示,在扶贫政策逐渐退出之后,乡村因素将起到越来越重要的作用。通过村干部工作能力的提升和工作内容的调整可以提高贫困户的生态资本的价值(经营乡村环境,得到绿水青山所带来的收益),并且通过民主评议和村干部干群关系的调整影响内生变量中的认知因素和决策对象因素,进而通过生态资本这一外生变量的中介进一步影响内生变量的变化,最后稳定提高贫困户的决策质量。在这个过程中,乡村基层组织倡导、推动并组织实施创新的金融工具,可以进一步消除贫困户在从事产业和物业方面的后顾之忧(风险因素),通过及时调整认知因素及其对长远的规划(对未来的预期,子女前途),提高贫困户的内生变量,最终趋向贫困户决策质量的稳态效用。

然而,要将图7-1中的逻辑关系变成实际操作工具,将好的设计落地见效,还需要进一步设计运行机制。这一部分将在下文尝试分析。

3. 效用与稳态效用。将表7-3中贫困户样本中的第一个和第二个模型重新做成简表7-6。在表7-6中,可以看出贫困户稳态效用的支持因素与传统效用的决定因素存在明显的差异性,这说明从长远看满足当前贫困户的效用最大化的扶贫行为可能不是最优的。这个结论反过来也证明,贫困户的效用函数是可变的,即在当前效用水平上所做出的选择,在换了效用函数之后,该效用最大化的选择就会发生变化。这也进一步解释了第一章中贫困户决策的特殊现象。多用感性决策的贫困户可以满足当前效用的最大化,却不能满足长期效用的最大化,因此可以通过引导贫困户的决策方式,提升决策质量,以增加其长期效用。假设补贴一个贫困户500元,希望他支持孩子上学,结果他可能用这笔钱买了肉,理由是孩子的身体比上学更重要。用表7-6中的逻辑关系解释,即他买肉是提高其效用水平的直接变量,但是并非该家庭趋于稳态效用的支撑变量。

表7-6　贫困户稳态性质与效用的对比分析

	LY		lnu	
	系数	t	系数	t
风险态度	0.06	1.853		
技术渠道			−0.042	−1.998
三权时间			−0.059	−1.888
独立意见			−0.089	−4.232
风险决策			−0.07	−3.291
子女前途	0.077	1.679		

续表

	LY		lnu	
	系数	t	系数	t
生态环境	0.154	2.649		
卧室整洁	0.069	2.04		
建房自费比			2.08	2.493
村平均收入			0.396	2.679
村收入差距			0.267	1.958
村干部能力	0.03	2.025		
村干部工作	−0.052	−1.946		
防贫险激励	−0.075	−2.512		
扶贫入股			−0.06	−2.293
人情转股	−0.069	−2.196		
贷款贴息	0.099	2.601		
补贴类型			0.146	1.75
家庭属性			−0.119	−1.783
脱贫方式	0.087	3.535		
R^2	0.145		0.195	

资料来源:根据表7-3简化所得。

表7-7 稳态效用性质和脆弱性

	LY		w4000	
	系数	t	系数	t
风险态度	0.06	1.853		
穷人类型			−0.068	−2.332
致富行业			0.026	2.402
子女前途	0.077	1.679	0.06	2.891
祝贺人数			0.021	1.602
流入平整			0.056	2.323
流出平整			−0.097	−2.2
生态环境	0.154	2.649	0.071	2.744
卧室整洁	0.069	2.04	−0.026	−1.692

续表

	LY		w4000	
	系数	t	系数	t
转移收入占比			0.073	1.822
教育自费比			0.165	1.641
干部帮扶			0.021	1.786
村收入差距			−0.152	−2.342
村干部能力	0.03	2.025	−0.011	−1.635
村干部工作内容	−0.052	−1.946	0.025	2.091
防贫险意愿			−0.045	−1.881
防贫险激励	−0.075	−2.512		
人情转股	−0.069	−2.196		
贷款贴息	0.099	2.601		
补贴增加			0.035	1.99
脱贫方式	0.087	3.535		
R^2	0.145		0.18	

资料来源:根据表7-3简化所得。

在表7-6中可以看出,稳态效用与当前效用的影响因素之间存在明显的差距。在内生变量方面,贫困户的信息因素和决策技巧因素比较显著,但在认知和决策内容方面却并不显著。在外生变量方面,贫困户当前更满足于金融信贷等短期可以见的钱财因素,土地、生态等长远因素却得不到应有的重视。这进一步证明了第二章的结论,即贫困户更倾向于算小账、眼前账,而忽视长期效应、根本利益。从这个角度也可以看出,对贫困户进行决策引导存在较大的空间①。

4. 脆弱性和稳态效用(详见表7-7)。在表7-7中,决定稳态效用性质和

① 诺贝尔经济学奖获得者理查德·泰勒认为,一般人做出的大大小小的决策中包括难以计数的偏见、非理性的甚至是荒谬的成分。贫困群体决策中更多使用第一套决策系统,因而这种非理性和荒谬的、能够满足当前效用的决策就更多。因此,只需要轻轻一推(引导),决策质量就会发生明显的变化。详见理查德·泰勒:《助推:如何做出有关健康、财富与幸福的最佳决策》(书名中的助推的英文是 nudge,有人翻译为"轻轻一推"),中信出版社2015年版。

决定脆弱性的因素中,除了风险态度变量之外,决定稳态效用性质的内生变量、外生变量、乡村因素对脆弱性的影响也是显著的,说明稳态效用性质的决定因素更靠近脆弱性的分析(动态分析),而远离即期效用的决定因素①。子女前途、生态环境、卧室整洁、村干部能力、村干部工作等变量,既是降低脆弱性的变量也是决定稳态效用性质的变量。

需要注意的是,因稳态效用性质和决定脆弱性的部分因素的作用方向并不相同,如村干部的工作内容等,在稳态效用性质的方程中,反映村干部的工作内容变量的系数是负数,而在脆弱性的方程中,反映村干部工作内容的变量的系数则是正数。究其原因,村干部争取项目和争取产业具有更长远的价值,因为一个地区没有产业收入,经济发展水平不可能很高,只是在发展过程中,贫困户是弱势群体,在产业收益中分配得较少,在产业成本中分配得更多,因而很容易拉开收入差距,从而提高了贫困户的脆弱性。这个结论也具有重要的政策含义,农村发展不仅只有发展产业一项内容,还应该特别注意增加宣传和动员的工作,让贫困户了解当期和长期的关系,学会以长远的眼光看待问题,以低成本达到稳态的决策效用水平。

三、巩固贫困户决策质量的机制设计

前文分析了基于 LY 影响因素可以形成巩固贫困户决策质量的情况,要具体落实这些巩固机制,还需要结合现实条件进行进一步分析,以此作为巩固机制必然存在的分析。

(一) 设计思路

根据图 7-1 的逻辑,进一步设计巩固贫困户决策质量的机制(详细见图

①　这个结论验证了扩展效用分析要比传统效用分析更具有研究的价值。这也为本书第四章和第五章使用脆弱性指标代替扩展效应提供了一个佐证。

7-2)。根据联合生产的思路,联合生产是贫困户之间的联合生产,也是乡村中各相关组织的联合生产。在图7-1中,就存在三个行为主体(贫困户、乡村和政府部门)。我们知道,能人大户和金融部门也是农村中非常重要的行为主体,因此也需要纳入联合生产中。在贫困户决策质量巩固机制中,就应该包括这五个主体的联合生产。可操作机制的设计过程如下:

1. 增加两个项目库。根据当前精准扶贫和乡村振兴的实践,以及当前农村信息化水平的提高,特别设计增加两个项目库的相关内容,即乡村建设项目库和乡村人才项目库。(1)乡村建设项目库主要是乡村发展中产生的或应该存在的项目,当前乡村振兴规划中乡村建设项目已经基本成型,可以直接拿来使用。一般来说,项目的多少和项目设计得好坏直接相关,设计水平决定着乡村项目和乡村产业的状态。在本机制设计中项目库被看作是不可变的,或者是已经确定的。(2)与此相对应的是,乡村人才信息库没有现成的版本,精准扶贫政策下,相当一部分乡村人才的任务是由驻村工作队和帮扶干部来完成的。随着扶贫工作的结束,驻村工作队和帮扶干部有可能回到原单位,逐步脱离了与乡村的联系,因此组建城乡之间人才互动的信息库,将成为贫困户能够持续稳定脱贫的重要因素,也是吸引能人大户回乡创业或参加乡村建设的重要保障。在一些地区,镇政府已经动员了一些能人大户回乡创业,想方设法提高能人大户回乡的动力和积极性。当前,全国的统一的、以文件形式存在的乡村人才项目库还没有形成。在大数据技术下,随着城乡人口资源、资本资源以及其他资源之间的相互流动,组建乡村人才项目库势在必行。由于这项内容不是本研究的主题,因此也把它看作是既定的或已经确定的。

2. 增加一个联合生产的组织(如"共享有限责任公司")。(1)有限责任公司在这里有两层含义:第一,是指联合生产的组织需要将成本和收益进行对应,而成本主要是联合生产中投入的资源,公司经营权和收益权均按投入股份进行计量。第二,有限责任公司意味着贫困户可以对参与程度进行选择,以满足其个性化的需求。(2)该有限责任公司与其他有限责任公司的区别就在于,这种公司中有一些股份,按照贫困户的认知和决策程度进行"赠与",当贫困户的认知和决策有所改善,就可以获得增加股份,但是如果下降,就会失去这些股份。(3)五类行为主体进入形成联合生产组织,投入的资源比例是不相同的。金融部门投入的是现金或者是以期权保险等方式的金融资产,能人大户和村组织投入的可能是人力资本和社会资本,而贫困户则投入的是以其自有资源和村集体资产收益型扶贫所形成的股份。这样贫困户实际得到了三类股份:一是自有土地等生态资本入股形成的股份,二是村集体资产收益扶贫形成的股份,三是凭靠其认知行为调整而获得的"赠与"股份。显然随着该有限责任公司的正常运行,贫困户的这三类资产是动态变化的,该动态变化过程可以看作是贫困户进行资产组合的过程,以获得其最大的收益。这个过程中贫困户的内生变量和外生变量,以及他们对乡村变量的影响方式都会发生改变,最终能够在这些动态变化过程中调动市场主体和贫困户的行为,实现联合生产的可持续性,贫困户得到稳态效用决策质量。

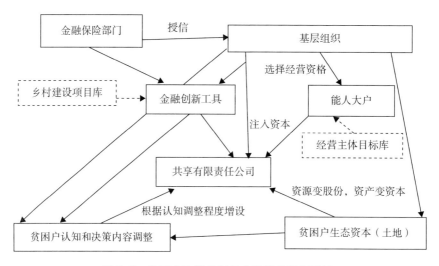

图7-2 贫困户决策机制的自我推动机制设计

（二） 运行框架

根据图 7-2 的思路，分为七个步骤进行分析。

第一步，基层政府职能重组与分解。利用市场外包将基层组织的部分职能和任务拆分，选择乡村发展项目进行打包和储备，根据自己的财力、人力的储备情况，重新制订相关职能的规划，便于进行与企业和其他部门的分工和合作。

第二步，确定共享有限责任公司具体要做什么，需要多少投资。根据政府职能的重新定位，确定政府资金和金融工具的资金规模、增长比例和保障手段：一是固定资产，比如特为某企业建设的厂房、设备、研发机构、基地、实验平台等，进行项目评估估价。二是按照贴息、担保等方面货币资金形式进入共享有限责任公司，进行量股折算，做好财务会计分记录。

第三步，选择合适的目标企业。一是目标企业甄选标准，借助现代化的软件工具，将全国范围内的与本地区有关的能人大户进行排序，初步确定村人才项目库；二是通过招标、上门拜访等方式确定意向目标企业，并进行相关的权责利谈判；三是签订相关合同（包括银行信贷便利、税收优惠、土地流转等）；四是在扶贫干部中选择合宜的人选进行人员储备性培训。

第四步，根据第六章金融工具的设计思路，集体与银行、保险和大基金的对接。明确银行、保险、企业、地方政府、贫困户代表等利益相关群体的权责利，特别是银行、保险和大基金的贡献、风险分配等。在合适的时候，邀请城市资本、产业资本进入，增加资金供给的竞争性，便于资本的后续介入。

第五步，评估贫困户和集体资产的市场价值，形成农村资源包。

第六步，成立共享有限责任公司。该公司以一定的比例进行增资扩股。每年将新扩股的 50% 以上，转让给认知调整较好的贫困户，但是需要根据该贫困户的主动脱贫努力程度相挂钩，贫困户努力越多，带动能力越大，拥有的股份越多，进而将贫困户的股份进行扩股。具体来讲，每家贫困户购买 3 股，交村集体保管,村集体使用金融操作来增加 7 股(即贫困户购买 3 股可以拥有 10 股的分红和权利),以此增加贫困户主动脱贫的努力程度,并将此计入贫困户的诚信记录。增加共享有限公司的贫困户所占股份的份额。

第七步,充实村集体资产,开始新的循环。随着贫困户拥有的股份增加,贫困户在公司治理中的权重就越大,对现代化的公司治理和市场决策的认识能力和把握能力逐渐提高。

(三) 收益核算和风险分担

1. 收益。在这个联合生产的过程中,能人大户可以得到五个方面的收益,保证其能够盈利:一是乡村建设中垄断性质的收益;二是吸收贫困户资金和资本源源不断进入的收益;三是进入区域资本市场的收益;四是政治性收益或者广告收益;五是享受小额贷款、扶贫贴息、税后优惠等方面的收益。

贫困户可以获得五个方面的收益:一是以股东身份享受的分红收益;二是以要素提供者获得的工资和地租收益;三是扩股带来的新增收益;四是认知思维调整带来的收益;五是以贫困户身份获得的收益等。

从图 7-2 中可以看出,政府部门和乡村部门的收益。政府部门通过主导减贫过程,可以提高政府治理效能,推动治理现代化。乡村部门参与减贫是乡村工作的重要内容,降低贫困是乡村发展的重要指标。

2. 风险分担。在这个机制中还需要对风险和权利进行分担,以便能够使相关主体进一步投资和参与管理,同时也使各利益相关主体各司其职便于合作。目前各个行为主体的风险分担可以使用联合生产的均衡计算获得,也可以借鉴当前公私合营 ppp 项目中的风险分配。这里主要介绍依据后者所进行的风险分配的相关理论以及风险分配的领域。

(1)风险分配相关研究(详见表 7-8)。在表 7-8 中列出了多个学科对这种风险的判断依据和分配思路,这些思路可以被用来进行风险防范,贫困户决策质量提高的风险分担的最优方案归纳为表 7-9。

表7-8 联合生产的风险分配

理论	风险判断着力点	分配依据	风险分配思路	经典论断	代表成果
组织和管理方面的理论	组织(team);联盟;柔性战略;系统层面	控制权;财务绩效;战略优势;信息沟通	按照比较优势来承担风险;案例法、德尔菲法、AHP,模糊决策方法等	1+1≥2	张喆等(2012);王守清等(2009)
公共管理财政理论	公共物品的范围;政府职能	职能分工;文化认同	偏好显示,自愿承担(林德尔均衡):$\sum MRSgx=MRTgx$	公共物品私人提供	Jones and little(2002)
科技管理理论	创新体系;功能齐全	官一产一学一研;政一农一科一教	根据研发环节和步骤,按照研制成本和协调成本分配	合作创新,企业主导	world bank(2007)
农村发展理论	边缘群体;社会效应	社会,经济效益匹配	参与赋权,文化习俗;按"应担"进行分配	Farmer-first	Spielman and von Grebmer(2006)
知识产权理论	行政法与民商法的法律条款冲突	谁最能控制风险担风险	按照实际责任进行分配	保障投资人权益	徐向东(2014)
政策理论	财政实力;社会或公共需求	风险由最适宜方来承担	按照财政效率和所占股份进行分配	合适时机,量力而行	财政部(2014);Hartwich等(2007)
博弈理论	契约;行为	合作博弈;非合作博弈	核配置;纳什均衡精炼	Sharpley值;囚徒困境	
制度和产权理论	产权,激励	激励相容	按照交易成本最低进行分配	分成制	Li mei等(2008)
金融理论	风险投资	实物期权	期权定价	看涨期权;交换期权	刘继才(2010)
其他理论	风险扩散与耦合;算法或者算子	风险积聚点;风险内在关联	按限项目管理方法;按照信息结构风险结构优化路径	复杂性;动态残值	哈斯(2014);袁竞峰等(2011)

资料来源:项目组整理所得。

表7-9 贫困户决策质量提高的风险分担的最优方案

风险		风险承担者		
分类	细分	贫困户	村集体能人大户	银行保险部门
商业风险	技术风险	△	△	
	施工风险		△	
	运营风险		△	
	收益风险		△	△
	人员风险	△	△	
	环境风险	△		
	其他风险	△		△
非商业风险	政治风险		△	
	金融危机		△	△
	其他风险		△	△
不可控制风险	自然风险	△		△
	市场风险	△		△
	其他风险	△		

资料来源:本书调研数据整理所得。

(2)风险分配。在扶贫政策逐步走向"普惠"的情况下,贫困户、能人大户和乡村部门(村集体)对政治风险、人员安排、贫困状态把握、基础设施和自然风险应对具有不可推卸的责任。对未知风险,原则上是谁便利、谁成本低、谁负责,但是在事先安排上,三方都负有责任。

(四) 关键环节

本章设计的模式中,将贫困户投入纳入分析框架,将贫困户转化为一个正常的市场主体。这个转化的"机器"和"魔方"就是共享有限责任公司。当前,扶贫企业大部分都是中小企业、个体经营户,他们参与扶贫工作和乡村建设的工作,有些是基于"乡情""乡愁"进行的,但是从长久、可持续的角度看,让能人大户放心投入、可持续投入,就需要提高扶贫项目管理的法制化水平,用法制化来保证各方的收益风险。为此,要慎重选择能人大户,根据相关文献资料和调研,能人大户的甄选标准如下。

①具有一定的市场活力,市场竞争能力较强。

②能遵守协商机制,能人大户与集体之间可以相互信任,彼此间资源、信息须公开交流、共享。具有增资扩股便利和股权再交易便利。

③战略明确,涉农企业和深加工企业优先。在对象确定、目标计划、方案策略的制定与执行等方面,能够遵循公平公正公开的原则。

④具有合同管理和执行能力,伙伴关系要建立在相关的法律法规基础之上,能在合同中明确约定彼此的权责内容。

⑤具有至少一次与政府合作的经历。

⑥具有稳定的管理团队,领导者至少应该有大专以上学历,年龄不超过50岁,具有良好的开拓精神。

⑦其他条件,比如无银行等部门的不良记录等。

第八章　结论与对策

　　自从新中国成立以来,扶贫减贫工作一直是党和国家领导人极其关心的问题。根据当时的物质条件,中国先后开展了特点鲜明的扶贫减贫工作,大致可以分为零散救济式扶贫、市场改革驱动式扶贫、扶贫开发以及精准扶贫等四个阶段。在这四个阶段,中国各地都涌现出一批又一批的脱贫典型,取得了较高的脱贫成果。相比而言,在精准扶贫阶段,中国的贫困户决策质量的改变更剧烈,涌现出的脱贫典型更多,脱贫成绩更高、脱贫效果更为显著。2013 年之后特别是十八大以来,中国政府将扶贫减贫工作上升到政治高度,展开了全方位、立体式的减贫脱贫进程。按照 2010 年不变价 2300 元标准计算的贫困人口,中国从 2012 年的 9899 万下降到 2019 年的 551 万,贫困发生率降低到 0.6%,全国建档立卡贫困户的人均纯收入从 2015 年的 3416 元增加到 2019 年的 9808 元,年均增长 30.2%①。新冠肺炎疫情爆发以后,大部分国家的经济下行压力加大,贫困发生率不降反升。据世界银行估计,这次疫情将使 8%

---

　　①　参见习近平:《在决战决胜脱贫攻坚座谈会上的讲话》(2020 年 3 月 6 日),《人民日报》2020 年 3 月 7 日。

的世界人口落入贫困陷阱之中①。相比而言,中国各地区继续创造性使用精准扶贫战略②,成功抑制住新冠肺炎疫情蔓延所导致的因疫致贫和因疫返贫现象,使得贫困发生率继续下降。在这期间,中国的贫困户在行为和决策方面出现了令世人惊奇的变化。比如,部分贫困户流入土地进行专业化生产,积极参加致富带头人培训,多次参加公益活动(捐赠自己种植的农产品给灾区疫区)等等。这与世界其他地区的"等靠要""安贫乐道"等决策方式形成明显的对比。

众所周知,贫困是人类社会共同面对的难题。有效的反贫困经验将使全人类受惠。将中国的扶贫经验讲好、讲清楚,是一件利国利民的大事。如果将各国开展扶贫脱贫工作看作是参加高考,成功的经验可以从多个方面来总结,其中最重要的、最常提到的有两个方面,一是来自家长和教师的主导性经验;二是学生努力克服困难的主体性经验。这两个方面的经验都非常重要、缺一不可。当前讲述和分析主导性经验的文献比较丰富。在疫情等重大突发事件冲击下,中国充分发挥制度优势、体制优势等主导性优势,对标消除绝对贫困人口,更是被大量的学者所认可、被世界所赞许。相比而言,关于贫困户如何克服困难、如何成长等主体性经验的学术成果却较少③。从长远看,总结和分析中国贫困人口提高主动性和积极性与脱贫成功之间的联系,能够为国内外扶贫减贫工作带来重要的启示④。

在市场化和全球化的背景下,从贫困户的市场决策质量入手总结贫困户

---

① Abi-Habib, M. *Millions had risen out of poverty. coronavirus is pulling them back*, *New York Times*, 2020-Apr-30. https://ezproxy.rit.edu/login? url = https://search-proquest-com.ezproxy.rit. edu/docview/2397125692? accountid = 108.

② 比如,扶贫工作队就地转变为抗疫队、防疫队,党员干部带头组建群防群控组织,及时为贫困群众送衣送药等。

③ 如果用外因和内因的关系重新表述,就是关于外因的文献多,关于内因的文献少。

④ 从内外因关系上看,贫困户的决策质量的提升是内因,外因要通过内因起作用。

的主体性贡献,越来越具有迫切性①。半个世纪以前,人们主要关注如何通过丰富贫困户决策的外部条件、拓展贫困户决策质量的外生变量以提高贫困户的决策质量,比如完善基础设施,增加贫困户的设备、良种等物质资本,对贫困户进行教育提高其人力资本。换言之,如果"人穷志短"中"人穷"与"志短"之间存在必然的联系,那么给贫困户资本设备,增加其收入,就应该能够降低"志短"的比例,提高"长远打算"的比例。实际上,这些策略并不是总是有效,比较突出的就是出现了"等靠要"行为。实践经验表明,改变贫困人口的"人穷"问题并不一定就能解决"志短"问题。

近一二十年来,通过"倾听穷人的声音"等方法②,主流学者和实践者逐步认识到贫困人口决策质量的内生变量所具有的"威力"。相比收入贫困、消费贫困而言,"贫困接纳"、信心缺乏等固化思维模式、消极认知模式等变量,被视作更为根本性的贫困致因。2015年世界银行发展报告提出思维与贫困的关系,2019年的诺贝尔奖颁给从事这个方面研究的阿比吉特·班纳吉(Abhijit V.Banerjee)与埃斯特·迪弗洛(Esther Duflo)等学者,都说明学者们已经将重视研究决策质量的内生变量提升到与外生变量相同甚至更重要的高度。

客观上讲,中国贫困人口的决策质量提升是一套完整的体系,这一体系既包括消除"人穷"方面的因素(外生变量),也包括根除"志短"方面的因素(内生变量),还包括优化两者之间的相互关系以及完善决策的外部条件等多个方面。本书以中国的样本分析贫困户决策质量提升中的内生变量、外生变量

---

① 比如,在1979年诺贝尔经济学奖获得者加尔布雷思就在他的著作《贫穷的本质》(*The nature of mass poverty*)中介绍了贫困决策难以提升所带来的灾难性后果。2018年的河北考生王心仪的一篇高考作文《感谢贫穷》阐述虽贫困但自强不息的经历,看哭不少人。从该故事中可以看出,在贫困中提升决策质量、向长期效用靠近面临诸多困难和不确定性,因而,成功提升贫困人口的决策质量的概率较小。http://edu.sina.com.cn/gaokao/2018-07-29/doc-ihfxsxzh3846354.shtml。

② 参见迪帕·纳拉扬:《呼唤变革(世界银行发展丛书·穷人的呼声系列)》,中国人民大学出版社2003年版。

以及外部条件之间的逻辑和环节,创新相应的金融工具和巩固脱贫成果的方式,讲清楚具有中国特色的从扶贫到脱贫、从脱贫到巩固的相互联系,以求抛砖引玉,使更多的学者能够参与进来,使相关的政策工具更加丰富,形成更具有统一性、普遍性的贫困户决策质量分析框架,提出更"微观化"、更具有全球推广价值的主—客双轮驱动的中国扶贫经验。显然这些研究工作具有重要的理论和现实意义。

本书主要进行了五个方面的研究工作:(1)构建了包括由四类决策内生变量、五类决策外生变量组成的贫困户决策函数;(2)研究了决策函数的内生变量、外生变量及其相互关系对贫困户决策质量的影响机理;(3)分析了贫困户决策所依赖的乡村条件和扶贫政策条件变动对贫困户决策质量及内生变量和外生变量的影响机制;(4)分析了保险类、信贷类、人情类创新性金融工具运行所依赖的决策机理,以及扶贫政策削减后仍然能够维持贫困户决策水平巩固机制的结构和着力点;(5)实证分析。以调查样本为基础,用对比的方法对以上理论逐一进行实证分析。理论分析和实证分析的相互验证、贫困户和非贫困户的对比验证、不同脆弱性水平的对比验证共同揭示了贫困户决策背后的逻辑及其影响机制。

由于本书的研究内容涉及多个交叉学科,限于研究主题以及研究团体的单薄,颇感有许多不足之处,但是以下几条研究结果,可为后续研究提供较为可行的基础。相关政策部门也可以据此从完善和促进贫困户决策质量提高的视角,拓展现有的扶贫和脱贫政策,巩固脱贫成果,提高脱贫质量。

一、主要结论

第一,贫困户与非贫困户的决策内容和决策方式存在明显的区别,表现为不同的决策水平。贫困户在短期效用、效用动态变化以及稳态效用的影响因素上,存在明显的不一致性。贫困人群的短期决策并不具有长期最优的性质。

"穷是因为穷"(poor because poor)存在决策方面的根源。根据决策质量提升的路径分阶段、分类型展开针对性帮扶,是中国式脱贫的一个突出特点。

第二,内生变量之间的差异是贫困人口决策质量高低的重要原因。在中国,虽然四类内生变量都对决策质量产生显著影响,但是从影响力度上看,思维认知因素(MC)以及决策内容(CS)要比信息获取和处理因素(IF)以及决策技巧和程序(CT)更为显著和重要。换句话说,贫困户"心穷"和"志短"主要是体现在思维认知因素(MC)和决策内容(CS)上。经过精准扶贫,中国的贫困户已经成功调整认知思维模式,拓展决策内容,从而提高了决策质量。这也是中国最重要的脱贫经验之一①。

第三,外生变量的差异也是贫困户决策质量高低的重要原因。五类外生变量对贫困户决策质量都有显著的影响,但影响力度和方向存在较大的差异。在影响贫困户决策质量的五类外生变量中,以人际关系为基础的社会资本以及以土地为基础的生态资本对贫困户的决策产生更为显著的影响。另外,教育等人力资本也对决策有重要影响。与此相对应的是,国际上广为宣传的产业扶贫、资本扶贫对贫困户的决策总效用的影响不及社会资本和生态资本。中国的贫困户在提高决策的外生变量方面,不仅仅限于提高扶贫产业的盈利能力、产业规模以及增加资本存量②,还在社会资本、生态资本等多个方面进行了有效的建设。

第四,内生变量和外生变量之间的相互促进关系(方式和力度)也是贫困户决策质量高低的重要原因。从外到内的视角看,外生变量中的社会资本和生态资本的改变,可以通过影响认知思维因素和调整决策范围对贫困户的决

---

① 习近平同志经常提到"观念不能贫困",要"思想解放,观念更新",要"四面八方去讲一讲'弱鸟可望先飞,至贫可能先富'的辩证法,就包含着这个方面的内容,即首先要改变贫困思维方式(观念不能贫困),然后需要"四面八方"以拓展决策质量。详见习近平:《弱鸟如何先飞——闽东九县调查随感》,载自习近平:《摆脱贫困》,福建人民出版社1992年版。

② 换言之,从这个结论看,虽然增长(无论是用产业和资本进行显示,还是用产业收入和资本产出进行显示)和减贫之间存在明显的联系,但不应该用促进增长的工作来代替减贫工作。

策质量产生显著影响。教育医疗等人力资本的因素也具有类似的功能,但作用力度明显小于社会资本和生态资本。由此可知,贫困户增加其决策的外生变量,对其内生变量产生积极影响,从而形成连锁反应,反之亦然。从系统性的观点分析,中国的贫困户显然明白了决策内生变量和外生变量的关系,他们知道,无论是调整内生变量还是增加外生变量,都会对决策质量产生影响,都会产生一定的减贫效果,但是减贫效果却大有不同,只有那些能够同时推动内生变量和外生变量相互促进的行为、有效消减各个变量之间相互冲突的行为,才可能取得更好的减贫效果。这个结论清晰揭示出中国扶贫与扶志、扶智相互结合的作用机理。

第五,扶贫政策和乡村因素也是贫困人口决策质量高低的重要影响因素。放眼全球,绝大多数国家都实施过针对贫困弱小的扶贫帮困政策;没有一个贫困户不生活在具有明显特征的乡村和社区里并深受这些乡村或社区特征的影响。中国的贫困户能够将扶贫政策和乡村因素融合在生产生活之中,是了不起的贡献。(1)直接作用。在扶贫政策方式上,选择了扶贫投入力度、教育帮扶以及派遣工作队等变量,研究显示这些变量与贫困户决策质量之间具有明确的相互关系。在乡村方面,乡村产业基础、乡村治理能力以及村干部的工作内容也与贫困户决策质量之间形成了显著的相关关系。这两条结论与当前中国的主流观点相一致。(2)中介作用。中国的贫困户在分别使用好扶贫政策和乡村因素之外,还对这两个方面的帮扶进行了一定程度上的优化组合,使得决策质量与外部条件之间形成稳定的联系渠道。研究显示,扶贫政策通过乡村条件对贫困户决策质量产生中介效应。具体而言,向贫困户倾斜的扶贫政策影响乡村治理的方式选择,向乡村派遣工作队增强了村干部的工作能力、拓展了村干部的工作内容,进而提高贫困户的社会资本和生态资本,调整了贫困户的认知思维方式,扩展了决策内容,多渠道、多环节影响了贫困户的决策质量。中国扶贫过程中的"因村派人精准"和"到村到户"的精准政策,提高了从上而下的扶贫效果,也丰富了乡村扶贫的手段和形式,从而使得扶贫政策和乡村因素之间能够形成相互促进的关系。扶贫政策和乡村因素的中介作用造就了贫困人口的决策质量与外部条件之间的相互促进关系。

第六，在合适的金融工具支持下，贫困户可以继续提高其决策质量。依据乡村特征进行金融工具创新，丰富贫困户的决策手段，进而促进决策内生变量和外生变量持续向好变化，提升贫困户的决策质量。(1)依据人情费、保险和信贷创新的三类金融工具创新(保险类扶贫工具、人情类扶贫工具以及信贷类扶贫工具)，都可以显著影响贫困户决策的内生和外生变量，确实可以成为除扶贫政策、乡村因素之外的第三类影响贫困人口决策质量的外部条件。虽然这些金融创新工具目前仅在一些地区初见苗头，还没有形成规范的逻辑关系，多少带有"虚构"成分，但是按照本书的操作步骤，可以加快这些金融政策工具的落地见效。(2)金融工具使用的关键点。三类金融工具的运行过程中，拓展保险类工具要特别注意内生变量中的思维认知因素(MC)以及信息获取和处理因素(IF)；保险类扶贫工具的使用，会受到思维认知因素(MC)以及决策技巧和程序(CT)的影响；人情类扶贫工具的着力点是思维认知因素(MC)和决策内容(CS)的调整。由此可知，充分激发亿万贫困群众的创造性和积极性，用好金融市场工具，可以起到数倍于财政扶贫资金的效果。

第七，贫困户可以依托乡村构建"自力更生"的生产生活体系。贫困户通过对乡村因素、金融工具创新以及决策内生变量和外生变量有效组合，可以继续促进其脱贫质量的提高，逐步降低对扶贫政策等外部条件的依赖。具体而言，依据认知因素(风险态度)——决策内容因素(子女前途)——生态资本(生态环境和卧室整洁)——乡村因素(村干部能力和工作方式)等五类变量的相互作用组成工作思路，着力提高教育预期(子女前途)、提高家庭卫生条件(卧室整洁)、改善生态环境、提高村干部能力、拓展村干部工作内容，可以在逐步降低扶贫政策的作用范围和力度甚至消除扶贫政策的情况下持续提高贫困户的脱贫质量。这个结论为后脱贫时代展开扶贫减贫工作带来了重要启示。因为，在后扶贫时代，以财政投入为中心的扶贫政策组合转向以减轻财政投入为中心的扶贫政策组合,将会成为重要的方向。这个结论也启示我们,只要依托乡村重建、提升扶贫与乡村振兴之间的衔接关系,实现贫困户决策质量的提升,就可以为贫困户发挥好主体作用提供必要的推动力,达到较好的脱贫效果。

二、政策建议

本书主要从贫困户决策质量角度展开分析,并不是说外部条件不重要,相反,无论是过去还是未来,优化贫困户决策的外部条件,仍然是迫切、艰巨而光荣的任务。从扶贫政策来看,当前中国的扶贫已经是社会、经济、组织、人事、宣传等所有政府部门联动、多层政府整合的工作体系。各部门和各地区都从地方、行业、部门出发制定了详细的政策设计。近五年,仅中央部委以上的政策文件,就本书掌握的材料就超过数十万字。如果考虑部分地方政府用扶贫工作统领经济社会大局而出台的更多、更具体的政策文件则更多。在这些文件中包括了大量的与本研究结论有关的政策文件,部分政策文件在实施过程中还进行了创新。在这种情况下,提出别出心裁、卓有成效的新建议、新思路,是难度非常大的一项工作。另外,驻村工作队和帮扶干部更是精心设计工作安排、总结思考,每人都有好几大本,其中不乏有提高贫困户决策质量的相关内容,更是提出不少“冒着热气”的政策思考。在这种情况下,提出进一步提升贫困户决策质量的“独特”的政策建议,难度就更大了,还可能出现“挂一漏万”的嫌疑。另外,继续提高贫困户的决策质量,能够使贫困户可以在市场经济中得以生存和发展,从而将贫困户转变为一般的市场竞争主体,也是一个世纪性工程,绝不是一蹴而就的事情,还会面临着非常多的风险,这些风险可能会使决策提升渠道“拐弯”,从而使得扶贫成效大打折扣。为此,根据本书的研究结论,首先尝试在总结中国贫困户决策基本特征的基础上设立一个外部帮扶政策实施的原则体系,用该体系缩减未来扶贫政策的可能作用空间和范围,据此提出几点政策思考。

（一） 原则

根据中国贫困户决策应对经验和变化趋势,设立适应性、阶段性(动态性)、普惠性和主动性等四项原则。四项原则的关系是:适应性是设定前提,阶段性是确定过程,普惠性是描述方向,主动性是增加动力。

1. 适应性(因地制宜)。当扶贫工作从动员式向制度式转变,贫困人群的思维方式、决策方式的改变也不能一蹴而就,统筹实行相关措施需要较长的调整过程且这种调整还经常与历史、环境等多个因素之间存在复杂的联系,因而政策设计需要以下条件:(1)突出民族文化特征。充分考虑民族地区、红色老区、文化强区等各类地区的贫困户人口在决策方式和决策内容上存在的较大差异,避免"一刀切"现象的发生。(2)突出制度和人才优势。有多少财政实力做多少事情,降低扶贫债务发生率;增加驻村工作人员的比重,用增加人才的方法弥补财政资金的短缺或者不足。(3)抓主要问题、主要矛盾。在后脱贫时代,绝对贫困让位于相对贫困,绝对贫困本质上是处理人和自然之间的关系,而相对贫困本质上是处理人和人之间的关系,因而扶贫工作关注的重点从人与自然的协调转变为人与制度的协调。人与人的协调可以多种形式存在,比如乡村内部、区域制度、城乡制度、智志平衡、保障政策和产业政策等。在不同地区,人与人之间的关系会从多个方面对贫困户的认知思维方式、决策方式、内生变量和外生变量之间的关系产生影响,各个地区要根据这些关系及其对贫困户决策的影响力度,形成不同的政策优先顺序。

2. 阶段性(动态性)。突出特点、循序渐进,树立长期作战的心理预期。在前面的研究中,可以看出贫困群众的短期效用、动态效用以及稳态效用的决定因素之间存在明显的差异。在后脱贫时代,要继续提升贫困户的决策质量,需要按照短、中、长期划分阶段。在相对贫困阶段,贫困者已实现了衣食不愁,贫困是贫困户与他人比较而言所形成的。这种贫困群体的变动比较大、影响因素多,而且随着发展阶段的不同,相对贫困的产生机制和消除手段也不尽相同,因此应该强调动态调整和按照阶段而行的原则,从提升贫困户决策质量的角度制定有不同阶段组合框架的减贫战略①。在初期,也就是脱贫攻坚的过渡期或者巩固期,要充分用好"四个不摘"方面的政策,设计战略,使扶贫政策能够总体上维持贫困户决策的外部条件,延长贫困户的决策提升惯性,以巩固新的决策模式,避免因为政策变化太快导致贫困户不知所措、匆忙出错;在中期需同时考虑精准扶贫与乡村振兴的衔接,将贫困户决策的外部条件与内生变量和外生变量协调起来,用决策变量之间的框架设立应对方式;在后期重点考虑贫困人口自身对决策质量提升的需要,政策重在补充而不是引导。

3. 普惠性。(1)普惠是一种世界性标准。随着中国与世界主要经济体经济实力的相对变化,全球化和产业升级将会给贫困户从事的产业、贫困户就业等带来更多不确定性和挑战。在巨大的不确定性下,贫困群体与世界的联系将会增强,市场的风险也会影响到贫困户的各类决策。在这种情况下,发挥中国特有的制度因素和乡村因素,提升普惠而不是特惠的比例,将更多的脆弱人口纳入到政策覆盖范围之内,增加社会保障等转移性政策的筛选机制,激发贫困户的效率因素,是一种重要的政策取向。(2)分阶段提升政策的普惠程度。根据发展阶段和贫困演变阶段,分阶段、分步骤实施相关政策,既兼顾到历史因素又能够提高政策的针对性,比如,在脱贫巩固期通过"基数+增量"的方式来进行扶贫政策设计②;在脱贫巩固期结束后,借鉴以工代赈的方法,从工作

---

① 欧盟制定了新的贫困标准,包括应对家庭的意外支出能力;是否每年具有外出旅行一周的能力;是否有购买房产和租房的压力;生活中是否能够吃好、穿好和住好;家庭中常用的电器设备是否齐全;家庭成员是否有新衣服、新鞋;家庭是否拥有车辆;是否拥有互联网和设备;家庭是否能定期参与娱乐活动;家庭是否具有能力每月和亲友举行一次聚会等 13 项考核标准。这 13 项指标中凡 5 项不达标者,均被列为生活在贫困线以下的人。按照测算,生活在贫困线以下人口比例最高的国家中,罗马尼亚最高(贫困发生率为 50%),瑞典最低(仅为 3%)。按照这个标准,中国的贫困户要能够完全超过欧盟标准,需要划分的阶段就更多了。详见:《欧洲重新界定贫富分界岭:意大利穷人最多 瑞典最少》,https://3g.china.com/act/news/10000166/20171225/31867407.html。

② 比如,在扶贫超市用积分兑换奖品,在脱贫攻坚阶段只限于贫困户专用兑换,在脱贫巩固期可以给贫困户一定的底线分数(100 分),然后后面的分数与非贫困户同工同酬同积分,让更多的非贫困户可以参与到扶贫过程中。

内容上进行识别,逐步取消身份界定。在这个原则下,容许参与和有限试错,但也要杜绝无动于衷、怨天尤人等行为的发生。

4. 主动性。古人有"一日三省"的说法,主要是希望通过习惯性的自省来提高理性思考、长期思考的比例,降低短期和感性思考的比例,从而提高决策总效用,而随着决策总效用的提高,反过来也会提高"自省"的比例,进而形成良性循环。在这个过程中,贫困户的所思所想、心理成长,是其他人替代不了的,他们必须亲身经历才能拥有相关的决策技能,实现决策的循环累积提升,形成有效的应对外部冲击的组合方式。在后脱贫时代,贫困户需要将更多的社会经济条件考虑其中,决策的范围更大、认知思维方式的调整就更加频繁,贫困决策调整的受益情况需要经历更长时间①。对相对贫困的群体来说,他们自己最清楚自身的实际情况,知道自己缺的是哪些方面的条件,哪些条件之间又形成了正负循环,短期和长期决策如何协调。因此,让贫困户多说话,强调贫困群体的参与主动性,想方设法提高他们参与集体活动和乡村建设的荣誉感和幸福感;强调政策制定者的角色定位,多倾听来自贫困户的呼声,以便更好满足这些呼声,进一步提高贫困户脱贫致富决策的质量。前文已经论述过,强调贫困户的参与,并不意味着政府的作用可有可无,反过来,政府在扶贫过程中一直起到主导性和决定性的作用,在将来仍然起着不可替代的作用。

(二) 政策思考

第一,将贫困户的决策质量问题放入扶贫减贫政策体系中的关键位置。在后脱贫时代,绝对贫困消除后,市场对减贫工作的影响力度将会增加;市场主体之间的博弈、较量往往是多维贫困之间循环加剧的更重要推动力。而在市场经济中,市场博弈和较量实际上是决策的较量;脱贫质量够不够高,关键

---

① 美国的贫困发生率在 1968—2006 年期间,大致是一条水平线。详见:Daniel R. Meyer and Geoffrey L. Wallace, *Poverty levels and trends in comparative perspective*, Institute for Research on Poverty Discussion Paper no.1344,2009.

是贫困户的市场决策水平能否保证他们在市场上的生存和发展。因此,当期以及随后的扶贫政策要进行适当的调整,重点增加贫困户决策方面的内容。一是在低保等社会保障用于贫困户之时,增加贫困决策方面的附加条件,将当前"无条件扶贫"转换为"有决策条件要求的扶贫",以激发贫困户内生、外生变量及其相互关系,提高保障类政策的作用效果。二是新增贫困户的识别精度,不仅仅需要精准到贫困户的生活水平和身体健康条件,还需要精准到他们的决策条件,突出强调新增贫困的纳入与这些贫困户的决策脱贫的关系,激励这些贫困户优先从决策上思考如何脱贫,脱贫先改"观念"。三是将贫困户决策和乡村决策联系起来,在脱贫攻坚与乡村振兴衔接的项目中,增加有利于贫困户决策的项目,从培养贫困户的参与意识和感知能力方面,促进贫困户决策质量的提高。

第二,动态识别帮扶对象。贫困识别是减贫工作的"第一粒纽扣"。一旦识别不准,减贫工作容易走偏而降低工作绩效。在精准扶贫过程中,贫困的动态识别主要是从两个方面进行的:第一个方面是乡村因素,比如定期召开乡村民主评议会议;第二个方面是大数据比对。两个方面的合力使得贫困识别精度明显提高①。在后脱贫时代,这两条办法需要在更多范围内使用,但是还需要从提升决策质量方面增加以下几个方面的内容:首先,用主动性指标进行识别。比如,设立环境保护类公益岗位,给现在的贫困户、存在困难的贫困户一定的优选权重,然后与其他农户同台竞争,在这个过程中不愿意参与这项岗位的就不应该是贫困户。其次,设立权利义务标准。对于包括低保在内的扶贫资源的获得,需要附加一些产业要求,不愿意提供义务的就不是贫困户。最

---

① 在国务院扶贫办印发《贫困县退出专项评估检查实施办法(试行)》的通知中规定,对于"脱贫人口错退率高于2%,或贫困人口漏评率高于2%"的县市要进行约谈,实际上约谈的县市很少。到了2018年,零漏评、零错退的现象被称为大概率事件,针对漏评、错退等现象国务院扶贫办不再简单问责。由此可以说明,动态识别的精准度较高。http://jzfp.cinic.org.cn/index.php? m = content&c = index&a = show&catid = 25&id = 1274。

后,设立帮扶的时间限制。始终不退的就不是贫困户①。从政府工作的角度以及与其他发展中国家对比的角度考虑,减贫目标的识别,需要考虑如何在绝对标准和相对标准之间进行协调,建立一个适合的减贫工作评价体系,考虑减贫工作的评价问题及其技术问题。

第三,分类施策、志智双扶。一些地方政策开始倡导将"激发内生动力"等内容纳入扶贫工作任务当中,通过"考核加分""职位升迁"等方面激励扶贫干部关注贫困户的决策因素。这些方法有可取之处,但也有值得完善之处。因为贫困户决策的内生、外生变量之间具有明显的替代互补关系,单独考虑内生变量的一部分,不考虑其他变量,可能会由于这些变量之间的替代关系出现"按住葫芦起了瓢"现象。因此应该将如何提高贫困户的脱贫质量进行全盘规划:一是分类列表。利用信息化、大数据优势,根据与贫困户决策质量的关联程度,将现有的扶贫项目分类,标识出明显促进贫困户决策质量的项目、部分促进的项目以及关系不密切的项目,并形成扶贫攻坚工作进度表,依此安排扶贫资源的投入力度和投入种类,使扶贫资源与社会保障、乡村振兴等资源进行互补和配合。二是科学分解。优先安排明显促进贫困户决策质量的项目,部分促进的项目则在转变扶贫方式的基础上进行,逐层分解具体县市。三是与贫困户决策关系不密切、不稳定的项目,需要进行专家论证、重新设计。四是扶贫项目和扶贫创新工具的使用,需要确定贫困户决策的内生和外生变量方面的运行方式和考核指标,做到有的放矢、有迹可查可考核。五是提高志智双扶的规模和比例。就目前来看,扶志方面主要是从引导贫困群众的自身社会定位、提高对未来的投资预期、增加有效信息渠道和改变思维角度等方面进行设计,从而促使贫困群众更主动积极地消除人与制度之间的不平衡。而扶智方面,重在知识体系的完善,尤其是农业生产和集体活动参与方面的知识体

---

① 符合退出条件的帮扶对象需要坚决终止帮扶,对于完成脱贫任务比较好的户,还要给相应的奖励,以鼓励更多的贫困户学习和模仿,提高减贫战略的带动力和影响力。

系,前者能够通过短期收益提高扶志效率,而后者则可以倡导社会合作、降低焦虑感、提高注意力,两者不可或缺。同时,增加精神保障线,选用三句半、顺口溜等贫困户喜闻乐见的方式,通过定时发送手机视频等方式宣传励志的乡土故事,激发贫困群体脱贫的精神动力。

第四,优先重点安排"重心"区域。将贫困户攀比模式比较盛行、决策内容比较狭窄、现代要素无法施加影响等区域,设立为重点区域,对其进行区域规制:一是要通过宣传,提高乡村宣传的趣味性和实战性,树立正确的贫困决策的参照系统,提高贫困户认知模式的选择空间;二要利用手机短信、微信朋友群等途径增加新媒体信息,提高贫困户获取信息和处理信息的能力;三是要通过激励增加贫困户决策内容,使他们觉得有事干,能够干好;四是要充分运用贫困户内生、外生变量之间的相互促进关系,在农村社会中,强调提高农村法制化水平、完善村规民约与建桥修路一样重要,提高土地等生态资本价值与提高社会保障水平一样重要;五要倡导扶贫爱心超市等已经得到验证的好方法,对从事农村现代化的文化产业给以政策奖补等;六是在乡村干部中设立志愿者管理职能,增加乡村服务的志愿者队伍,增加贫困户帮扶的力量。

第五,设计金融工具。从激活贫困户决策内生变量的角度设计增加金融资本等决策外生变量的机制。一是要从如何最大化激发决策内生变量的角度,针对性选择金融工具的生成点,并通过民主评议等方式让贫困户了解,使得扶贫金融工具能够让贫困户接受并乐于使用。二是要发挥金融资本流动性强、组合和匹配功能强的优势,使针对外生变量的帮扶实现资产组合。通过金融工具创新,既可以系统性提高帮扶政策的效果,还可以完善贫困户决策质量的结构,分摊风险,使贫困户的外生变量发挥更高效率。三是继续创新金融工具,除了保险等金融工具之外,在剩余的空间,尤其是生态资本和社会资本、人力资本等方面,通过金融工具创新提高贫困户的市场自我运行能力。

第六,用好制度化驻村工作队和帮扶干部等制度,继续推行城乡一体化的人口流动,发挥城乡人员流动的社会功能。为此,一是设计干部升迁机制,比如,基层党校干部培训分为两期,第一期在基层扶贫,第二期在党校学习,担任驻村工作队和帮扶干部的基层扶贫工作成绩作为能否参加第二期的依据。用干部升迁机制的调整促进城乡人口和人才的相互流动。二是提高基层组织和村干部的待遇,鼓励更多的人留在农村从事农业,提高驻村帮扶等人才资源。三是完善乡村治理,让贫困户积极参与公共事务。

第七,防范贫困户的决策风险。在 2020 年之后,贫困群体或者脆弱群体将与其他人群处于相同的市场地位进行竞争,他们的物质和经验准备还比较少、合作途径和信息获取也不那么充分,因此遇到的市场风险和其他风险比较高,失败的概率比较大。另外,贫困户决策质量的提升需要一个过程,在提升过程中,新旧决策认知模式的转换以及对新认知行为模式的适应,需要较长的时间,而且他们遇到一些意外事件,还比较容易在攀比等认知模式下感到惶恐和担心,进而产生不必要的瞻前顾后、左右彷徨,增加决策风险。另外,现有的决策调整过程本身也产生了较大的风险,比如农村住房,要大房子的心态还没有调整过来,就已经身负重债;部分扶贫产业中,由于贫困户的内生变量和外生变量没有得到及时供给,可能会形成一些意想不到的成本和风险。一次偶然的失败可能会使这些家庭丧失数十年的积累,丧失再次鼓起勇气竞争的信心。因此,应该对决策风险进行防范:一是利用大数据已有的扶贫台账,对金融住宅等规模较大的建设负债再进行集中处理,可以将贫困户部分搬迁房和原住房,作为民俗投资的一个部分进行改造,用增加收入的方法降低债务发生风险。二是要将风险防范作为完善社会保障的给付方法的考量,针对贫困户认知行为方面的指标,专人专策,增加乡村转移支付的能力。三是继续保留扶贫风险基金,完善金融和乡村之间的合作联系,等等。

主要参考文献

一、中文文献

1．[印度]阿比吉特·班纳吉等:《贫穷的本质:我们为什么摆脱不了贫穷》,景芳译,中信出版社 2013 年版。

2．[印度]阿马蒂亚·森:《贫困与饥荒》,商务印书馆 2004 年版。

3．[美]艾伯特·赫尔希曼:《经济发展战略》,经济科学出版社 1991 年版。

4．[英]安东尼·吉登斯:《失控的世界》,江西人民出版社 2001 年版。

5．[美]波普诺:《社会学》,中国人民大学出版社 2000 年版。

6．戴庆中:《文化视野中的贫困与发展》,贵州人民出版社 2001 年版。

7．康晓光:《中国贫困与反贫困理论》,广西人民出版社 1995 年版。

8．李强:《中国的扶贫之路》,云南人民出版社 1997 年版。

9．林毅夫:《新结构主义经济学——反思经济发展与政策的理论框架》,北京大学出版社 2012 年版。

10．[德]马克斯·韦伯:《新教伦理与资本主义精神》,于晓、陈维纲等译,生活·读书·新知三联书店 1987 年版。

11．倪晓建主编:《信息加工》,武汉大学出版社 2001 年版。

12．童宁:《农村扶贫资源传递过程研究》,人民出版社 2009 年版。

13．王三秀:《农村最低生活保障制度的目标和转型》,中国社会科学出版社 2010 年版。

14．[美]伊斯特利:《白人的负担》,崔新钰译,中信出版社 2008 年版。

15．谢冰等：《贫困与保障：贫困视角下中西部民族贫困地区农村社会保障研究》，商务印书馆 2013 年版。

16．［美］迪恩·卡尔兰、雅各布·阿佩尔：《不流于美好愿望——新经济学如何帮助解决全球贫困问题》，傅瑞蓉译，商务印书馆 2014 年版。

17．［美］约翰·肯尼斯·加尔布雷斯：《贫穷的本质》，倪云松译，东方出版社 2014 年版。

18．张所地等：《管理决策理论、技术和方法》，清华大学出版社 2013 年版。

19．庄锦英：《决策心理学》，上海教育出版社 2006 年版。

20．西蒙：《管理决策新科学》，中国社会科学出版社 1982 年版。

21．边钰淇等：《精准扶贫背景下武冈市 A 村人情消费异化的危害与治理策略》，《中国市场》2018 年第 34 期。

22．曹艳春：《农村低保制度对贫困群体生活水平改善效应研究》，《中国人口科学》2016 年第 6 期。

23．程欣等：《生态环境和灾害对贫困影响的研究综述》，《资源科学学》2018 年第 4 期。

24．陈艾等：《脆弱性—抗逆力：连片特困地区的可持续生计分析》，《社会主义研究》2015 年第 4 期。

25．陈成文：《从因病致贫看农村医疗保障制度改革》，《探索》2017 年第 2 期。

26．陈桂生等：《精准扶贫跨域协同研究：城镇化与乡村振兴的融合》，《中国行政管理》2019 年第 4 期。

27．陈文玲等：《关于农村消费的现状及政策建议》，《财贸经济》2007 年第 2 期。

28．陈小燕：《多元耦合：乡村振兴语境下的精准扶贫路径》，《贵州社会科学》2019 年第 3 期。

29．陈银娥等：《中国社会福利制度反贫困的绩效分析——基于社会福利制度变迁的视角》，《发展研究》2012 年第 9 期。

30．邓永超：《乡村振兴下精准扶贫中防治返贫的优化机制》，《湖南财政经济学院学报》2018 年第 34 期。

31．丁建军：《"认知税"：贫困研究的新进展》，《中南大学学报（社会科学版）》2016 年第 22 期。

32．豆书龙等：《乡村振兴与脱贫攻坚的有机衔接及其机制构建》，《改革》2019 年第 1 期。

33．杜凤莲等：《贫困影响因素与贫困敏感性的实证分析——基于 1991—2009 的面板数据》,《经济科学》2011 年第 3 期。

34．樊丽明等:《公共转移支付减少了贫困脆弱性吗?》,《经济研究》2014 年第
8 期。

35．范和生:《返贫预警机制构建探究》,《中国特色社会主义研究》2018 年第
1 期。

36．方清云:《贫困文化理论对文化扶贫的启示及对策建议》,《广西民族研究》
2012 年第 4 期。

37．冯宏:《对农民精神脱贫的思考》,《渭南师范学院学报》2015 年第 21 期。

38．傅晨等:《贫困农户行为研究》,《中国农村观察》2000 年第 2 期。

39．高考等:《融入贫困人群心理特征的精准扶贫研究》,《理论周刊·经济学》
2016 年第 15 期。

40．管前程:《乡村振兴背景下精准扶贫存在的问题及对策》,《中国行政管理》
2018 年第 10 期。

41．郭芳等:《从精准扶贫到乡村振兴——来自东中西五个县市的实践报告》,《中
国经济周刊》2018 年第 47 期。

42．郭君平等:《社区综合发展减贫方式对农户生活消费的影响评价——以亚行
贵州纳雍社区扶贫示范项目为例》,《经济评论》2014 年第 1 期。

43．韩华为等:《中国农村低保制度的反贫困效应研究——来自中西部五省的经
验证据》,《经济评论》2014 年第 6 期。

44．韩峥:《脆弱性和农村贫困》,《农业经济问题》2004 年第 10 期。

45．何华征等:《论农村返贫模式及其阻断机制》,《现代经济探讨》2017 年第
7 期。

46．贺京同等:《个体行为动机与行为经济学》,《经济社会体制比较》2007 年第
3 期。

47．贺雪峰:《农村低保和扶贫实践中的基本问题》,《贵州民族大学学报(社会科
学版)》2017 年第 1 期。

48．贺雪峰:《贫困的根本与扶贫的欲速不达》,《决策探索(下半月)》2016 年第
10 期。

49．侯长林等:《乡村学校教育促进乡村扶贫与振兴的文化功能省思》,《铜仁学院
学报》2019 年第 21 期。

50．黄成:《行为决策理论及决策行为实证研究方法探讨》,《经济经纬》2006 年第
5 期。

51．黄季焜等:《贸易自由化与中国的农业、贫困和公平》,《农业经济问题》2005年第7期。

52．黄薇:《保险政策与中国式减贫:经验困局与路径优化》,《管理世界》2019年第35期。

53．黄潇:《如何预防贫困的马太效应——代际收入流动视角》,《经济管理》2014年第5期。

54．姜列友:《正确理解和把握支持脱贫攻坚与服务乡村振兴战略的关系》,《农业发展与金融》2018年第6期。

55．蒋丽丽:《贫困脆弱性理论与政策研究新进展》,《经济学动态》2017年第5期。

56．蒋南平等:《中国农村人口贫困变动研究——基于多维脱贫指数测度》,《经济理论与经济管理》2019年第2期。

57．李春仙:《乡村振兴与精准扶贫衔接的问题及对策分析》,《山西农经》2019年第6期。

58．李伶俐等:《贫困型农户信贷需求与信贷行为实证研究》,《金融研究》2011年第5期。

59．李盛基等:《农村最低生活保障制度的减贫效果分析》,《税务与经济》2014年第3期。

60．李石新等:《农村人力资本公共投资对农村贫困的影响研究》,《东北农业大学学报(社会科学版)》2013年第2期。

61．李小云等:《参与式贫困指数的开发与验证》,《中国农村经济》2005年第5期。

62．李新平等:《乡村振兴和精准扶贫的关系研究》,《劳动保障世界》2018年第32期。

63．李月玲等:《多维视角下深度贫困地区返贫风险——以定西市深度贫困地区为例》,《天水行政学院学报》2018年第3期。

64．李志平等:《湖北农业供给侧改革对精准扶贫的影响》,《扶贫与发展》2017年第2期。

65．李志平等:《我国当前"第二类贫困"的原因分析与政策启示》,《扶贫与发展》2019年第1期。

66．李志平等:《从供给侧推进湖北精准扶贫的几点思考》,《扶贫与发展》2016年第2期。

67．李志平等:《我国扶贫资金使用效率的提升策略研究——基于 2002—2014 年的数据》,《皖西学院学报》2016 年第 3 期。

68．李志平:《"送猪崽"与"折现金":我国产业精准扶贫的路径分析与政策模拟研究》,《财经研究》2017 年第 4 期。

69．李志平:《扶贫开发与社会保障政策的最优组合与效果模拟》,《经济评论》2017 年第 6 期。

70．李志平:《论发展中国家的贫困与环境循环问题》,《经济评论》2007 年第 6 期。

71．李忠斌等:《文化社会资本与民族地区反贫困:表现形式、机制分析及价值实现》,《广西民族研究》2019 年第 11 期。

72．梁铭豪:《乡村振兴战略下精准扶贫的创新研究》,《农村经济与科技》2018 年第 29 期。

73．林毅夫:《贫困、增长与平等:中国的经验和挑战》,《中国国情国力》2004 年第 8 期。

74．刘解龙:《经济新常态中的精准扶贫理论与机制创新》,《湖南社会科学》2015 年第 4 期。

75．刘鹏:《精准扶贫助推乡村振兴:逻辑思考及实践路径》,《管理观察》2019 年第 13 期。

76．刘永茂等:《农户生计多样性弹性测度研究——以陕西省安康市为例》,《资源科学》2017 年第 39 期。

77．刘欣:《致贫原因、贫困表征与干预后果——西方贫困研究脉络中的"精神贫困"问题》,《中国农业大学学报(社会科学版)》2020 年第 1 期。

78．刘欢:《人力资本投入对农村贫困家庭的减贫效应分析——基于健康、教育、社会保险、外出务工比较视角》,《经济经纬》2017 年第 5 期。

79．刘一伟等:《收入差距、社会资本与居民贫困》,《数量经济技术经济研究》2017 年第 9 期。

80．吕小康等:《为什么贫困会削弱决策能力? 三种心理学解释》,《心理科学进展》2014 年第 11 期。

81．卢现祥等:《有利于穷人的经济增长(PPG)——基于 1996—2006 中国农村贫困变动的实证分析》,《福建论坛(人文社会科学版)》2009 年第 4 期。

82．卢学英等:《创新性精准扶贫方式促乡村振兴——安徽省岳西县农民专业合作社助农脱贫实践》,《中国合作经济》2018 年第 6 期。

83．陆方文等:《子女性别与父母幸福感》,《经济研究》2017 年第 10 期。

84．陆益龙:《乡村振兴中精准扶贫的长效机制》,《甘肃社会科学》2018 年第 4 期。

85．罗盛锋等:《生态旅游扶贫研究动态及展望》,《桂林理工大学学报》2015 年第 35 期。

86．罗知颂:《反贫困理论与实践的积极探索——〈广西百色反贫困研究〉序》,《广西右江民族师专学报》2004 年第 1 期。

87．麻学锋等:《欠发达民族地区合作开发旅游人力资源研究》,《求索》2007 年第 12 期。

88．习明明等:《贫困陷阱理论研究的最新进展》,《经济学动态》2012 年第 3 期。

89．潘泽泉等:《脆弱性、风险承担网络与农村贫困研究——基于湖南 10 村调查的数据分析》,《中国农业大学学报(社会科学版)》2015 年第 32 期。

90．阮敬等:《亲贫困增长分析的理论基础及其改进框架》,《统计与信息论坛》2009 年第 11 期。

91．沈青:《将扶贫攻坚和乡村振兴发展相结合》,《人民论坛》2018 年第 21 期。

92．单德朋等:《贫困乡城转移、城市化模式选择对异质性减贫效应的影响》,《中国人口·资源与环境》2015 年第 25 期。

93．师荣蓉等:《金融减贫的门槛效应及其实证检验——基于中国西部省际面板数据的研究》,《中国软科学》2013 年第 3 期。

94．舒畅:《乡村振兴战略下精准扶贫的关键环节研究》,《现代农业研究》2019 年第 6 期。

95．宋宪萍等:《基于能力困理论的反贫困对策构建》,《海南大学学报(人文社会科学版)》2010 年第 28 期。

96．宋扬等:《中国的贫困现状与特征:基于等值规模调整后的再分析》,《管理世界》2015 年第 10 期。

97．孙宁波等:《乡村振兴战略与精准扶贫的关系研究》,《现代经济信息》2019 年第 1 期。

98．孙世芳等:《山区科技扶贫对策论——河北山区科技扶贫的实践与启示》,《中国软科学》1999 年第 4 期。

99．谭诗斌:《湖北重点贫困县农村低保兜底的实证分析》,《减贫与发展研究》2017 年第 1 期。

100．谭银清等:《武陵山区多维贫困的测量、分解及政策蕴含》,《吉首大学学报

（社会科学版）》2015年第1期。

101．谭燕芝等：《金融能力、金融决策与贫困》，《经济理论与经济管理》2019年第2期。

102．汪三贵等：《中国新时期农村扶贫与村级贫困瞄准》，《管理世界》2007年第1期。

103．汪燕敏等：《长期贫困、代际转移与家庭津贴》，《经济问题探索》2013年第3期。

104．王波：《"四坚持"探析激发村民参与环境整治内生动力》，《中国环境管理》2019年第2期。

105．王定祥等：《贫困型农户信贷需求与信贷行为实证研究》，《金融研究》2011年第5期。

106．王国勇等：《我国精准扶贫工作机制问题探析》，《农村经济》2015年第9期。

107．王善平等：《财政扶贫资金公司化运作研究》，《财经问题研究》2012年第11期。

108．王士红：《人力资本与经济增长关系研究新进展》，《经济学动态》2017年第8期。

109．王曙光：《乡村振兴战略与中国扶贫开发的战略转型》，《农村金融研究》2018年第2期。

110．王思斌：《精准扶贫的社会工作参与——兼论实践型精准扶贫》，《社会工作》2016年第3期。

111．王星闽：《我国农村消费的现状及对策思路研究综述》，《理论建设》2011年第2期。

112．王莹：《乡村振兴战略视阈下扶贫模式再优化与实现路径》，《时代金融》2019年第15期。

113．万广华等：《资产视角下的贫困脆弱性分解：基于中国农户面板数据的经验分析》，《中国农村经济》2014年第4期。

114．文丰安：《新时代乡村振兴与精准扶贫战略协同推进的思考》，《新视野》2019年第3期。

115．文雁兵：《制度性贫困催生的包容性增长：找寻一种减贫新思路》，《改革》2014年第9期。

116．吴雄周等：《精准扶贫：单维瞄准向多维瞄准的嬗变——兼析湘西州十八洞村扶贫调查》，《湖南社会科学》2015年第6期。

117 . 习明明等:《贫困陷阱理论研究的最新进展》,《经济学动态》2012 年第 3 期。

118 . 相雪梅:《精准扶贫与乡村振兴的耦合协同研究》,《山东行政学院学报》2018 年第 6 期。

119 . 向运华等:《保障性扶贫模式下社会救助助推精准脱贫的实证分析——基于 1989—2011 年 CHNS 数据库 9 次调查数据研究》,《江西财经大学学报》2016 年第 5 期。

120 . 解垩:《农村家庭的资产与贫困陷阱》,《中国人口科学》2014 年第 6 期。

121 . 徐超等:《城乡低保是否有助于未来减贫——基于贫困脆弱性的实证分析》,《财贸经济》2017 年第 5 期。

122 . 徐虹等:《乡村振兴战略下对精准扶贫的再思考》,《农村经济》2018 年第 3 期。

123 . 徐映梅等:《贫困缺口总指数的构建、分解与应用》,《统计研究》2016 年第 7 期。

124 . 徐月宾等:《中国农村反贫困政策的反思——从社会救助向社会保护转变》,《中国社会科学》2007 年第 3 期。

125 . 汪燕敏等:《长期贫困、代际转移与家庭津贴》,《经济问题探索》2013 年第 3 期。

126 . 杨成波:《农村低保制度与农村扶贫开发政策衔接问题探析》,《农业现代化研究》2012 年第 33 期。

127 . 杨立雄:《高度重视扶贫攻坚中的返贫问题》,《中国民政》2016 年第 5 期。

128 . 杨立雄:《关于农村残疾人反贫困问题的再思考》,《残疾人研究》2015 年第 2 期。

129 . 杨文等:《中国农村家庭脆弱性的测量与分解》,《经济研究》2012 年第 47 期。

130 . 杨晓维等:《地位经济学研究动态》,《经济学动态》2016 年第 6 期。

131 . 姚洪心等:《劳动力流动、教育水平、扶贫政策与农村收入差距——一个基于 multinomial logit 模型的微观实证研究》,《管理世界》2009 年第 9 期。

132 . 银清等:《武陵山区多维贫困的测量、分解及政策蕴含》,《吉首大学学报(社会科学版)》2015 年第 36 期。

133 . 于肖楠等:《韧性(resilience)——在压力下复原和成长的心理机制》,《心理科学进展》2005 年第 13 期。

134 . 余德华等:《欠发达地区的精神贫困与精神脱贫思路探析》,《社会科学》2001

年第 2 期。

135．袁彪:《基于精准扶贫视角下的乡村振兴发展路径探索》,《农业经济》2018年第 7 期。

136．叶春辉等:《收入、受教育水平和医疗消费:基于农户微观数据的分析》,《中国农村经济》2008 年第 8 期。

137．岳振:《"三变"释放农村改革红利——"资源变股权、资金变股金、农民变股民"的钟山实践》,《当代贵州》2015 年第 41 期。

138．张建华等:《反贫困随机对照实验研究新进展》,《经济学动态》2017 年第3 期。

139．张立冬等:《收入流动性与贫困的动态发展:基于中国农村的经验分析》,《农业经济问题》2009 年第 30 期。

140．张琦等:《我国减贫实践探索及其理论创新:1978～2016 年》,《改革》2016 年第 4 期。

141．张庆等:《辩证法视角下对西藏精准脱贫后返贫的预判与预防分析》,《经贸实践》2019 年第 1 期。

142．章文光:《精准扶贫与乡村振兴战略如何有效衔接》,《人民论坛》2019 年第4 期。

143．赵曦等:《资源诅咒与中国西部民族地区资源开发机制设计》,《西南民族大学学报(人文社会科学版)》2014 年第 35 期。

144．郑功成:《构建积极健康的社会保障体系》,《中国社会保障》2017 年第 7 期。

145．郑瑞强等:《脱贫人口返贫:影响因素、作用机制与风险控制》,《农林经济管理学报》2018 年第 6 期。

146．朱文刚:《贫困户脱贫内生动力不足的成因及解决之策》,《环球市场》2018年第 24 期。

147．左停等:《内生动力、益贫市场与政策保障:打好脱贫攻坚战实现"真脱贫"的路径框架》,《苏州大学学报(哲学社会科学版)》2018 年第 5 期。

148．顾仲阳:《贫困户为何背着手看》,《人民日报》2016 年 11 月 28 日。

149．何绍辉:《协调推进脱贫攻坚与乡村振兴》,《人民日报》2018 年 12 月 24 日。

150．蒋超良:《聚焦问题抓整改完善政策促攻坚——关于完善健康扶贫政策的调研报告》,《学习时报》2019 年 8 月 23 日。

151．李国平:《探索"脱真贫"与"真脱贫"长效机制》,《经济参考报》2018 年 5 月16 日。

152．李志平：《"扶志"到底有多重要？——基于多维最优控制理论的思考》，《民族地区精准扶贫与精准脱贫学术研讨会》，2017 年。

153．曲玮：《"整体推进"是甘肃经济社会协调发展的"平衡器"》，《甘肃日报》2009 年 11 月 23 日。

154．胥兴贵：《以"五大结合"促乡村振兴与脱贫攻坚有效融合》，《农民日报》2018 年 8 月 18 日。

155．张瑞才：《区域扶贫中的观念更新和政策创新》，《光明日报》2015 年 9 月 30 日。

156．朱羿：《乡村振兴是精准扶贫的 2.0 版》，《中国社会科学报》2018 年 3 月 23 日。

157．陈忠文：《山区农村贫困机理及脱贫机制实证研究》，博士学位论文，华中农业大学，2013 年。

158．张彦驰：《贫困心态对经济决策的影响及其心理机制》，博士学位论文，华中师范大学，2019 年。

159．仲夏辉：《最低生活保障制度对贫困脆弱性的影响分析》，博士学位论文，山东大学，2017 年。

160．李志平：《乡村振兴中公益型"资本下乡"的机制分析与政策启示》，首届习近平三农思想与乡村振兴学术论坛，2017 年。

161．李志平：《进一步提升当地企业在产业扶贫中的作用》，《咨询专报》，2016 年。

162．李志平：《科技扶贫的华农经验如何在全省推广？》，《咨询专报》，2016 年。

163．李志平：《使用 PPP 模式提升我省扶贫资金折算股金的建议》，《咨询专报》，2016 年。

164．李志平：《提高精准扶贫群众满意度的行为策略》，《咨询专报》，2017 年。

165．易柳：《可行能力视域下民族地区精准扶贫政策的粗放执行及其治理——以鄂西 L 村为例》，民族地区精准扶贫与精准脱贫研讨会，2017 年。

166．张天潘：《精准扶贫如何从被动脱贫到主动脱贫？》，《经济观察报》，2016 年 9 月。

167．刘亮：《习近平在重庆考察并主持召开解决"两不愁三保障"突出问题座谈会时强调 统一思想一鼓作气顽强作战越战越勇 着力解决"两不愁三保障"突出问题》，2019 年 4 月 17 日，http://news.cctv.com/2019/04/17/ARTInhPVgjAe1FsGxgU7gCOk190417.shtml。

168．刘永富:《监测考核严格想搞数字脱贫行不通》,2018 年 12 月 13 日, http://m.people.cn/n4/2018/1213/c4049-12041579.html。

169．吴国宝:《将乡村振兴战略融入脱贫攻坚之中》,2018 年 1 月 2 日,http://theory.gmw.cn/2018-01/02/Content_27246458.htm。

170．周宏春:《解读中央一号文件:乡村振兴须优先打好脱贫攻坚战》,2018 年 2 月 9 日,http://cn.chinagate.cn/news/2018-02/09/content_50463007.htm。

二、外文文献

1．Charlan J.N.,*The Psychological Basis of Quality Decision Making*,IRLE Working paper,2012.

2．Covarrubias K.,Davis,B.,Winters P.,*From protection to production:productive impacts of the Malawi Social Cash Transfer scheme*,Journal of Development Effectiveness,2012.

3．Dang et.al,*Using repeated cross-sections to explore movements into and out of povertys*. Journal of Development Economics,2014.

4．Desiere S,Vellema W,D'Haese M.,*A validity assessment of the Progress out of Poverty Index(PPI)*,Evaluation and Program Planning,2015.

5．Dupas,P.et.al,*Why Don't the Poor Save More? Evidence from Health Savings Experiments*,American Economic Review,2013,.

6．Dutta,S.,*Identifying Single or Multiple Poverty Trap:An Application to Indian Household Panel Data*,Social Indicators Research,2015,.

7．Erling Li,Qingqing Denga,Yang Zhou,*Livelihood resilience and the generative mechanism of rural households out of poverty:An empirical analysis from Lankao County,Henan Province,China*,Journal of Rural Studies,2019.

8．Gill I.S,Ana L.Revenga,Christian Zeballos,*Grow,Invest,Insure:A Game Plan to End Extreme Poverty by* 2030,World bank policy research working paper,2016.

9．Gurdip S.Bakshi,Zhiwu Chen,*The Spirit of Capitalism and Stock Market Prices*,American Economic Association,1996.

10．Haushofer J,J. Shapiro.,*he Impact of Unconditional Cash Transfers in Kenya* [EB/OL] https://www.poverty-action.org/study/impact-unconditional-cash-transfers-kenya.

11 . Jennifer G, Terry S, *U Nithin. Unconditional Cash Transfers in China*：*Who Benefits from the Rural Minimum Living Standard Guarantee（Dibao）Program?*，World Development, 2016.

12 . John Knight, Lina Song, Ramani Gunatilaka, *Subjective well-being and its determinants in rural China*, China Economic Review, 2008.

13 . Kahneman, D., *Maps of Bounded Rationality*：*Psychology for Behavioral Economics*, American Economic Review. 2003.

14 . Knigt, J. and R. luratilaka., *Subjectivewell-being and its determiants in rural China*, China economic review. 2014.

15 . Krishna A., *Pathways Out of and Into Poverty in 36 Villages of Andhra Pradesh, India*, World Development, 2006.

16 . Lewis A., *The Principles of Economic Planning*, Southern Economic Journal, 1952.

17 . Milkman Katherine L, Chugh Dolly, Bazerman Max H., *How Can Decision Making Be Improved?*, Perspectives on psychological science：a journal of the Association for Psychological Science, 2009, 4(4).

18 . Narayan, D., Patel, R., Schafft, K., Rademacher, A., & Koch-Schulte, S. (2000). *Can anyone hear us?* World Bank, 2664. https://doi.org/10.1596/0-1952-1601-6.

19 . Narayan D., R Chambers, MK Shah, P Petesch, *Voices of the Poor*：*Crying Out for Change*, The World Bank and Oxford University Press 2000.

20 . Nyamwanza, A.M. *Livelihood resilience and adaptive capacity*：*A critical conceptual review*, Journal of Disaster Risk Studies, 2012.

21 . Ravallion, M., *Why don't we see Poverty Convergence?*, American Economic Review, 2012.

22 . Quandt A., *Measuring livelihood resilience*：*The Household Livelihood Resilience Approach（HLRA）*, World Development, 2018.

23 . Sellberg, M.M.P.Ryan, S.T.Borgstrom, A.V.Norstrom, G.D.Peterson., *From resilience thinking to Resilience Planning*：*Lessons from practice*, Journal of Environmental Management, 2018.

24 . Amartya S., *A Sociological Approach to the Measurement of Poverty*：*A Reply to Professor Peter*, Oxford 39 Economic Papers, New Series, 1985.

25 . Singh R.J., Huang Y.f., *Financial Channels, Property Rights, and Poverty*：*A Sub-Saharan African Perspective*, Economic Notes, 2016.

26 . Sudeshna Maitra. , *The poor get poorer*: *Tracking relative poverty in India using a durables-based mixture model* , Journal of Development Economics , 2016.

27 . Thang T.Vo. , H*ousehold vulnerability as expected poverty in Vietnam* , World Development Perspectives , 2018.

28 . Thorat A , Reeve Vanneman , Sonalde Desai , Amaresh Dubey. , *Escaping and falling into poverty in India today* , World Development , 2017.

29 . World bank , *World development report* 2000/2001 : *Attacking poverty* , New York : Oxford University Press.

30 . World bank , *World development report* 2015 : *Mind* , *Society and Behavior* [EB/OL] , http : // www.worldbank.org/ en/ publication/ wdr2015.

31 . Zou , Heng-fu , T*he Spirit of Capitalism and long-run growth* , Eurapean journal of political ecoonomy , 1994.

后　记

　　贫困是人类社会共同面对的难题。有效的反贫困经验将使全人类受益。中国是世界上首个提前十年完成《联合国2030年可持续发展议程》减贫目标的国家。中国的扶贫脱贫工作被世界银行等机构称为人类减贫史上的"奇迹"。然而，如何诠释中国的扶贫脱贫奇迹，勾画出中国的脱贫逻辑，以加快全球反贫困进程，学者的观点众多。

　　从贫困户角度看，他们能不能脱贫、如何脱贫，政府、制度等方面的原因是外因，贫困户如何调动资源、改变认知、主动脱贫、努力奋斗等方面的原因是内因，内因和外因共同作用、相互促进才有可能获得较好的脱贫绩效。目前，大部分学者认为，中国的脱贫奇迹是体制、政策等外因推动的结果。这个判断无疑是正确的。习近平总书记于2018年2月12日在成都召开的打好精准脱贫攻坚战座谈会上提出中国特色脱贫攻坚制度体系：(1)各负其责、各司其职的责任体系；(2)精准识别、精准脱贫的工作体系；(3)上下联动、统一协调的政策体系；(4)保障资金、强化人力的投入体系；(5)因地制宜、因人施策的帮扶体系；(6)广泛参与、合力攻坚的动员体系；(7)多渠道全方位的监督体系和最严格的考核评估体系。放眼全球，中国充分发挥独特的制度优势、政策优势，全方位推进这七个体系，扶贫阵容之强、力度之大、规模之巨，前所未有。作为中国人，倍感自豪。

　　与此同时,在中国的脱贫过程中,贫困群众既是脱贫攻坚的对象,更是脱贫致富的主体。习近平总书记多次强调,必须坚持人民主体地位,发挥人民首创精神,充分调动人民群众的积极性、主动性、创造性。中国的脱贫成就,除了来自外因的主导性贡献之外,还包括亿万贫困群众发挥的主体性贡献。在市场经济中,为了能够早日脱贫,贫困户主动、努力地调整其生产生活方式,形成一连串的独特资本决策、行为决策、博弈决策。这些以亿为单位的独特决策及其决策收益,是主体性贡献的直接体现。贫困户决策质量的逐步提升,也就意味着中国贫困地区总体福利的不断提升以及中国脱贫奇迹的逐步显现。

　　本书就是从贫困户的决策质量这个视角入手,依据建档立卡贫困户的微观数据,分析中国脱贫之路中的"内因",尝试研究基于"内因"的中国脱贫之路,阐释中国的脱贫策略和方法,进一步构建内外因相互推动框架,以全面解释中国脱贫奇迹。

　　在中国完成消除绝对贫困任务、全面建成小康社会的 2020 年,在新冠疫情仍在全球蔓延的情况下,这项研究工作,无论是指导仍然受到新冠疫情影响的发展中国家如何开展反贫困工作,还是全面把握和贯彻习近平总书记扶贫思想、讲好中国的扶贫故事、布局后脱贫时代中国如何继续推进扶贫脱贫等方面,都具有重要的价值。这项研究工作,虽然难免有"挂一漏万"的风险,但也具有与挑战并存的无上光荣。

　　俗话说,吃不穷穿不穷,不会决策一世穷。如何提高贫困户的决策质量,以加快脱贫进程、提高脱贫质量,一直是当今扶贫领域中最困难的理论和实践问题之一。长期以来,人们希望拓展贫困户的决策质量的外部因素来提高贫困户的决策质量,比如增加贫困户的设备、良种等物质资本,对贫困户进行教育和培训以提高其人力资本。但是政策实施的效果总是不尽如人意。近一二十年来,主流学者通过"倾听穷人的声音"等方法,逐渐认识到决策质量的内生变量在提高决策质量和促进脱贫中的重要性。"贫困接纳"、信心缺乏等固化思维模式、消极认知模式,被视为更为根本性的贫困致因。2015 年世界银行发展报告提出思维与贫困的关系,2019 年的诺贝尔奖更是颁给从事这个方面研究的阿比吉特·班纳吉(Abhijit V.Banerjee)与埃斯特·迪弗洛(Esther Duflo)等学者,显示出"从心扶贫"思路逐步得到认可,突出贫困群众主体性地位的扶贫思路逐步走到舞台的中央。本书就是在认真领会这个发展脉络的基础上展开分析的,最终形成内生变量—外生变量—外部条件的三层分析框架。

为了完成这个工作,笔者从两个层面积累写作能力和素材。一是在学术层面,从 2004 年开始分析农村经济合作组织与贫困的关系问题入手,先后研究了贸易与贫困、生态与贫困等问题,并在 2007 年开始自本科生和硕士生讲授发展经济学和贫困专题。在课题和论文方面,笔者已经主持了 12 项与扶贫直接相关的科研项目,发表了相关论文 60 余篇。二是在实践层面,从 2010 年开始参与自然灾害(雪灾)与贫困的调查,连续多年展开农村经济调研,从 2015 年开始连续多年参加国务院第三方成效评估,从 2018 年之后数次参加湖北省内大范围的贫困调查,亲身感受、目睹了中国扶贫实践过程中贫困户决策变化的丰富过程,对中国的反贫困实践进行了多个层面的接触和思考,积累了六万多张调研照片和数十份调研报告,在《光明日报》等主流媒体和决策内参上发表 20 多篇总结和思考。

前期的研究成果和调研经历,为本书的撰写打下了比较扎实的基础。但是,真正展开写作的过程中,笔者发现自己的学术积累还不充分、学术创新逐步被中国扶贫实践所超越,理论滞后于实践的窘境导致几度辍笔。在 2009 年,笔者进入乡村展开调研,第一眼看到的多是一条条土路,倍感贫困地区的交通闭塞和巨额的信息成本,是农村非常重要的贫困致因。现在 3.5 米宽的水泥路可以通到贫困户的家门口,"老、少、边、穷"等地理、人文相互累积的贫困逻辑逐步失去用武之地。在 2011 年,本研究设计的一些学术创新点,也已经成为当前精准扶贫的常用手段,且更加具有可操作性,如防贫保险。在 2014 年设计的研究方法中乡村各种力量的变化建议使用自适应博弈分析,在 2018 年中国通过派遣驻村工作队和帮扶干部的方法进行了"解剖式"调整乡村治理已上层楼。在2016年,本书提出的主—客双轮驱动的扶贫思路还没有成形,习近平总书记就提出要将扶贫、扶智与扶志相结合的观点,各级扶贫实践部门也出台了相关的帮扶措施,形成了以构建"爱心超市"、评选"十佳文明户"等活动,扎实促进扶贫、扶智与扶志的进一步结合,等等。多次辍笔后的再调研再总结,又使笔者重新发现机会、新角度,终于在2020年新冠肺炎疫情期间完成初稿。

从当前脱贫的理论和实践需要来看,本书的贡献大致可以用四个"讲清楚"概括:(1)讲清楚了脱贫过程中内因和外因的相互关系。在梳理了国内外相关文献基础上,构建了贫困户的三个相互影响的决策层面,初步勾勒出中国特色的"扶贫、扶智、扶志"三者之间的相互运行轨迹。这三个层面是:外部条件(如基础设施、扶贫政策)、外生变量(贫困户决策中可以使用的各类资本)以及内生变量(内心所思所想、认知行为等)。根据这三个层面的结构分析,剖析了影响决策质量的外部条件与决策外生变量、内部因素和内生变量之间的区别和联系,构建了包括四类决策内生变量、五类决策外生变量、乡村和政策为外部条件的贫困户决策质量的决定函数。用这个三层分析框架可以清楚揭示中国丰富多彩的志智双扶等中国实践创新,还可以为"扶贫与扶志"相互结合、有条件转移支付(CCT)的长短期效用分析等需要改变效用函数类规范分析提供一个较好的分析框架。(2)讲清楚了中国特色的巩固脱贫成果和治理返贫的方式方法,阐述了中国的脱贫质量得以巩固的逻辑。在确定贫困户决策质量的决定函数的基础上,使用数量分析和实证分析,进一步构建贫困户的决策效用函数。这个函数既包括传统效用(幸福感)又包括积累物质财富的欲望表示的效用,后者是传统效用的微分方程,决策质量的决定函数扩展为动态形式的函数。使用该动态函数,进一步解释了决策函数的内生变量、外生变量以及内外生变量的相互关系对贫困户决策质量的影响机理。在内生变量中,认知因素和决策内容因素是显著变量;在外生变量中,社会资本和生态资本是显著变量。外生变量与内生变量还存在稳定的中介效应。这个研究结果对随后展开返贫治理、巩固脱贫成果等扶贫工作具有重要的启示价值。(3)讲清楚了中国脱贫过程中政府、乡村和贫困户之间相互作用的机制。在"五级书记一起抓扶贫"的大环境下,扶贫政策和贫困户赖以生存的乡村条件对贫困户决策的外生变量、内生变量及其相互关系都有重要影响。扶贫政策是通过提高扶贫投入力度和派遣驻村工作队等途径影响乡村的基层管理水平和管理内容,进而间接影响贫困户决策质量。这方面的研究成果对精准扶贫政策与乡村治理政策的有效结合等方面的分析提供了贫困户层面的理论基础。(4)讲清楚了如何设计具有中国特色的巩固脱贫成果的金融工具。在中国的扶贫过程中,既有政府行为,也有社会、行业、金融和市场行为,它们相互协调配合,形成合力。在财政扶贫投入逐步收紧的情况下,本书设计了基于贫困户决策内生变量和外生变量的保险类、信贷类、人情类金融工具,并进行了实证分析,以及确定扶贫政策削减后仍然能够保证贫困户决策水平的巩固机制。这方面的研究成果对"脱贫不摘政策"等"四个不摘"政策如何推进、如何设立脱贫巩固期、2020年后扶贫政策如何从贫困户层面推进、如何借助发展中国家的传统文化基础形成新的现代金融工具等紧迫问题提供了思路。

本书得到国家社会科学基金(《精准脱贫目标下贫困户的经济决策质量提升策略研究》,课题号:2016BJY101)的支持,在此特别感谢。还要特别感谢人民出版社的大力支持,吴明静同志付出的不懈努力和辛勤工作,给本书增色良多;感谢中国科学院地理所的刘彦随同志、中国人民大学的汪三贵同志、武汉大学的郭熙保和叶初生同志、武汉理工大学的周军同志、华中科技大学的谭诗斌同志、湖北社科院彭玮同志等在本书观点形成过程中给予的指导、讨论以及形成的启发;感谢湖北省扶贫办胡超文、项克强、徐丹娅、吴珂等同志,感谢江西省扶贫办、湖南省扶贫办的同志;感谢华中农业大学的青平、张越、李谷成、胡银根、陶建平、郑炎成、曹明宏、李学婷、胡小芳、焦云清、别朝霞、毋丽红、王鹏、田经焱等同志在研究设计、调研和科研过程中给予的大力支持;感谢喻璨聪、孙准、刘雪琴、吴凡夫、梁振阳、田小坤、雷莲君、常青、孙甜甜、惠志丹等同志在调研、数据处理以及文章写作中提供的帮助;感谢我的同事和老师朋友在教学和科研上提供的便利和帮助,没有这些同志的支持,本书的科研工作是无法完成的。最后特别感谢我的家人,为了本书和其他的相关工作,他们所做出的巨大牺牲,使笔者有更多的时间和精力,加快进度,完成相关的科研工作。

李志平

2021 年 4 月

责任编辑：吴明静
封面设计：石笑梦
版式设计：胡欣欣

图书在版编目（CIP）数据

中国脱贫之路：基于贫困户的经济决策质量的分析/李志平 著. —北京：
　人民出版社,2021.11
ISBN 978－7－01－023518－9

Ⅰ.①中…　Ⅱ.①李…　Ⅲ.①农村-贫困问题-经济决策-质量-研究-中国
Ⅳ.①F323.8

中国版本图书馆 CIP 数据核字（2021）第 122625 号

中国脱贫之路
ZHONGGUO TUOPIN ZHI LU
——基于贫困户的经济决策质量的分析

李志平　著

人民出版社 出版发行
（100706　北京市东城区隆福寺街 99 号）

环球东方（北京）印务有限公司印刷　新华书店经销

2021 年 11 月第 1 版　2021 年 11 月北京第 1 次印刷
开本:710 毫米×1000 毫米 1/16　印张:18.75
字数:257 千字

ISBN 978－7－01－023518－9　定价:60.00 元

邮购地址 100706　北京市东城区隆福寺街 99 号
人民东方图书销售中心　电话（010）65250042　65289539